2012年
黑龙江省社会科学学术著作出版资助项目

# 基于社区认同的电子商务信任模型

JIYU SHEQU RENTONG DE DIANZI SHANGWU XINREN MOXING

周桂林　著

图书在版编目(CIP)数据

基于社区认同的电子商务信任模型 / 周桂林著. --哈尔滨：黑龙江大学出版社，2012.11
ISBN 978-7-81129-559-7

Ⅰ.①基… Ⅱ.①周… Ⅲ.①电子商务-研究 Ⅳ.①F713.36

中国版本图书馆 CIP 数据核字(2012)第 240114 号

---

基于社区认同的电子商务信任模型
JIYU SHEQU RENTONG DE DIANZI SHANGWU XINREN MOXING
周桂林　著

---

| | |
|---|---|
| 责任编辑 | 张怀宇　王剑慧 |
| 出版发行 | 黑龙江大学出版社 |
| 地　　址 | 哈尔滨市南岗区学府路 74 号 |
| 印　　刷 | 哈尔滨市石桥印务有限公司 |
| 开　　本 | 787×1092　1/16 |
| 印　　张 | 12.25 |
| 字　　数 | 220 千 |
| 版　　次 | 2012 年 11 月第 1 版 |
| 印　　次 | 2012 年 11 月第 1 次印刷 |
| 书　　号 | ISBN 978-7-81129-559-7 |
| 定　　价 | 28.00 元 |

---

本书如有印装错误请与本社联系更换。

版权所有　侵权必究

# 前　言

　　电子商务是新经济时代和网络经济时代最具有发展前景的经济形式之一，对生产、交换和消费都具有很大的影响潜力。但网络环境的虚拟性、去社会性和弱规范性等特点导致商家对消费者型电子商务(B2C)中消费者对企业的信任度并不高，这使得电子商务信任的生成问题成为企业界、政府和学术界关注的共同问题。由于网络消费者的需求识别，信息搜寻和比较、购买及使用后评价等活动基本都是在某种形式的虚拟社区中完成，社区认同在电子商务信任生成中具有重要作用。越来越多的电子商务企业已经意识到虚拟社区对吸引消费者的重要作用，并开始构建商业型虚拟社区供消费者进行网络交流。因此，探讨电子商务虚拟社区中社区认同对电子商务信任的影响机制是十分必要的。

　　为了构建基于社区认同的电子商务信任模型，以解释社区认同对电子商务信任的影响机制，必须对网络经济学、经济社会学、社区心理学和组织管理学中的有关信任和社区认同的理论进行整合。本书在文献分析的基础上，将电子商务信任界定为，网络消费者在充满风险和不确定的网络上购物时，认为互联网技术、制度、特定交易对象和产品值得信赖的社会心理状态。电子商务信任具有比现实社会信任程度低、"马太效应"以及中介性等特点，其生成动因可以概括为风险社会中的"消极征服"，虚拟环境中的"社会妥协"以及复杂决策中的"简化机制"，其生成过程以消费者决策过程为基础，并与电子商务虚拟社区的行动维、技术维、制度维和社区认同紧密联系。本书在对社区认同相关研究进行梳理的基础上，将社区认同界定为，虚拟社区成员基于知识共享、信息交流和情感沟通等社会行动而形成的对自我、社区成员和社区的认可和接纳。本书在界定其内涵的基础上将社区认同区分为社区成员的身份认知、社区成员间的相似性以及社区凝聚力等三方面。

　　作为电子商务信任的生成空间和网络消费者的主要经济活动场所，电子商务虚拟社区是技术、经济与社会相互耦合的复杂巨系统，可以从系统论角度将其解析为行动维、社区认同、技术维和制度维等要素。电子商务虚拟社区的生存和发展有赖于适应、达鹄、整合和维模等功能的实现，适应功能主要由知识共享、信息交流和情感沟通等虚拟社区中的社会行动来完成;达鹄功能主要由等级积分、角色设定和声望奖励等虚拟社区制度来完成;整合功能主要由个人身份认知、相似的生活方式和价值观、成员间的团结以及小团体等部分的社区认同来完成;维模功能主要由注册注销子系统、公共平台交流子系统和个人后台管理子系统等部分的技术维来完成。

在电子商务虚拟社区中,各种社会行动促成社区认同,社区认同通过社区成员对社区技术维和制度维的认知和态度,对电子商务企业信任产生影响。在此认识的基础上,构建了基于社区认同的电子商务信任模型;在对理论模型中潜在变量之间的关系以及潜在变量所包含的显在变量之间的关系进行分析的基础上,提出了一系列用于打开社区认同对电子商务信任产生影响的"黑箱"的研究假设。笔者采用问卷调查法对在校大学生进行了调查,并主要利用结构方程分析、相关分析和典型相关分析等方法,对研究假设进行检验,并对理论模型进行拟合和修正。

笔者通过实证研究得出以下结论:1.社区认同受到知识共享和情感沟通的直接影响,知识共享和情感沟通可解释社区认同86%的方差;知识共享对社区认同的影响要大于情感沟通对社区认同的影响。2.社区认同不仅直接影响电子商务信任,而且还通过制度维和技术维间接影响电子商务信任。社区认同对技术维的影响大于社区认同对制度维的影响。3.制度维和技术维都是社区认同与电子商务信任之间关系的中间变量,但制度维对电子商务信任无直接影响,技术维对电子商务信任有直接影响。4.电子商务信任对消费者行为意向有直接影响。假设检验和模型拟合的结论说明,基于社区认同的电子商务信任模型可以较好地解释电子商务虚拟社区中的消费者行为、社区认同、制度维、技术维和电子商务信任以及消费者行为意向之间的关系。

在理论分析和实证检验的基础上,笔者对企业如何利用虚拟社区提升电子商务信任提出了对策:1.在知识共享层面,应该基于社区成员知识共享的动机实施分类激励;从知识原创性、相关性和充足性等方面进行质量管理;虚拟社区线上活动与线下活动应该相互配合。2.在情感沟通层面,应该通过虚拟社区进行社会事件营销和增强社区凝聚力,并通过虚拟社区开展情感营销进而改善客户关系。3.在制度建设层面,应该优化注册条款的长度,提高注册条款的清晰度。注册条款的内容应突出网络销售商的特色。增强虚拟社区积分的经济转换性。制度设计应与虚拟社区中的技术等因素相配合。4.在技术选择层面,应该从技术的社会性、安全性和易用性等三个方面采取相应对策。

对基于社区认同的电子商务信任模型的研究,不仅深化了电子商务信任本身的理论研究,而且有助于推动客户关系管理理论、市场营销理论和虚拟组织理论的发展;基于理论模型的企业对策分析,为企业利用虚拟社区提升电子商务信任提供了指南。

# 目　录

绪　论 ································································································· 1

## 第一章　电子商务的理论界定与实践问题 ········································ 21

第一节　电子商务的理论 ············································································ 21
第二节　电子商务的实践问题 ······································································ 26

## 第二章　电子商务信任和社区认同的理论研究 ································· 35

第一节　电子商务信任的内涵和特征 ···························································· 35
第二节　电子商务信任生成分析 ··································································· 42
第三节　社区认同的一般理论分析 ································································ 52

## 第三章　电子商务虚拟社区的结构和运作机制分析 ························· 56

第一节　作为虚拟社会系统的电子商务虚拟社区 ·············································· 56
第二节　电子商务虚拟社区的行动维 ···························································· 59
第三节　电子商务虚拟社区的社区认同 ························································· 64
第四节　电子商务虚拟社区的制度维 ···························································· 71
第五节　电子商务虚拟社区的技术维 ···························································· 79

## 第四章　理论模型和研究假设的初始构建 ········································ 86

第一节　基于社区认同的电子商务信任模型 ···················································· 86
第二节　电子商务虚拟社区行动维对社区认同的影响 ········································ 92
第三节　社区认同对电子商务信任的影响 ······················································ 98
第四节　社区认同对制度维与技术维的影响 ···················································· 99
第五节　制度维和技术维对电子商务信任的影响 ············································ 102
第六节　电子商务信任与消费者行为意向的关系 ············································ 109

    第七节　研究假设汇总 ················································ 112

## 第五章　实证研究设计与初步修正 ·········································· 114
    第一节　问卷设计与资料收集方法 ········································ 114
    第二节　描述性统计分析 ················································ 118
    第三节　信度检验与效度检验 ············································ 125
    第四节　因子分析修正后的理论模型和研究假设 ···························· 133

## 第六章　研究假设与理论模型的检验与修正 ·································· 136
    第一节　基于相关分析的假设检验 ········································ 136
    第二节　结构方程模型分析 ·············································· 147

## 第七章　基于实证结果的对策分析 ·········································· 153
    第一节　基于知识共享的社区认同对策 ···································· 153
    第二节　基于情感沟通的社区认同对策 ···································· 159
    第三节　电子商务虚拟社区的制度建设与技术选择 ·························· 162

## 结　语 ································································ 169

## 附　录 ································································ 172

## 参考文献 ······························································ 179

# 绪 论

　　计算机技术、网络技术与通信技术的整合及其商业化应用,催生了电子商务这种新型的商业模式。互联网具有信息量大和传播速度快等特点,建立在互联网基础上的电子商务虽然在促进买方卖方沟通等方面比传统商务类型具有优势,但电子商务交易过程的安全性却不如传统商务模式。虽然世界范围内商家对消费者(B2C)的营业额已经占整个电子商务营业额的20%左右[①],但网络购物环境的虚拟性、去社会性和弱规范性等特点却导致在此类电子商务中消费者对商家的信任度偏低,并在一定程度上阻碍了电子商务的进一步发展。电子商务信任的生成机制和发展规律已成为学术界十分关注的理论问题;同时,电子商务信任的宏观环境建设和微观促进措施也成为政府相关部门和电子商务企业关注的热点问题。

　　从实践上看,企业和政府都采取了相应的措施,试图增强消费者对商家的信任,在促进电子商务信任的基础上促进网络经济的发展。由于技术是引起风险的主要来源之一,电子商务企业主要从技术层面增加电子商务信任。电子商务企业通过对称和非对称加密技术、防火墙的设置、数字认证、数字签名等措施来防范技术风险,并通过完善的技术设计使电子商务网站运行得更加平稳、链接速度更快、浏览和沟通更加便利,以便增强网站"黏性",增加电子商务信任。政府则力图充分发挥"看得见的手"的作用,在整个互联网和电子商务发展上扮演制度供给者角色。目前,虽然我国已出台了一些有关互联网的政策和法规,但这些法规在执行中往往存在很多问题,特别是互联网流动性和虚拟性等特点导致的监督力度不够的问题。电子商务活动中涉及的知识产权问题、隐私问题、电子合同问题、消费者权益问题、信用等法律问题,向传统法律体系提出了挑战。实践层面上除了技术手段和法律规章外,伦理规范也是促进电子商务信任的措施之一。伦理道德规范作为一种软约束机制,是人们自律的基础。电子商务环境的虚拟性、匿名性、不确定性

---

① 严中华、关士续、米加宁:《电子商务信任演化影响因素的跨国分析》,载《科技进步与对策》2005年第9期。

等特征使得电子商务伦理范畴与传统商务环境下的伦理范畴有所不同,主要表现在信息失真、消费者隐私公开、网络信息污染、黑客侵害等方面。这些问题通过伦理、道德来规范和约束更为有效和持久。因此,中国电子商务协会曾经倡导成立"中国电子商务诚信联盟",要求联盟企业在网络交易中遵循社会规范和经济伦理,营造诚实守信的网络经济环境。以上技术、制度和伦理道德的实践措施在电子商务发展中起到了一定作用,但它们发挥的作用毕竟有限。例如技术发展存在"道高一尺,魔高一丈"的现象;制度存在执行和监督不力以及权力寻租的弊端;伦理道德虽有根本性作用,但存在约束力不足的缺陷。

从理论上看,电子商务信任相关的研究者们借鉴传统的信任生成模型,已从网站特征、公司特征、消费者个人特征以及电子商务宏观环境等很多角度进行了大量理论研究和实证研究[①],强调了消费者互动、技术选择和结构保证等因素在电子商务信任生成中的作用。自从美国学者哈格尔三世和阿姆斯特朗在 1997 年首次从理论上提出虚拟社区的商业价值以来,开始有学者关注虚拟社区在构建电子商务信任中的作用,开始探讨虚拟社区在促进消费者沟通、产品展示和服务展示等方面发挥的作用。但美中不足的是,还没有学者将虚拟社区作为技术、经济与社会相互耦合的复杂巨系统[②],对虚拟社区的结构、功能和运行机制进行系统分析,并针对虚拟社区与电子商务信任之间的复杂关系进行系统研究。更重要的是,电子商务信任作为消费者在网络空间中形成的群体意识或个体心理状态,其形成要经历认知、理解和内化等过程,电子商务信任的形成在很大程度上取决于消费者对电子商务企业的认同。而电子商务企业搭建的虚拟社区则可以在促进消费者沟通的基础上营造社区认同,并通过促进消费者对电子商务企业的认同,从而最终使消费者增加对电子商务企业的信任。

鉴于以上现状,本书将虚拟社区看作是网络消费者生活的时空架构和电子商务信任生成的社会场所,以社区认同为切入点,探究虚拟社区中电子商务信任的生成机制。因此,本书将研究的核心问题界定为社区认同对电子商务信任的影响机制,即构建基于社区认同的电子商务信任模型。为构建该理论模型,本书对商业型虚拟社区的结构和运作机制、社区认同的生成机制以及社区认同对电子商务信任的影响等问题进行了分析。在模型检验的基础上,本书还为网络销售商如何提高

---

① 邵兵家、孟宪强、张宗益:《中国 B2C 电子商务中消费者信任前因的实证研究》,载《科研管理》2006 年第 5 期。

② 何明升:《复杂巨系统:互联网—社会研究的一个新视角》,载《学术交流》2005 年第 7 期。

社区认同以及利用社区认同构建电子商务信任提出了对策。

信任是电子商务发展的润滑剂,电子商务信任是传统信任在电子商务领域的扩展和深化。虚拟社区是基于网络技术、社会互动和制度建构的复杂社会系统,是消费者网络生活的社会空间。基于此认识,本书力图在总结和深化现有的电子商务信任生成模型的基础上,提出基于社区认同的电子商务信任模型。因此,下面从电子商务信任模型及其实证研究、社区认同及其与电子商务信任的关系研究以及电子商务虚拟社区中的消费者研究等方面,对国内外最新相关研究成果进行归纳和总结。

## 一、电子商务信任模型及其实证研究

### (一)信任的经典理论模型

经典信任理论模型是信任研究领域中的传统模型,这些信任模型对信任的内涵、特点和生成机制都进行了探讨。大体来说,西方社会科学中存在四种研究信任问题的取向,形成了四类经典的信任模型[①]:(1)基于情境反应的心理学信任模型,把信任看作一个由外界刺激决定的因变量;(2)基于个人特质的倾向性信任模型,认为生活经历和对人性的看法会使一个人形成对一般性他人的可信赖程度的概化期望;(3)基于人际关系的理性和情感信任模型,认为理性和情感是人际信任的两个维度,认知性信任基于对他人的可信程度的理性考察,而情感性信任则基于强烈的情感联系;(4)基于制度和文化的宏观信任模型,认为法规制度和社会文化规范可以产生信任,该理论模型中的信任常被称为"系统信任"、"制度信任"、"非私人信任"和"社会信任",认为法规制度等社会机制的有效制约是信任生成的原因,认为文化中倡导诚信的道德规范和价值观念导致了信任。

王绍光和刘欣总结归纳了信任生成的6种理论[②]:(1)利他性信任,认为哪怕自己上当受骗也愿意信任他人而让他人受益;(2)信任文化,把信任看作是社会文化的一部分,可以通过社会化方式传递给下一代;(3)信任的认识发生论,认为信任是从自身以往的经验中学习来的,强调幼年心理发育阶段的经验,信任感和不信任感一旦形成就很难改变;(4)理性选择论,认为可以通过计算收益、损失和对方

---

[①] 彭泗清:《关系与信任:中国人人际信任的一项本土研究》,见郑也夫、彭泗清等:《中国社会中的信任》,中国城市出版社2003年版,第1~12页。

[②] 王绍光、刘欣:《信任的基础:一种理性解释》,见郑也夫、彭泗清等:《中国社会中的信任》,中国城市出版社2003年版,第209~249页。

失信的可能性大小来决定信任度,决定信任的关键是获得有关对方动机和能力的充分信息;(5)制度论,强调制度环境(例如政府、民主制度)对信任的影响;(6)道德基础论,认为对陌生人的信任是道德性信任,对认识的人的信任是策略性信任。道德基础论认为道德性信任反映的是一种人生态度,其基础是对世界的乐观态度,收入多少和个人经历并不重要,关键是宏观环境。该理论特别强调,财产分配不平等将破坏人生的乐观态度,进而降低社会信任度。

信任的经典理论模型各有侧重点,虽然经典中蕴含着缺点,但这些理论模型非常有启发性,对于研究电子商务中信任生成模型有非常大的帮助。

## (二)基于消费者的电子商务信任模型

基于消费者的电子商务信任模型认为,消费者的个人特点以及消费者间的互动都可能影响电子商务信任。前者指消费者的信任倾向、网络购物经历、隐私暴露倾向和风险意识等;后者则指消费者的社会支持网和社会联系等。

Corbitt 等人通过对来自新西兰维多利亚大学的 80 名学生的问卷数据进行相关分析和假设检验后发现,对电子商务有高信任度而且有较多网络使用经验的人更容易通过网络购买商品;消费者信任受意识到的市场导向、网站质量、技术可信性和自身的网络使用经验等因素的影响。[1] Olivero 和 Lunt 从隐私与暴露倾向的角度探讨了风险意识对信任和控制的相对角色的影响,通过对 23 个至少有 3 年上网经历或每周使用 4 次以上 E-mail 和万维网的被访者进行的长期 E-mail 访谈发现,意识到的风险和对信息收集(抽取)的认识与从信任到控制的转换相联系,风险认识减少了信任,增加了对控制和奖励的需要,使得消费者和销售者的关系变得复杂。[2] 我国学者也研究了消费者个人特点在电子商务信任生成中的作用。庞川和薛华成研究了 B2C 环境下影响消费者信任的因素,研究发现消费者的网络信任受技术因素和个人因素的影响。其中,个人因素包括是否担心个人资料会被不妥当处理,有无朋友或权威第三方的介绍和推荐,过去的网上购物经历等。[3] 周磊基于 Zucker 的信任框架研究了影响中国消费者对在线营销商信任的因素。实证研究发

---

[1] B. J. Corbitt, T. Thanasankit, H. Yi, "Trust and E-commerce: A Study of Consumer Perceptions", *Electronic Commerce Research and Applications*, No. 3, 2003, pp. 203–215.

[2] N. Olivero, P. Lunt, "Privacy Versus Willingness to Disclose in E-Commerce Exchanges: the Effect of Risk Awareness on the Relative Role of Trust and Control", *Journal of Economic Psychology*, vol. 25, No. 2, 2004, pp. 243–262.

[3] 庞川、薛华成:《对 B to C 环境下影响消费者信任因素的实证研究》,载《合肥工业大学学报》2004 年第 2 期。

现,消费者的"在线购物环境信任倾向"以及对"网站声誉"的感知是影响消费者对特定在线营销网站信任度的最直接和最重要的两项因素;消费者的"基本信任倾向"会对其"在线购物环境信任倾向"产生一定影响,但并不能显著影响消费者对特定在线营销网站的信任;消费者对于网站质量的评价并非为影响其对该网站信任度的主导因素。①

消费者互动也是影响信任的重要因素。Yin 在其博士论文《互联网沟通互动对电子商务消费者决策的影响》中提出了互动影响模型。其实证研究结果发现:感知到的互动正面影响响应性和相互关系,但只有互动对相互关系的影响有显著性;响应性和相互关系对满意度和信任有强烈影响,满意度和信任反过来又强烈影响购买意愿。② 沈萍将虚拟社区存在的条件归纳为兴趣、动机和交互能力,强调消费者互动中的信息交换在各类电子商务中的重要作用。沈萍认为建立虚拟社区应该同时考虑内容、社区和商务等 3 个因素,并提出建立虚拟社区应该注意的 3 个问题:从确定网站中心业务入手决定社区对应的群体;重视成员在虚拟社区中的作用;以门户站点作为虚拟社区的发展方向。③ 黄卓龄以阿里巴巴为例阐述虚拟社区的经营,认为阿里巴巴 B2B 虚拟社区中的信任和合作来自于持久性和责任感,而持久性和责任感则来源于虚拟社区中的供求信息以及基于这些信息的阅读和交流。归根到底,虚拟社区成员能从中获利才是产生网络口碑效应和信任的根本原因。④ Bhatt 在探讨把虚拟现实技术引入商业网站时认为,应该用互动、沉浸和联系来吸引顾客。Bhatt 用速度、范围和重要性来测量互动,用宽度和深度来测量沉浸,用范围来测量联系。基于此测量,通过考察 40 个 MBA 学生对 Amazon 等 4 个网站的评价,利用实验研究来检验理论框架。Bhatt 利用平均数和标准差分析发现,不同行业的网站在 3 个变量上的分值不同,但它们都根据自己的目的尽量使得三个变量达到平衡。⑤ 全冬梅和徐永辉通过对韩国釜山地区和丽水地区有网上购物经验的 20 岁以上男女大学生进行调查研究发现,消费者的交互作用与信任之间存在正相关,系数(0.669)显著为正($t=16.765>2, p=0.000<0.01$)。在此基础上,该研究为网上超市如何促进消费者之间的交流提出几个对策:提供聊天室、商品购后

---

① 周磊:《影响消费者对在线营销商信任的因素分析》,载《上海经济研究》2005 年第 7 期。
② J. Yin, *Interactivity of Internet-Based Communications: Impacts on E-Business Consumer Decisions*, Doctor Dissertation of Georgia State University, 2002.
③ 沈萍:《电子商务中的虚拟社区策略》,载《经济论坛》2006 年第 6 期。
④ 黄卓龄:《从"阿里巴巴"的崛起谈 B2B 虚拟社区的经营发展》,载《江苏商论》2006 年第 2 期。
⑤ G. Bhatt, "Bringing Virtual Reality for Commercial Websites", *Human-Computer Studies*, No. 60, 2004, pp. 1 – 15.

体验栏;在聊天室内设置不同主题的专栏;利用奖励手段鼓励消费者参与共同体活动。①

还有部分学者研究了一般的网民互动对信任的影响。胡蓉和邓小昭探讨了网络人际交往中的信任问题。在归纳了网络人际交往的特点后,提出了网络人际信任产生的基础,包括预设性信任、基于知识的信任以及在给予信任过程中进行主观判断。在此基础上,胡蓉和邓小昭认为在BBS(论坛)或者聊天室中,很多人力图通过保持昵称的持久性来维持"熟悉性",以便最终获得他人信任。②丁道群和沈模卫则综合探讨了人格特质、网络社会支持与网络人际信任的关系,通过对386名大、中学生进行调查,其结果表明,人格特质和网络社会支持对网络人际信任具有直接影响;人格特质还可通过网络社会支持(主要是网络主观支持)间接影响网络人际信任;网络人际信任不存在性别和年龄差异。③

### (三)基于社会建构的电子商务信任模型

社会建构论认为,电子商务信任是消费者外部因素对消费者进行社会建构的产物。依此观点,可以将电子商务信任模型划分为3类,即电子商务信任的技术建构模型、电子商务信任的制度建构模型和电子商务信任的文化建构模型。

#### 1. 电子商务信任的技术建构模型

技术建构模型起源于技术接受模型(TAM)及其相关模型的研究,Davis等人在研究消费者对信息技术的接受行为时首次提出一个理论④,认为系统使用受到消费者行为意向的影响,行为意向则受到消费者态度的影响,而消费者态度的最终影响因素则是意识到的有用性(PU)和意识到的易用性(PEOU)。该模型简洁易检验,但没有考虑到消费者互动等社会因素的影响。因此,Ajzen提出了计划行为理论(TPB)⑤,认为行为意向受到态度、主观价值(SN)和意识到的行为控制(PBC)等3个因素的影响。Gefen等人在研究电子商务信任时,将信任纳入技术接受模型并提出了信任和技术接受模型(TTAM),认为信任也是影响消费者态度和网络消费

---

① 全冬梅、徐永辉:《关于虚拟共同体在建立消费者信任中的作用的实证研究》,载《生产力研究》2005年第9期。
② 胡蓉、邓小昭:《网络人际交互中的信任问题研究》,载《图书情报知识》2005年第4期。
③ 丁道群、沈模卫:《人格特质、网络社会支持与网络人际信任的关系》,载《心理科学》2005第2期。
④ F. D. Davis, R. P. Bagozzi, P. R. Warshaw, "User Acceptance of Computer Technology: A Comparison of Two Theoretical Models", *Management Science*, No. 8, 1989, pp. 982 – 1003.
⑤ I. Ajzen, "The Theory of Planned Behavior", *Organizational Behavior and Human Decision Processes*, vol. 50, 1991, pp. 179 – 211.

行为的重要因素。①

以上研究对电子商务信任生成机制研究有非常大的启发,一些学者开始关注电子商务信任生成中的技术因素。Hertzum 等人在研究人、文档和虚拟代理等信息源对信任的影响时发现,电子商务网站的个性化代理技术可以影响购物者对电子商务网站的信任感,除了透明度、主动性性质和独立第三方等 3 个影响信任的因素外,个性化代理的介绍能力、解释能力、角色的主动性程度以及可裁剪性也是影响信任的因素。② Wang 和 Emurian 在文献综述基础上提出网站界面设计中 4 个影响消费者信任的因素,即图形设计、结构设计、内容设计和社会线索设计,并利用 4 个指标评价了 Saks 电子商务网站。③ 我国学者庞川和薛华成也研究了 B2C 环境下影响消费者信任的因素,研究发现消费者的网络信任受技术因素和个人因素的影响。技术因素是指网站系统的稳定性、网站技术的先进性、信息下载的速度(如打开页面的速度)、网页设计的美观性和实用性以及网站有无权威的网络安全认证。④

2. 电子商务信任的制度建构模型

电子商务中的制度包括隐私制度、安全标志、退款制度、产品和服务质量保证制度等。Belanger 等人考察了信任的 4 个指标的相对重要性,即第三方隐私标志、隐私申明、第三方安全标志、安全特征。通过分析美国东南大学 140 名大学生和两名专家对 4 个网站的评价数据发现:消费者更重视安全特征;消费者与专家对网站信用指标的评价不一致;就安全、隐私和愉快(方便、容易使用和网站外观)来说,如果考虑到消费者的购买意向,则安全和隐私的重要性低于愉快特征。⑤ McKnight 等人在对信任建构模型的实证研究中发现,企业声望和网站质量感知与结构保证相比,前者是信任的重要前因。⑥ Kaplan 和 Nieschwietz 研究了电子商务中信任的网络保证服务模型。他们模仿某服装销售商网站杜撰了一个电子商务网站,网站

---

① D. Gefen, E. Karahanna, D. Straub, "Trust and TAM in Online Shopping: an Integrated Model", *MIS Quarterly*, vol. 27, No. 1, 2003, pp. 51 – 90.

② M. Hertzum, H. K. Andersen, V. Andersen, C. B. Hansen, "Trust in Information Sources: Seeking Information from People, Documents and Virtual Agents", *Interacting with Computers*, vol. 14, No. 5, 2002, pp. 575 – 599.

③ Y. D. Wang, H. H. Emurian, "An Overview of Online Trust: Concepts, Elements and Implications", *Computers in Human Behavior*, vol. 21, No. 1, 2005, pp. 105 – 125.

④ 庞川、薛华成:《对 B to C 环境下影响消费者信任因素的实证研究》,载《合肥工业大学学报》2004 年第 2 期。

⑤ F. Belanger, J. S. Hiller, W. J. Smith, "Trustworthiness in Electronic Commerce: the Role of Privacy, Security and Site Attributes", *Journal of Strategic Information Systems*, vol. 11, No. 3 – 4, 2002, pp. 245 – 270.

⑥ D. H. McKnight, V. Choudhury, C. Kacmar, "The Impact of Initial Consumer Trust on Intentions to Transact With A Web Site: A Trust Building Model", *Journal of Strategic Information Systems*, vol. 11, No. 3 – 4, 2002, pp. 297 – 323.

上有自我标志和其他4个第三方保证标志。通过对美国西南部某州立大学的225名在册本科生进行实验研究发现,保证及其提供者特征与信任呈正相关,信任对购买意愿和产品质量认知都具有显著影响;保证是影响消费者行为的主要因素,它不仅直接影响产出,而且通过对信任的影响来作用消费者行为。[①]

Ang 和 Dubelaar 等采用 $G_b = P_b L_b$ 的理论模型来研究消费者视野中的互联网信任模型,认为购买风险概率 $P_b$ 的3个方面可以影响信任,即卖家的履约能力、调换意愿和隐私条例,并把产品种类、发货时间、折扣水平、经营场所(在线或店面)作为情境变量。[②] 邵兵家和孟宪强在对194名在校大学生的实证研究中发现,网站隐私保护与安全控制措施和政策、公司规模与品牌是影响电子商务消费信任的重要因素;消费者个体特征和公司网站的易用性等品质因素对信任没有显著影响。[③] Kim 等人对新西兰的在线宾馆住房预定行业进行了调查,对象是108名消费者和44名房主等运营者,数据分析发现,消费者和房屋提供者对影响在线信任的因素的看法不同,消费者认为保证、退款(refund)、产品(房屋)可得性和保密性是影响信任的因素;有助于建立信任的因素有计算、可预测性、意图性(intentionality)、能力、转换和可见性。[④] Koufaris 和 Hampton-Sosa 关注新顾客对在线公司初始信任的发展,通过对美国东北某大学212名本科生和研究生在4个出售电脑和机票的电子网站购物的数据进行主成分分析和线性回归分析后发现,意识到的公司声望($R^2=0.257$)和公司定制产品和服务的意愿($R^2=0.263$)影响到初始信任;意识到网站有用性($R^2=0.134$)、易用性($R^2=0.126$)和安全控制($R^2=0.262$)也是信任的先在变量;个体消费者的信任倾向对在线初始信任没有显著影响;所有变量揭示了72%的方差。[⑤]

3. 电子商务信任的文化建构模型

Siala 等人关注宗教联系对电子商务中信任的影响,研究了英国 Brunel 大学的91名学生对3个在线书籍网站的反应。学生和网站的宗教性质均可分为3类:基

---

[①] S. E. Kaplan, R. J. Nieschwietz, "A Web Assurance Services Model of Trust for B2C E-Commerce", *International Journal of Accounting information Systems*, vol. 4, No. 2, 2003, pp. 95 – 114.

[②] L. Ang, C. Dubelaar, B. Lee, *To Trust or Not to Trust? A Model of Internet Trust From the Customer's Point of View*, 14th Bled Electronic Commerce Conference, Bled, Slovenia, 2001.

[③] 邵兵家、孟宪强:《中国 B2C 电子商务中消费者信任影响因素的实证研究》,载《科技进步与对策》2005年第7期。

[④] S. F. Kim, T. Foscht, R. D. Collins, "Trust and the Online Relationship—An Exploratory Study From New Zealand", *Tourism Management*, vol. 25, 2004, pp. 195 – 207.

[⑤] M. Koufaris, W. Hampton-Sosa, "The Development of Initial Trust In An Online Company by New Customers", *Information & Management*, vol. 41, No. 3, 2004, pp. 377 – 397.

督徒、伊斯兰教徒和中性。研究发现,对网络零售商的信任和态度因文化而异,至少就宗教联系来说如此。伊斯兰教徒更加信任穆斯林网站,但基督徒在形成对网站的初始信任和态度时却不使用宗教区别。① Huff 和 Kelley 等人则从集体主义和个人主义角度探讨了文化对信任和顾客导向的影响,利用组织内部信任、外部信任、顾客导向、组织中个人的信任倾向来测量组织能力。Huff 和 Kelley 等人通过对 6 个亚洲国家和美国两个州的银行管理者的数据进行分析显示,具有较强个人主义的美国管理者具有较高的信任度和顾客导向。②

## 二、社区认同及其与电子商务信任的关系研究

### (一)社区认同的一般理论和实证研究

不同学科对"社区"的理解各有侧重,地理区位观点强调"社区成员"因群居于同一地域而形成的"环境共同体";社会学观点强调社区的社会性、组织性及社区成员的互动,从而实现社区发展的社会功能;心理学观点则关注社区成员对所在社区的强烈情感及社区成员心理层面的互动与情感联系。Duffy 在文献研究的基础上提出了一个带有整合色彩的社区定义。Duffy 认为,社区既可以表示地理位置(如住宅小区),又可指缩短成员之间心理距离与增强心理互动的社会团体,也可表示集体性质的政治组织。③ 本书所关注的虚拟社区基于互联网空间,它既具有一定的地域特点,即某一虚拟社区有自己的特定域名、服务器和系统,同时也具有一定的文化和心理特点,即虚拟社区成员基于共同兴趣爱好进行互动并产生文化相似感和心理归属感。对传统的地域性社区、文化社区或心理社区的研究对研究网络虚拟社区中的社区认同都具有借鉴意义。

关于社区认同的内涵和影响因素,闵学勤认为,社区认同是市民在一定地域范围内因生活互动而产生的对社区空间、人际、文化及管理模式的喜好、信任和归属感。关于现实中社区认同缺乏的影响因素,闵学勤认为原因有 3 个:一是社区成员的社会利益(包括经济、政治、文化和情感等方面的利益)没有得到满足;二是社区

---

① H. Siala, R. M. O'Keefe, K. S. Hone, "The Impact of Religious Affiliation on Trust in the Context of Electronic Commerce", *Interacting with Computers*, vol. 16, 2004, pp. 7 – 27.
② L. Huff, L. Kelley, "Is Collectivism A Liability? The Impact of Culture on Organizational Trust and Customer Orientation: a Seven-nation Study", *Journal of Business Research*, vol. 58, No. 1, 2005, pp. 96 – 102.
③ K. G. Duffy, F. Y. Wong:《社区心理学》第 3 版,林怡光等译,世界图书出版公司 2007 年版,第 1 ~ 10 页。

共有资源的缺乏;三是社区成员的异质化程度增加。① 原祖杰从历史学视角探讨了天津商人的社区认同问题,认为天津商人的社区认同主要受到两大因素影响:一是参与救火会、育婴堂、公共工程、赈济灾荒、殡葬救济和公共娱乐等社会公益事业;二是地方志编撰,方志可以通过对某一地方历史、地理、风俗、人口、建置、人物等方面的记述,使当地人在精神上有所归属,同时,方志常常可以通过语言文字的运用达到区分内外的目的。②

在国外的社区心理学文献中,社区认同常常与社区感、社区归属感和社区意识等概念交替使用。③ 早在 1974 年,Sarason 在《社区感:社区心理学的前景》一书中将"社区感"界定为"同他人类似的知觉,一种公认的与他人的相互依赖感,一种维持这种相互依赖的意愿,这种维持通过给予他人或为他人做人们期待的事来实现,是个体对某一更大的、可依赖的、稳定结构的归属感"。此后,部分学者开始探索社区感的测量问题。最早进行尝试性研究的是 Dolittle 和 McDonald,他们编制了由 40 个项目组成的社区感量表,通过非正式互动(与邻里)、安全(住所良好)、早期城市性(隐私、匿名性)、邻里亲昵(喜欢邻里互动)和地方主义(参与邻里事务的意见和愿望)等 5 个因素区分社区或邻里的沟通行为与态度,并将社区感划分为高、中、低 3 个水平。虽然相关研究还有很多,但关于社区感的理论维度和测量的最经典研究是由 McMillan 和 Chavis 做出的。他们在文献研究的基础上提出了社区感的四因素模型,即成员意识、影响力、需求整合与满足以及共同的情感连接。④ 此后,关于社区感的内涵、测量、影响因素和形成机制的研究才开始大量出现,很多学者围绕四因素模型进行了很多理论修正和实证研究。

我国学者在社区归属感方面也有一些理论和实证研究。我国学者丘海雄在对香港与广州的居民的社区归属感的比较研究中指出,居民社区归属感的影响因素主要是居住年限、人际关系、社区满足感、社区活动参与。⑤ 黄琳探讨了影响青年人社区归属感的原因,认为应该从社区参与、社会文化和社会组织等 3 方面提高青年对社区的认同。⑥ 王亮分析了社会资本对社区归属感的影响,认为影响当前我国城市居民社区感的主要因素有:社区自治制度,社会支持网络,社区居民关联度,

---

① 闵学勤:《社区认同的缺失与仿企业化建构》,载《南京社会科学》2008 年第 9 期。
② 原祖杰:《清代的天津商人与社区认同》,载《四川大学学报》(哲学社会科学版)2007 年第 1 期。
③ 高鉴国:《社区意识分析的理论建构》,载《文史哲》2005 年第 5 期。
④ 牟丽霞:《城市居民的社区感:概念、结构与测量》,浙江师范大学硕士学位论文 2007 年,第 5~6 页。
⑤ 丘海雄:《社区归属感——香港与广州的个案比较研究》,载《中山大学学报》(哲学社会科学版)1989 年第 2 期。
⑥ 黄琳:《青年社区归属感的培育途径探讨》,载《青年探索》2003 年第 6 期。

信任、互惠与合作的文化环境。王亮认为增加社区中社会资本的供给,可以有效克服社区感不足问题。① 刘霁雯通过对武汉常青花园社区居民的调查研究发现,居住年限、人际关系、社区满足感、社区参与程度等因素对社区归属感具有较大的影响。居住年限越长、人际关系越广、社区满足感越强,则社区归属感越强,且参加社区组织的活动者比不参加者的社区归属感强。② 单菁菁研究了社区归属感与社区满意度的关系,通过对北京部分社区的抽样调查进行研究发现,居民的社会经济地位对社区感的影响不显著,居住时间、社会关系及社区参与程度和社区感之间是弱相关关系,对社区归属感影响最显著的因素是居民对社区的满意度和对社区进步的认知度。③

**(二)虚拟社区认同对电子商务信任的影响研究**

在国内外研究文献中,没有学者直接提出"虚拟社区认同"的概念,对虚拟社区认同的研究基本都在虚拟社区中的关系形成和"虚拟社区感"(Sense of Virtual Community)等范畴下进行。虚拟社区中社会关系形成的基础和影响因素,虚拟社区感的形成机制和社会影响等问题是学者们关注的中心问题。

在虚拟社区中的社会关系研究方面,Walther 提出的社会信息处理模型(SIP)认为,以计算机为中介的沟通(CMC)比现实社会中的面对面沟通(FTF)更缺少社会氛围,但这并不影响虚拟社区中社会关系的发展。与现实社会中关系发展不同的是,虚拟社区中的关系发展需要长时间的社会氛围积累。该理论模型所提出的观点被实证研究所证实。④ Roberts 等人通过对网络聊天室的实证研究发现,虚拟社区互动虽然与面对面互动不同,但在利用文字进行互动的虚拟社区中也可以形成社区感。⑤ Chiu 等人在研究虚拟社区中的知识共享时,也强调了关系的重要性。他们把虚拟社区解析为结构维、关系维和认知维,其中,结构维指的是社会互动连

---

① 王亮:《社区社会资本与社区归属感的形成》,载《求实》2006 年第 9 期。
② 刘霁雯:《居民社区归属感初探——对常青花园社区居民的调查》,载《武汉科技学院学报》2005 年第 4 期。
③ 单菁菁:《社区归属感与社区满意度》,载《城市问题》2008 年第 3 期。
④ J. B. Walther, "Interpersonal Effects in Computer-mediated Interaction: A Relational Perspective", Communication Research, vol. 19, No. 1, 1992, pp. 52 – 90.
⑤ L. D. Roberts, L. M. Smith, C. M. Pollock, "Mooing Till the Cows Come Home: the Sense of Community in Virtual Environments", In C. C. Sonn (Ed.), Psychological Sense of Community: Research, Applications, Implications, New York: Kluwer Academic/Plenum. 2002, pp. 223 – 244.

带;关系维指的是信任、互惠规范和认同;认知维指的是共享的语言和共享的观点。① 在虚拟环境中的关系形成研究上,Postmes,Spears 和 Lea 对提出的社会认同的去个人化影响模型(SIDE)进行了独特的解释。该模型认为,在有关个人身份的线索较少时,虚拟社区中的行动者更加匿名化。匿名化将产生更多的群体沉浸和社区认同,进而引发诸如更加团结和一体化等正面的群体产出。但与此同时,网络沟通中以姓名和图片等形式出现的个人信息强化了虚拟社区中的个人身份,而减少了群体的社会身份。也就是说,社区成员在群体的认识上从强调"我们"转向强调"你和我"。② Zhao 等人研究了美国社交网站 Facebook 上的个人身份建构问题。与 SIDE 模型中强调的匿名环境下的身份认同不同,该研究考察的是非匿名网络环境中的身份建构。通过对 63 个学生 Facebook 账号的定性研究发现,被访者内隐而非外显地宣告其身份,展示而非告知并且强调群体和消费者身份而非个人身份。③ 张垄对虚拟社区与现实社区进行比较分析,认为由于虚拟社区成员是自愿加入的,对公共讨论、公共事务本身就具有较强的参与意识,故对所在社区具有先天的认同感。④ 刘丽群、宋咏梅对多个高校 BBS 成员进行调查,证实共同兴趣和相似性有助于群体认同感的建立,同时也对个体在虚拟社区内的知识欲求、知识贡献行为有促进作用。⑤ 以上研究基本都围绕非商业性的公益社区展开,对本书研究电子商务虚拟社区中的社区认同具有一定的借鉴意义。

与虚拟社区感密切相关的研究还包括对电脑和互联网环境中消费者"畅"体验及其影响研究。虚拟社区感和社区成员经历的"畅"体验(Flow Experience)紧密相关。部分研究者们将"畅"理论引入到电脑使用情境和互联网环境中。Trevino 和 Webster 在研究员工使用电子邮件等电脑软件时的互动情境时,提出了"畅"体验的 4 个维度:控制感、注意力集中、好奇、内心真正的感受。⑥ Hoffman 和 Novak

---

① C. M. Chiu, M. H. Hsu, T. G. Wang, "Understanding Knowledge Sharing in Virtual Communities: an Integration of Social Capital and Social Cognitive Theories", *Decision Support Systems*, vol. 42, No. 3, 2006, pp. 1872 – 1888.

② T. Postmes, R. Spears, M. Lea, "Breaching or Building Social Boundaries? Side Effects of Computer-mediated Communication", *Communication Research*, vol. 25, No. 1, 1998, pp. 689 – 715.

③ S. Y. Zhao, S. Grasmuck and J. Martin, "Identity Construction on Facebook: Digital Empowerment in Anchored Relationships", *Computers in Human Behavior*, vol. 24, No. 5, 2008, pp. 1816 – 1836.

④ 张垄:《虚拟社区与现实社区的分析比较》,见鲍宗豪:《数字化与人文精神》,上海三联书店 2003 年版,第 217~222 页。

⑤ 刘丽群、宋咏梅:《虚拟社区中知识交流的行为动机及影响因素研究》,载《新闻与传播研究》2007 年第 1 期。

⑥ L. K. Trevino, J. Webster, "Flow in Computer-Mediated Communication Electronic Mail and Voice Mail Evaluation and Impacts", *Communication Research*, vol. 19, No. 5, 1992, pp. 539 – 573.

认为消费者在网络浏览时的畅体验具有以下特征:与电脑的互动流爽,非常紧凑,没有间隙;内在享受的;伴随着自我意识的迷失;感觉会越来越强,即自我增强。他们还从营销角度提出了畅体验所产生的正面效果,包括增加学习效果、探索行为、正面的主观经验。这些正面效果有助于网络使用者产生对虚拟社区的认同。① Pace 对互联网信息寻求行为的扎根理论进行研究,表明畅体验包含一些共性要素,即发现的快乐、不相关因素的意识减弱、时间扭曲感、行动与意识融合、控制感、精神机敏(mental alertness)和遥现(telepresence)。② Blanchard 和 Markus 研究了新闻组中的虚拟社区感。他们的实证研究验证了 McMillan 和 Chavis 四因素模型中的3个因素,即成员身份感知、需求整合以及共享的情感连接。但研究发现社区成员并没有感受到他们可以影响其他社区成员,也没有感受到来自其他社区成员的影响。他们认为虚拟社区成员没有感受到相互影响并且强调对社区成员相互关系的原因在于,信息和沟通技术(ICT)的匿名性导致社区成员更加关注互动对象的身份真实性。③

关于虚拟社区认同(虚拟社区感)对电子商务信任的影响,有部分学者进行过理论和实证研究。Kim,Lee 和 Hiemstra 在文献分析基础上构建了包括会员身份、影响与联系、需求整合与满足以及共享的情感连接等4个维度的虚拟社区感测量模型和相应的研究假设。通过对351名旅游电子商务虚拟社区成员调查数据的因子分析、方差分析和多元回归分析发现,4个维度中除了共享的情感连接外,都可以显著影响虚拟社区成员对虚拟社区和公司网站的忠诚度。其中,会员身份对忠诚度的影响最大。进一步分析发现,忠诚度对旅游产品购买具有显著影响。④ 黄漫宇把虚拟社区看作是提高顾客忠诚度的法宝,可以为口碑营销、服务营销、品牌营销和互动营销创造良好条件。例如虚拟社区中两项宝贵资产(信任和成员资料)有助于品牌营销:社区成员之间基于兴趣和相互沟通的信任可以提高虚拟社区的凝聚力,增强成员的归属感;而成员资料则可以帮助企业更准确地了解顾客的需

---

① D. L. Hoffman, T. P. Novak, "Marketing in Hypermedia Computer-Mediated Environments: Conceptual Foundations", *Journal of Marketing*, vol. 60, No. 3, 1996, pp. 50 – 68.

② S. Pace, "A Grounded Theory of the Flow Experiences of Web Users", *International Journal of Human-Computer Studies*, vol. 60, No. 3, 2004, pp. 327 – 363.

③ Blanchard, A. L., Markus, M. L, "The Experienced 'Sense' of a Virtual Community: Characteristics and Processes", *The Data Base for Advances in Information Systems*, vol. 35, No. 1, 2004, pp. 65 – 79.

④ W. G. Kim, C. Lee, S. J. Hiemstra, "Effects of an Online Virtual Community on Customer Loyalty and Travel Product Purchases", *Tourism Management*, vol. 25, No. 3, 2004, pp. 343 – 355.

求,提供个性化的产品,增加顾客的满意度。① 张喜征在文献综述的基础上认为,虚拟社区具有塑造电子商务消费信任的基础,并归纳出表现的能力与善意基的信任、威吓基的信任、知识(认知)基的信任、认同与归属感信任以及规则与制度基的信任等5种信任类型。在此基础上,他通过社会网络软件Blanche对交易导向的虚拟社区和关系导向的虚拟社区中的信任形成进行了对比演化分析。网络仿真结果显示,交易导向型信任网络演化中出现中心化的时间比较短,但当出现多个交易主导者时,中心的空间相对位置频繁发生变化,但关系导向型信任网络出现中心的时间比较长,中心出现以后也维持相对稳定。② Dolen等人从结构理论出发,探讨了用户对商业性群体聊天网站的满意度和认同。实验研究发现,意识到的技术特点(控制、乐趣、可靠、速度和易用)和网聊群体特点(群体涉入、相似性和接受能力)能显著影响满意度,而且群体认知能显著影响个人认知。满意度和群体认知既是社区认同形成的原因,也是电子商务信任形成的条件。③ Hsu和Lin在整合技术接受模型、知识共享和社会影响等的基础上构建了一个理论模型,用于解释网络使用者接受博客的原因。通过对212个青年样本的调查分析发现,易用性、乐趣和知识贡献与对博客的态度正相关;社区认同等社会因素和对博客的态度则显著影响被访者的博客使用。④ 该研究为利用博客开展电子商务提供了理论依据。

## 三、电子商务虚拟社区中的消费者研究

### (一)电子商务虚拟社区中的消费者角色研究

在电子商务虚拟社区中的角色研究中,哈格尔三世和阿姆老太太斯特朗在《网络利益》一书中提出了一个理想的虚拟社区的组织图,其中包括执行仲裁者、社区编辑、社区发展经理、社区推销经理、顾客服务经理等几大类角色,并认为推销员、主持人、系统操作者和社区商人等4种角色对社区长期价值来说很重要。⑤ 除此之外,他们还根据成员的参与程度和价值这两个维度,对社区成员的角色进行了细

---

① 黄漫宇:《虚拟社区:提高顾客忠诚度的法宝》,载《电子商务世界》2005年第5期。
② 张喜征:《基于虚拟社区的网络信任管理模式研究》,载《情报杂志》2006年第4期。
③ W. M. Dolen, A. D. Pratibha, K. Ruyter, "Satisfaction with Online Commercial Group Chat: The Influence of Perceived Technology Attributes, Chat Group Characteristics, and Advisor Communication Style", *Journal of Retailing*, vol. 83, No. 3, 2007, pp. 339–358.
④ C. L. Hsu, J. C. Lin, "Acceptance of Blog Usage: The Roles of Technology Acceptance, Social Influence and Knowledge Sharing Motivation", *Information & Management*, vol. 45, No. 1, 2008, pp. 65–74.
⑤ [美]约翰·哈格尔三世,阿瑟·阿姆斯特朗:《网络利益》,王国瑞译,新华出版社1998年版,第19~26、96~97页。

分,将电子商务虚拟社区成员分为4种类型:浏览者、潜水者、贡献者和购买者。浏览者是进入社区不久的成员,通常是随意浏览,其价值最低;潜水者是在社区中停留时间较长,但不会积极贡献创作内容的成员,可以在其身上收集到有用信息,如浏览路径、个人数据等,因此其价值高于浏览者;贡献者对社区最热情,最积极奉献自己创作的内容,在社区中停留的时间也很长,为社区中价值第二的成员;购买者则是那些积极参与社区及购买产品与服务的成员,为最有价值者,不仅带来了社区收入,也可为社区吸引赞助商及广告。以上对电子商务虚拟社区管理层及普通成员的角色划分,是学术界首次对电子商务虚拟社区中各种社会角色的系统研究,对后续其他学者的研究具有较大的激发作用。

与以上研究类似,Adler 和 Christopher 也对电子商务虚拟社区管理层和普通成员的角色进行了分类,他们的角色划分依据是参与形式。根据参与形式的不同将虚拟社区成员分为以下4种类型:被动者、主动者、发起者和管理者。被动者是希望不花力气得到娱乐或信息内容的成员;主动者是热心参与由其他人所发起的活动及议题讨论的成员;发起者是积极发起讨论议题或规划活动来吸引其他社区成员参与的成员;管理者则作为社区成员与社区经营者之间的中介角色,通常是个成熟的发起者,如"版主"等。[①]

美国西北大学的 Kozinets 根据消费者与消费活动的关系(高/低自我中心)和消费者与虚拟社区的关系(强/弱)将消费者角色划分为4类:贡献者(Devotee)、成员(Insider)、游客(Tourist)和混合型(Mingler)。[②] 其中,游客与虚拟社区的社会联系很少,仅保持表面的被动的与消费活动的关系;混合型角色与虚拟社区具有强联系,与消费活动的关系仅仅是循例性质的;贡献者正好与混合型相反,此类角色热衷于消费类活动,与虚拟社区的关系很弱;成员则同时热衷于社会联系和消费类活动。根据帕累托 80-20 法则,Kozinets 认为贡献者和成员是网络营销的主要对象。与 Kozinets 的角色划分类似,Wang 和 Fesenmaier 根据成员对于虚拟社区的贡献程度,将社区成员分为以下4种类型:游客是那些与社区内的其他成员缺乏强的社会联系,很少对社区做出贡献的成员;社交者是与社区群体维持一定的社会联系,有时候会对社区做出贡献的成员;贡献者是与社区有着较强的社会联系,对于社区活动有着很大的热情,经常对社区做出贡献的成员;内部者则与社区有着非常强的社

---

[①] P. R. Adler, J. A. Christopher, *Internet Community Primer Overview and Business Opportunities*, New York: Harper Collins Publishing Inc. 1999.

[②] R. V. Kozinets, "E-Tribalized Marketing? The Strategic Implications of Virtual Communities of Consumption", *European Management Journal*, vol.17, No.3, 1999, pp.252–264.

会联系和个人联系,是社区中非常积极的贡献者。①

我国学者在电子商务虚拟社区成员角色方面也有类似研究。彭小川和毛晓丹通过对BBS群体内结构关系的社群图分析,将虚拟社区成员分为5种类型:发表主题和回复数量多、且总能引起较广泛的响应的少数"精英型"成员;发帖较少但单帖影响力高的少数"实力型"成员;积极回复、有一定影响但很少发主题的"活跃型"成员;发表主题和回复积极但很少获得响应的"热情型"成员;发主题无人响应、又几乎不回复其他帖子的"孤独型"成员。② 毛波和尤雯雯对知识共享型和商品交易型社区的成员帖子进行了研究,利用层次型聚类分析和相斥型聚类分析,将电子商务虚拟社区中的成员角色划分为5类:"领袖"、"呼应者"、"浏览者"、"共享者"和"学习者"。其中,领袖型虚拟社区成员的数量最少,但发文频率以及发文数量很高,在整个社区的知识形成及共享中贡献最大;呼应者通过对其他成员的文章表示简单的附和或反对,以获取社区其他成员的关心,此类成员对社区知识形成和共享的贡献较少,但此类成员可以帮助促进社区成员之间的情感交流和相互沟通;浏览者是社区中数量最多的一类成员,很少发文甚至不发文;共享者很少系统地提供知识,仅仅零散地被动地提供知识;学习者以获取知识为主,很少与社区内其他成员进行互动,与其他成员间没有相对固定的社区关系。③

**(二)电子商务虚拟社区中的消费者行为研究**

自从哈格尔三世和阿姆斯特朗首次将着眼点放在虚拟社区的经济价值上,认为虚拟社区可以满足人们的兴趣、幻想、人际关系或交易等需求以来,电子商务虚拟社区中消费者的社会行为越来越受到学者们关注。相关研究主要围绕电子商务虚拟社区中的行为种类和作用以及各种社会行为发生的条件和行为模式等问题展开。

关于电子商务虚拟社区中的行为种类和作用,相关研究大都认为,虚拟社区中的社会行为可以大致分为知识共享、信息交流和情感沟通等,这些行为可以为虚拟社区所有者(网络销售商)产生价值。Koh和Kim从知识共享的角度探讨虚拟社区中的社会互动(包括社区参与和社区宣传)对消费者忠诚度(消费者对虚拟社区提供商的忠诚)的影响。该研究从韩国最大的虚拟社区提供商Freechal中选择虚拟

---

① Y. Wang, D. R. Fesenmaier, "Modeling Participation in an Online Travel Community", *Journal of Travel Research*, vol. 42, No. 3, 2004, pp. 261–270.
② 彭小川、毛晓丹:《BBS群体特征的社会网络分析》,载《青年研究》2004年第4期。
③ 毛波、尤雯雯:《虚拟社区成员分类模型》,载《清华大学学报(自然科学版)》2006年第S1期。

社区,最终获得了来自 77 个虚拟社区的 641 份有效问卷结果。他们把社区规模和社区年龄作为控制变量,通过相关分析和多元回归分析发现:社区知识共享活动与社区参与和社区宣传显著相关;对虚拟社区提供商的忠诚只与社区宣传显著相关,与社区参与没有显著相关。① 向海华和沈治宏也从知识共享的角度分析虚拟社区的商业价值,认为仅仅为顾客提供服务和信息不能让顾客对公司产生忠诚,而给用户创造一个相互联系、相互作用的交流环境将有助于增加顾客对公司的信任,从而在一定程度上增加用户的忠诚度。而为了促进知识共享,则应该建立明确的社区目标、选举有远见的社区领导、建立社区知识专业目录、制定适当的社区准则或条例和开展多种多样的离线社区活动。② Nelson 和 Otnes 研究了虚拟社区在婚姻计划中的作用。他们利用网络人种志方法研究跨文化婚姻的电子商务虚拟社区,在 3 个国际性婚姻论坛上获取了大约 400 份来自 16 个国家的准新娘的帖子,并进行为期 1 年的网络人种志分析。研究发现虚拟社区在婚姻计划中的作用有 4 个:朋友和咨询者(情感支持)、消费建议者(经济信息)、放弃熟悉的文化规范和修改文化规范。③

关于电子商务虚拟社区中消费者行为的发生条件和行为模式,Porter 认为虚拟社区具有目标、地点、平台、人口互动结构与获利模式等 5 个关键的属性,简称 5Ps。目标描述了社区成员谈论的焦点话题或沟通的核心内容;地点定义了互动的场所,即互动是完全虚拟的还是部分虚拟的;平台是指虚拟社区互动的技术设计,即互动是同步的还是部分虚拟的;人口互动结构是指社区成员互动的模式,以群体结构(如小群或网络)与社会联结类型来描述(例如强、弱和紧迫);获利模式是指一个社区是否创造了经济价值。④ 白淑英和何明升等学者以哈尔滨工业大学 BBS 为例,研究了 BBS 互动的结构和过程。实证分析表明,BBS 互动关系的建构至少需要 BBS 电子空间、话题、角色和帖子等结构性要素。他们根据帖子所引起的"话头"的被选择程度,将 BBS 互动分为焦点互动和非焦点互动两种基本类型,并根据帖子的性质和 BBS 参与者的多种角色关系,将 BBS 互动的主要模式分为单中心互动模

---

① J. Koh, Y. G. Kim, "Knowledge Sharing in Virtual Communities: An E-business Perspective", *Expert Systems with Applications*, No. 26, 2004, pp. 155 – 166.
② 向海华、沈治宏:《虚拟社区知识共享活动给电子商务带来商机》,载《情报理论与实践》2004 年第 5 期。
③ M. R. Nelson, C. C. Otnes, "Exploring Cross-cultural Ambivalence: a Netnography of Intercultural Wedding Message Boards", *Journal of Business Research*, vol. 58, No. 1, 2005, pp. 89 – 95.
④ C. E. Porter, "A Typology of Virtual Communities: A Multi-Disciplinary Foundation for Future Research", *JCMC*( Online Magazine), 10(1), Article 3, 2004 – 11.

式、多中心互动模式、跨网互动模式、两两互动模式和宣告－阅读互动模式。① Kozinets 根据虚拟社区发展时间和沟通进程,把个人参与在线消费社区的过程分为主体信息交换、文化规范信息交换、文化规范接受和加强以及文化凝结等 4 个过程,并在此基础上区分出 4 种模式:信息模式是指某社区成员向另一位成员询问有关产品功能的信息;娱乐模式是指某社区成员与另一位成员交流非产品功能的信息;关系模式是指社区成员建立关系的沟通模式;转移模式是指成员表面上是询问产品功能,而实际上是为了建立关系的沟通模式。② 杨堤雅按照信息传播的特性将虚拟社区成员的互动分为 5 种模式:信息强化模式、情感交流模式、问题解决模式、产品交易模式和干扰与反制模式。信息强化模式是指成员提出各自的经验与看法;情感交流模式是指以建立情谊为沟通的主要目的,常出现互开玩笑、聊天、互吐苦水等社交行为;问题解决模式是指以问题的询问与解答为主要目的的互动方式;产品交易模式是指公司推广人员或售卖二手产品者,与其他成员间产生商品交易、咨询等商业行为的沟通模式;干扰与反制模式是指干扰者对于虚拟社区秩序的干扰,以及其他成员为了维护社区秩序所形成的互动。③

笔者对电子商务信任模型及其实证研究、社区认同及其与电子商务信任的关系研究,以及电子商务虚拟社区中的消费者研究等 3 方面的相关文献进行了评述。综合以上文献可以发现:

第一,电子商务信任的影响因素和生成机制是电子商务研究中非常重要的研究领域。作为一种主观心理状态,信任的复杂性决定了电子商务信任模型的多样性和信任研究的多学科性。不管是经典信任理论模型,基于消费者的信任模型还是基于社会建构的模型,都存在着从心理学、社会心理学再到社会学的发展路径。互联网技术、商业和社会间耦合互动使得网络消费行为的复杂性增强,网络消费者往往借助电子商务虚拟社区进行需求定位、信息搜寻、价格比较和购买以及用后评价。这种现实说明,目前从任何单一学科视角进行电子商务信任研究都不能很好地解析电子商务信任的生成机制,必须在研究中采取多学科整合的视角。社区认同作为电子商务虚拟社区中影响信任的核心因素,也是网络经济学、经济社会学、社区心理学和组织管理学等多学科中共有的概念。因此,本书尝试以社区认同为

---

① 白淑英、何明升:《BBS 互动的结构与过程》,载《社会学研究》2003 年第 5 期。
② R. V. Kozinets, "E-Tribalized Marketing? The Strategic Implications of Virtual Communities of Consumption", *European Management Journal*, vol. 17, No. 3, 1999, pp. 252 – 264.
③ 杨堤雅:《网际网路虚拟社群成员之角色与沟通互动之探讨》,台湾国立中正大学企业管理研究所 2000 年。

基础构建电子商务信任模型,并探求社区认同的影响因素以及社区认同对电子商务信任的影响机制。

第二,在目前有关社区认同(包括虚拟社区中的社区认同)的研究中,社区认同常与社区感、社区归属感和社区意识等概念交替使用,这增加了对社区认同进行界定和测量的难度。而且,目前有关社区认同对电子商务信任的影响机制研究中,社会关系视角和"畅"体验视角在研究内容上存在一定交叉,缺乏统一的宏观理论框架。因此,迫切需要对电子商务背景下"社区认同"的本质、结构和形成机制进行解析,并深入分析社区认同对电子商务信任的影响机制。

第三,电子商务信任与消费者在虚拟社区中的社会行为紧密相关,但目前专门针对电子商务虚拟社区中社会角色的分析过于理论化,缺乏对具体电子商务虚拟社区的实证分析,特别是缺乏对虚拟社区的结构与运作机制及其中蕴含的社会行动的分析。同时,有关社会行动对电子商务信任的影响研究也存在两个缺陷:一是仅仅关注诸如知识共享等单一行动,缺乏对电子商务虚拟社区中社会行动的整体分析和系统研究;二是没有揭示行动和信任之间的关系,电子商务虚拟社区成员的社会行动影响电子商务信任的机制没有受到重视。尤其缺少的研究是,社会行动导致的社区认同如何进一步影响电子商务信任。因此,迫切需要对由销售商创建和主导的虚拟社区中的社会行动和互动机制进行系统解析,并探求社会行动与社区认同和电子商务信任之间的复杂关系。

总之,针对目前有关电子商务信任研究的不足,本书将采取多学科整合的视角,以社区认同为切入点,通过对虚拟社区社会结构、运作机制以及消费者社会行为的深入分析,揭示社区认同的形成机制及其对电子商务信任的影响。

本书涉及两个核心概念,即社区认同和电子商务信任。广义的虚拟社区指的是,在网络技术支持与社会规范指导下,供人们围绕共同兴趣或话题进行信息交流与人际互动,以在线方式创造社会价值和商业价值的网络虚拟空间。本书中的虚拟社区是狭义的,特指"由网络销售商创建的、供消费者进行各种类型社会互动的网络空间"。其具体形式包括公告板系统(BBS,Bulletin Board System)、邮件列表(Mailing List)、留言本(Guestbook)、聊天室(Chat Room)、新闻组(News Group)和博客(Blog,Web log),等等。本书将以公司创建的BBS类型和留言本类型的虚拟社区为例进行研究。而电子商务虚拟社区中形成的社区认同指的是,虚拟社区成员基于知识共享、信息交流和情感沟通等社会行动而形成的对自我、社区成员和社区的认可和接纳。社区认同一旦形成,将在一定程度上影响成员对虚拟社区的价值判断,并使成员的认知方式产生一定的路径依赖。电子商务信任(E-commerce

Trust)指的是,网络消费者在充满风险和不确定的网络上购物时,认为互联网技术、制度、特定交易对象和产品值得信赖的社会心理状态。

本书将所研究的核心问题界定为:在虚拟社区日益成为消费者网络生活时空框架的情况下,如何以社区认同的生成及其影响为核心,通过系统解析虚拟社区的社会结构和运作机制,构建理论解释力更强和实践应用性更好的电子商务信任模型。围绕该问题,本书将研究内容集中在以下几个方面。

1. 电子商务的理论界定和实践问题

从理论层面辨析电子商务的概念,利用不同标准对电子商务进行分类,并指出不同电子商务模式与信任的关系。描述世界电子商务的起源和发展历程,以及中国电子商务的发展现状和问题,并针对政府、企业、消费者和学术界提出不同的对策。

2. 电子商务信任生成模型的理论分析

在理论文献分析和访谈的基础上,解析电子商务信任的结构和生成过程。对现有文献中的电子商务信任模型进行归纳总结,以奠定本书的理论基础,为后续研究的理论深化做准备。

3. 社区认同的影响因素和生成机制研究

对社区认同的内涵和一般生成过程进行理论分析,并在电子商务虚拟社区的结构和运作背景下,揭示知识共享、信息交流和情感沟通等社会行动与社区认同的关系,为构建基于社区认同的电子商务信任模型奠定基础。

4. 基于社区认同的电子商务信任模型建构

以现有文献中的电子商务信任模型为基础,将电子商务虚拟社区抽象解析为行动维、社区认同、制度维和技术维的综合体,构建基于社区认同的电子商务信任模型。通过对大学生的在线问卷调查数据和结构方程分析,对理论模型进行比较、修正和检验。

5. 基于社区认同的电子商务信任提升对策

在模型检验的基础上,结合中国电子商务虚拟社区发展现状,提出如何通过提高社区认同,更好地发挥虚拟社区在提升电子商务信任中的作用的对策。

# 第一章　电子商务的理论界定与实践问题

经济活动是人类生存和繁衍的基础,在卡尔·马克思的社会冲突论看来,经济基础决定上层建筑;在帕森斯(T. Parsons)的结构功能主义视角中,经济子系统则是社会系统满足适应功能(Adaption)的主要结构。对作为社会系统的子系统之一的经济系统来说,生产、交换、分配和消费是其主要的经济过程。为了更好地改造自然、适应社会和提高生活质量,人类社会曾经掀起过多次科技革命,并将其成果用于优化生产、交换、分配和消费等经济过程。在人类社会历经百万年的进化过程中,科学技术始终是优化经济过程的重要工具,不管是远古时代的钻木取火,还是现在的电子点火;也不管是面对面的原始易货贸易,还是跨越时空的现代电子商务。因此,"知识就是力量"、"科学技术是第一生产力"等名言可以作为科学技术与电子商务之间关系的生动注解。

从理论上讲,电子商务不仅涉及计算机技术、网络技术和通信技术等自然科学的技术,而且涉及经济学、社会学、政治学、传播学和管理学等社会科学的技术,甚至与哲学和艺术的人文科学也有密切的关系。从实践上看,电子商业是一种横跨生产、交换、分配和消费的新型经济活动,它不仅与企业这样的经济组织紧密相关,而且与政府和非政府组织等公共组织以及个人都有千丝万缕的联系。因此,我们可将电子商务看作是一种跨学科、多主体的复杂系统。对电子商务这个复杂系统的学术研究固然有多种视角,但首要问题是厘清电子商务的概念和类型,并结合世界电子商务的源起和发展历程,对中国电子商务发展的现状和问题进行分析。

## 第一节　电子商务的理论

### 一、电子商务的概念辨析

电子商务这一概念在学术界至今还没有形成一致的定义,我们遵循从现象到本质、从简单到抽象、从现实到历史的原则对这个概念进行解析。表面上看,当前最流行的基于Internet(因特网)的电子商务,就是利用Internet从事商务活动,即在因特网的开放网络环境下,交易双方基于浏览器/服务器(B/S)模式,进行跨时空的不谋面的经济交易。它是实现消费者网上购物、商户之间的网上交易和在线电子支付以及各种商务活动、交易活动、金融活动和相关的综合服务活动的一种新型的商业运营模式。从本质上看,电子商务是在技术、经济高度发达的现代社会里,掌握信息技术和商务规则的人,系统化地运用电子工具,高效率、低成本地从事以商品交换为中心的各种活动的总称。这个抽象界定从"生产力"出发,强调了人在电子商务系统中的中心地位,并将环境与人、人与工具、人与劳动对象以及工具与目的有机地联系起来。

联合国经济合作与发展组织(OECD)认为,电子商务是发生在开放网络上的包括企业之间、企业和消费者之间的商业交易。国际标准化组织对电子商务的定义是:企业之间、企业与消费者之间信息内容与需求交换的一种通用术语。世界贸易组织在《电子商务专题报告》中认为,电子商务就是通过电信网络进行的生产、营销、销售和流通活动,它不仅指基于因特网的交易,而且指所有利用电子信息技术来解决问题、降低成本、增加价值和创造商机的商务活动,包括通过网络实现从原材料查询、采购、产品展示、订购到产品储运以及电子支付等一系列的贸易活动。美国政府在《全球电子商务纲要》中提出,电子商务是通过互联网进行的各项商务活动,包括广告、交易、支付、服务等活动。加拿大电子商务协会认为,电子商务是通过数字通信进行商品和服务的买卖以及资金的转账,包括企业与企业间利用电子邮件、电子数据交换、文件传输、传真、电视会议、远程计算机联网所能实现的全部功能,如市场营销、金融结算、销售及商务谈判等。中国政府在《电子商务发展"十一五"规划》中指出,电子商务是网络化的新型经济活动。

与此同时,不同的学者从广义或狭义、从技术角度或功能角度,对电子商务给出了诸多不同定义。Rayport和Jaworski将电子商务定义为,经济主体之间(个人、组织或者二者之间)以技术为媒介的交易,也包括以电子化为基础,为交易提供便利的组织内或组织间的活动。① 特伯恩(Turban)等人认为电子商务是指通过互联网进行购买、销售或交换商品、服务和信息等活动,也可由以下两种观点来定义电子商务:合作的观点,即电子商务是一个提供组织间与组织内合作的平台;社区的

---

① J. F. Rayport, B. Jaworski, *E-Commerce*, New York: McGraw-Hill, 2001, pp. 69 – 103.

观点,即电子商务是一个提供社区成员学习、互动和合作的场所。① 菲利普·科特勒(Kotler)区分了电子业务(E-Business)和电子商务(E-Commerce)两个重要概念,认为电子业务描述了如何利用电子方式和平台开展公司的业务,而电子商务则比电子业务要具体,意味着除了向访问者提供有关公司的信息、历史、政策、产品和工作机会外,公司或其网站还可以直接交易或促进产品和服务的交易。②

从历史上看,美国国际商用机器公司(IBM)1996年首先提出了Electronic Commerce(E-Commerce)的概念,随后到1997年又提出了Electronic Business(E-Business)的概念。这两个概念有一定的区别,E-Commerce有时被翻译为电子商业,指实现整个贸易过程中各阶段贸易活动的电子化;有时又被翻译成狭义的电子商务,与被翻译为广义的电子商务的E-Business相对应,后者指利用网络实现所有商务活动业务流程的电子化。因此,从经济和管理的角度看,实业界有一种用E-Business来取代E-Commerce用以指称电子商务的趋势。但从社会交换论的观点看,由于任何业务(Business)的本质都是商业(Commerce)、贸易(Trade)或交换(Exchange),因此,本书仍然将电子商务称为E-Commerce。尽管广义的电子商务就是使用各种电子工具从事商务活动,从这个角度看,不仅基于Internet(因特网)以及与之相关的NII(国家信息基础结构——信息高速公路)和GII(全球信息基础结构)等现代信息系统的商务活动属于电子商务,基于电报、电话、广播、电视甚至传真的业务也可以看作是电子商务。但鉴于以国际互联网为基础的电子商务是主流,因此本书所指的电子商务专指基于国际互联网的电子商务。

## 二、电子商务的类型划分

电子商务的类型划分可以依据多种标准,例如根据电子商务涉及的地域范围,可以区分出国内和国际电子商务;根据电子商务使用的网络类型可以区分出基于局域网和互联网的电子商务;根据电子商务交易的内容,可将电子商务模式分成有形商品的交易活动和无形商品的交易活动,前者即有形货物的电子订货,后者是直接电子商务,即无形商品交易,如计算机软件、数字内容的在线订购与传播、在线数据库服务等。根据电子商务的价值创造方式,可以区分出电子商店、电子采购、电子商城、电子拍卖、虚拟社区、协作平台、第三方市场、价值链整合商、价值链服务供

---

① [美]埃弗雷姆·特伯恩等:《电子商务——管理新视角》,王理平、张晓峰译,电子工业出版社2003年版,第15~38页。
② [美]菲利普·科特勒:《营销管理》,梅清豪译,上海人民出版社2003年版,第39~64页。

应商、信息中介、信用服务和其他服务等12类电子商务模式。①

考虑到本书的主要目的,此处依据电子商务的交易主体,将电子商务主要分为以下8种:B2B、B2C、C2C、B2G、C2G、N2C、ABC 和 O2O。由于信任的主客体都是交易者,因此,上述不同的电子商务模式中的信任需求和信任发生机制都有所不同。

## (一) B2B 电子商务模式及其信任问题

企业对企业的电子商务(Business-to-Business, B2B)模式中的交易双方都是企业,借助国际互联网或其他类型的网络实现信息、知识、资金、产品和服务的交换。由于交易主体都是在政府相关部门注册备案的经济组织,而且现实中为双方提供交易服务的网站也是注册备案过的经济组织,此种电子商务模式下的违约成本较高,因此 B2B 交易主体具有较高的信任度。2012 年 8 月 6 日,中国电子商务研究中心(100ec.cn)发布的《2012 年(上)中国电子商务用户体验与投诉监测报告》显示,2012 年上半年的各种电子商务投诉中,网络购物投诉占 56.5%,网络团购占 20.1%,移动电子商务占 6.7%,B2B 网络贸易占 3.6%,其他为 13.1%。中国电子商务投诉与维权公共服务平台的这组监测数据也间接说明,B2B 电子商务模式中似乎并不缺乏信任。

## (二) B2C 电子商务模式及其信任问题

企业对消费者的电子商务(Business-to-Consumer, B2C)模式中的交易双方分别是企业和消费者,卖方通过自有网站进行产品展示、信息发布、收取货款和客户服务等活动,买方则通过网络进行信息搜寻、比较、购买和评价等活动。这种模式是电子商务的传统模式,由于企业自有网站及其所依托的企业都经过注册备案,所以买方对卖方具有一定的信任度。但随着电子商务的发展,越来越多的中小企业甚至个人开始利用第三方交易平台(例如我国的淘宝集市 Taobao 和美国的电子港湾 eBay)。第三方交易平台出于经济利益考虑,在一定程度上可能会有意或无意地放松对入驻企业的资格审查,导致一些利用第三方平台开展电子商务的中小企业损害消费者利益。随着消费者面临的经济风险越来越大,电子商务信任逐步成为 B2C 电子商务模式中的重要问题。这就形成了本书立论的现实基础,此种电子商务模式下的经济信任问题,正是本书关注的焦点。

与 B2C 模式紧密相关的电子商务模式是 C2B 模式,即消费者对企业(Custom-

---

① P. Timmers, "Business Models for Electronic Markets", *Electronic Markets*, vol. 8, No. 2, 1998, pp. 3 – 8.

er-to-Business)。其基本原理和运作机制是,通过网络技术跨时空的特性,将地理和时间上分散的数量巨大的消费者聚合起来,消费者的密集互动形成了一种特殊的虚拟社区,在心理、信息和知识等方面改变了 B2C 模式中消费者单独面对企业时的弱势地位,形成强大的与企业进行价格谈判的能力。此种模式最早出现于美国,Groupon 团购网站创立了当前比较典型的团购模式。最近几年开始在中国流行的基于经济利益的"团购"是基于 C2B 模式的典型应用,而基于兴趣或现实关系的社交网站同样具有发展 C2B 电子商务的潜力。相同的经济利益和兴趣以及种类繁多的现实关系,为 C2B 电子商务模式中消费者之间的信任提供了基础。这种消费者之间的信任进而又可能传导到消费者对电子商务企业的信任。

(三) C2C 电子商务模式及其信任问题

消费者对消费者的电子商务(Consumer-to-Consumer,C2C)中,作为交易双方的消费者借助第三方交易平台完成交易。专注于网络零售的淘宝网(特别是"淘宝集市")和专注于网络拍卖的 eBay(易趣)是 C2C 电子商务模式的典型代表。第三方交易平台的"经济人"特性,以及个体消费者价值观的多元性,使得 C2C 电子商务中存在众多消费欺诈问题。《2012 年(上)中国电子商务用户体验与投诉监测报告》的十大网络购物热点被投诉企业榜中,淘宝网排名第一,说明 C2C 模式(包括借助第三方平台开展 B2C 业务的天猫 Tmall)存在较大的信任危机。这也是促使我们深入思考电子商务信任问题的重要现实背景。

企业对政府的电子商务(Business-to-Government,B2G)和消费者对政府的电子商务(Consumer-to-Government,C2G)模式中,由于交易主体中的买方是政府,因此卖方对其具有很高的独特的信任。以招标为核心的政府采购网、以公众服务为导向的政府门户网站都是上述电子商务模式的典型应用。导航网站对消费者的电子商务(Navigation-to-Consumer,N2C)中,作为卖方的网购导航网站以行业、地理位置和消费者特征等为基础,对形形色色的电子商务卖家进行归类整理,以引导消费者进行电子商务消费。美国的 Craigslist 和中国的比购宝、hao123 等都是此种电子商务的典范。卖方的信息过滤能够在一定程度上增强消费者对电子商务卖家的信任,但作为信息过滤者的导航网站具有的"经济人"属性同样也可能使消费者面临一定的风险,因此,N2C 电子商务模式中的信任问题也值得关注。

代理商、企业、消费者三者相互转化的电子商务(Agents,Business and Consumer,ABC)是一种新近的未定型综合性电子商务模式。这种多元主体的电子商务模式通常采用"网店+服务店+营销服务系统+团购联盟+自主服务终端"的立体营销模式把网络营销、连锁经营、传统渠道、服务、消费链和互动媒体等相整合。中国广州的淘众福是其典型模式,它通过互联网、刊物、互动及移动媒体等建立起一个交互式、立体式、全方位的跨媒体生活信息服务平台,为代理商、消费者和商家提供生活信息服务,最终实现多方共赢。线上订购与线下消费相结合的电子商务(Online-to-Offline,O2O)也是新近出现的电子商务模式,其原理非常简单,即消费者在线上订购商品,再到线下实体店进行消费。例如美国芝加哥的电子商务网站Trunk Club可以在线定制男士服饰,并通过物流邮递或零售店取货的方式完成交易。当前各国都非常流行的"团购"大多也与O2O模式相关。上述两种电子商务模式中也会涉及信任问题,但不是本书关注的重点。

## 第二节 电子商务的实践问题

### 一、世界电子商务的源起和历程

#### (一)世界电子商务的源起

作为电子商务技术基础的因特网(Internet)起源于互联网(Internet)。广义的互联网(Internet)指的是,广域网、局域网及单机按照一定的通信协议组成的计算机网络,它采用某种协议与技术,将两台计算机或者是两台以上的计算机终端、客户端、服务端通过计算机信息技术的手段互相联系起来。互联网始于美国军方在1969年建立的阿帕网(ARPA),1983年美国国防部将阿帕网分为军网和民网,渐渐扩大为今天的互联网。因特网(Internet)是互联网的一种,特指基于TCP/IP协议和公网地址的国际互联网。TCP/IP协议由很多协议组成,单就位于应用层的协议来说,就包括用于远程文件传输的FTP协议、用于邮件传输的SMTP协议和用于超文本传输的HTTP协议等。只有应用层使用HTTP协议的因特网才被称为万维网(WWW,World Wide Web),它是当前绝大部分电子商务使用的计算机网络。根据中国互联网络信息中心(CNNIC)2012年1月发布的研究报告,我国网民在2010年到2011年的互联网应用中,年增长率超过20%的应用有4种,即微博(296.0%)、团购(244.8%)、网上支付(21.6%)、网络购物(20.8%)。这组数据也充分说明,中国网民对电子商务的热情日益高涨。

电子商务的理念可以追溯到20世纪60年代以前通过电报报文传送商务文件的商务模式,但20世纪70年代应用于企业间开展贸易时使用的电子数据交换

(Electronic Data Interchange,EDI)技术和银行间开展金融业务时的电子资金转账(Electronic Fund Transfer,EFT)技术则是电子商务应用系统的雏形。国际标准化组织(ISO)认为"EDI为商业或行政事务处理,按照一个公认的标准,形成结构化的事务处理或消息报文格式,从计算机到计算机的数据传输方法"。出于安全考虑,早期的EDI和EFT都是基于专用网络实现的,技术、设备和人员都具有很高的资产专用性,这造成交易成本非常高。尽管如此,这种"无纸贸易"具备的众多特点使得它在20世纪80年代得到了较快发展,在国际贸易、金融、海关业务、航空公司、连锁店及制造业等领域得到了大量应用。随着20世纪80年代阿帕网的逐步民用化和商业化,特别是20世纪90年代万维网的出现,使得因特网与EDI相关技术相结合,产生了WWW/EDI、OPEN EDI、Internet EDI等概念。但因特网强大的商业应用并未止步于与EDI相关技术的结合,而是不断升级演化出新的商务模式。前文提到的8种主要的电子商务模式在很大程度上克服了EDI相关技术的局限,充分体现出因特网作为电子商务工具和平台的巨大发展潜力。

(二)世界电子商务的发展历程

关于电子商务的发展历程,业界一般根据电子商务中使用的主要技术手段,将电子商务的发展划分为5个阶段:电子邮件阶段、Web信息发布阶段、电子商务阶段、全程电子商务阶段、智慧电子商务阶段。当前绝大多数的电子商务活动还处于第三个阶段,极少企业开始进入第四甚至第五阶段。

我们还可以根据其他标准,对电子商务的发展阶段进行划分。例如根据电子商务交易主体的演变,可以区分出3个阶段:企业对企业、企业对个人以及个人对个人。当然,这3个阶段并不是进化论意义上的替代关系,因为当前发展比较成熟的几种电子商务模式(例如B2B、B2C和C2C)是并存的。只不过各种主体参与电子商务交易的时间在历史上有先后关系。本书主要关注企业对个人(B2C)的电子商务模式。再例如,根据电子商务中的信息交换方式,可以把20世纪90年代以来基于因特网的电子商务发展区分为3个阶段:单向信息发布、双向信息反馈和群体信息生产。第一阶段中企业建站的目的仅仅是展示商品和发布信息,并不能通过网站与消费者进行在线交流;第二阶段中很多电子商务网站具备了在线提交订单和在线反馈意见的功能,实现了买卖双方之间的信息交流;第三阶段中很多电子商务网站通过商品公开评论和论坛(BBS)等方式,在实现买卖双方之间交流的同时,也为消费者之间的交流提供了技术平台。这种电子商务网站使单纯的消费者也变成了信息的生产者,形成了美国未来学家托夫勒20世纪80年代所预言的"生产消费者"(Pro-Sumer,即生产者 Producer 和消费者 Consumer 的组合)。"生产消费者"的概念在比尔·奎恩(Bill Quain)的畅销书《生产消费者力量》中被再次提到。"生产消费者"就是"创造消费行为的人",通过对自己所使用的产品进行口碑宣传使更多的人产生了消费行为,从而促进了电子商务发展。我们对电子商务信任的研究采取的是社区认同视角,此处的社区主要指的是买卖双方特别是消费者之间通过因特网互动而形成的特殊的虚拟社区。

## 二、我国电子商务的现状和问题

### (一)我国电子商务的发展阶段

我国与互联网的首次接触始于1987年,清华大学的钱天白教授通过意大利公共互联网 ITAPAC 从中国发出了第一封电子邮件。直到1994年,中国才真正与互联网连接起来,1999年定为"政府上网年"。因此,我国的因特网应用比较晚,导致我国电子商务发展也晚于西方发达国家。

中国电子商务研究中心(CECRC)在《2010—2011 年度全球电子商务研究报告》中将电子商务的发展分为4个阶段:邮件阶段、信息发布阶段、电子商务阶段、全程电子商务阶段。我们综合利用电子商务技术、制度、组织和消费者等方面的发展变化,将中国电子商务划分为5个发展阶段。

第一阶段为起步期(1990—1993年)。因特网被引入中国之前的电子商务又被为"电子数据交换"。从事国内贸易和国际贸易的部分企业通过专用网络实现交易信息传输,但越来越多的企业开始认识到信息技术在经济活动中的重要性。

第二阶段为雏形期(1993—1997年)。企业界在1993年首次引入"电子商务"概念,同时政府领导组织开展"三金工程",为中国电子商务的发展提供了国内的基础设施。1993年我国成立了以国务院副总理为主席的国民经济信息化联席会议及其办公室,相继组织了金关、金卡、金桥等"三金工程"。1996年4月,我国成立国务院信息化工作领导小组,由国务院副总理任组长,20多个部委参加,统一领导组织中国信息化建设。1996年,中国金桥信息网(ChinaGBN)开始提供因特网连接服务。1997年,信息化办公室组织有关部门起草编制中国信息化规划。1997年4月在深圳召开全国信息化工作会议,各省市地区相继成立信息化领导小组及其办公室,各省开始制定本省包含电子商务在内的信息化建设规划。这就为我国电子商务的发展提供了制度基础和组织基础。1997年,广告主开始使用网络广告,我国商品订货系统(CGOS)开始运行,这标志着现代意义上的中国电子商务的萌芽和雏形开始形成。

第三阶段为发展期(1998—2000年)。1998年3月,我国第一笔互联网网上交易成功。1998年10月,国家经贸委与信息产业部联合宣布启动以电子贸易为主要内容的"金贸工程",它是一项推广网络化应用、开发电子商务在经贸流通领域的大型应用试点工程。1999年5月,8848等B2C网站正式开通,网上购物进入实际应用阶段。1999年兴起政府上网、企业上网、电子政务(政府上网工程)、网上纳税、网上教育(湖南大学、浙江大学网上大学)、远程诊断(北京、上海的大医院)等广义电子商务,并已有试点进入实际试用阶段。

第四阶段为稳定期(2000—2009年)。国外成熟的电子商务模式不断被引进我国,民间资本特别是风险投资大量涌入电子商务。与此同时,电子商务企业数量迅速增加,主要行业都形成了数家知名度和美誉度较高的企业,"烧钱"成为电子商务行业的专业术语,消费者的网络购物理念也逐步形成。上述特征标志着中国电子商务已经进入可持续发展的稳定期。2000年6月,中国电子商务协会(CECA)由信息产业部申请,经国务院批准,国家民政部核准登记注册为全国性社团组织。中国电子商务协会在政府管理部门和从事电子商务的企、事业单位及个人之间发挥纽带和桥梁作用,在一定程度上推动了中国电子商务的稳定发展。政府、民间组织、企业和消费者的成熟理念和频繁互动,促使中国电子商务进入了稳定期。

第五阶段为成熟期(2010年以来)。2010年以来,网络媒体在社会传播中趋于主流化,国际金融危机也促使中国众多的传统企业涉足电子商务。2009年初,第三代移动通信(3G)牌照的发放使3G网络基本覆盖全国,推动了移动互联网业务和移动电子商务的发展;2010年1月,国务院决定加快推进电信网、广播电视网和互联网的"三网融合",对互联网普及和电子商务发展提供了技术基础,电子商务模式继续创新,出现了ABC和O2O等新兴的电子商务模式。世界上主要的电子商务企业开始进军中国,中国少数电子商务企业也开始走出中国。我国电子商务的模式引进速度加快,电子商务模式的自主创新能力也大大提高,与世界电子商务发展的差距越来越小。上述特征标志着我国电子商务发展进入了成熟期。

### (二)我国电子商务的发展现状

#### 1.我国电子商务发展的总体状况

中国电子商务研究中心《2011年度中国电子商务市场数据监测报告》显示,截止到2011年12月,我国网络零售市场交易规模突破8 000亿元大关达到8 019亿元,同比增长56%;我国网络购物用户达2.03亿人,同比增长28.5%。2012年3

月27日,工业和信息化部发布《电子商务"十二五"发展规划》,指出电子商务是"企业降低成本、提高效率、拓展市场和创新经营模式的有效手段",预计到2015年,电子商务交易额将突破18万亿元。经常性应用电子商务的中小企业将达到中小企业总数的60%以上。当前我国的电子商务市场以B2B、B2C和C2C三种模式为主,其他新型模式所占市场份额非常少。因此,下文只对这三种电子商务在我国的发展现状进行分析。

2. 我国B2B电子商务发展状况

《电子商务"十二五"发展规划》预计,2015年电子商务交易额将突破18万亿元,其中B2B交易规模超15万亿元。另外,中国电子商务研究中心公布的《2012年(上)中国B2B电子商务市场数据监测报告》显示,截止到2012年6月,中国B2B电子商务服务企业达10 950家,使用第三方电子商务平台的中小企业用户规模(包括同一企业在不同平台上注册但不包括在同一平台上重复注册)已经突破1 650万家。中国B2B电子商务市场交易规模达2.95万亿,同比增长13%;2012上半年B2B电子商务服务商营业收入(包括线下服务收入)份额中,统计的8大服务商市场份额共为67.1%,阿里巴巴继续排名首位(占41.5%)。

根据2011年我国B2B电子商务市场发展状况,以及发达国家电子商务发展趋势,可以大致预测我国B2B电子商务的未来市场趋势:B2B与B2C融合发展,信息服务向在线交易延伸,B2B线下支付向线上转移,网络融资将成B2B新增长点。

3. 中国B2C电子商务发展状况

当前国内电子商务垂直B2C行业较为活跃的细分市场有:综合百货类、3C数码类、图书音像类、服装服饰类、美妆类、母婴类、钻石珠宝类、鞋类、酒水类等。根据我国电子商务研究中心发布的《2011年度中国B2C电子商务市场调查报告》,网络零售市场交易规模突破8 000亿元大关达到8 019亿元,同比增长56%。B2C的融资总额占电子商务企业总融资额的75%,综合类B2C融资金额位列全行业第一位,奢侈品B2C融资金额位列全B2C行业第二位。截至2011年12月,我国B2C网络购物市场排名第一的依旧是淘宝商城(现名"天猫"),占51%;京东商城名列第二,占据18.5%。苏宁电器可谓传统企业进军电子商务领域的代表,苏宁易购在2011年发展较快,位列第三,占3.3%。其他排名依次为:亚马逊中国、凡客诚品、当当网、易迅网、新蛋网、库巴网、麦网、红孩子。按照传统的经济学观点,B2C市场处于寡头垄断的发展阶段,但网络经济中的长尾效应使得B2C市场份额较小的企业同样能获得绝对数量较大的消费者和较为可观的利润。

根据2011年的B2C电子商务发展状况,可以大致预测我国B2C电子商务未来的发展趋势：垂直 B2C 向综合百货类电子商务发展；业务线继续拓展，商品种类不断丰富；社会化媒体营销与电商的融合加强；传统零售企业"触网"不断加剧；B2C 企业加大移动电商产业链布局。

4. 我国 C2C 电子商务发展状况

我国电子商务研究中心发布的《2011 年度中国 B2C 电子商务市场调查报告》中涉及少量 C2C 电子商务发展状况。截止到 2011 年 12 月，淘宝网占全部市场份额的 90.7%，拍拍网占 8.7%，易趣网占 0.6%。与 B2C 寡头垄断的市场竞争格局相比，我国 C2C 电子商务市场几乎处于完全垄断的状况。在 C2C 企业市场淘宝网依然占绝对的优势，这种单极局面在相当长一段时期内还将继续存在。截止到 2011 年 12 月，个人网店数量达 1 620 万家，同比增长 24.6%。

网络空间的虚拟性、网店的逐利性以及单笔交易数额较小等特点，使得 C2C 电子商务交易中存在大量问题。但最近几年来，国家相关部门已经开始着手对个人网店加强管理，以促使其规范发展和可持续发展。有些地方政府已经走在前头，例如重庆市工商行政管理部门从 2012 年 1 月起，免费向重庆的个人网店发放"工商行政管理电子图标"。消费者点击这个图标，就会进入工商行政管理部门的网站，并可了解到该网店的基本情况。个人网店注册备案和政府管理提供的保障，无疑会增强消费者对网店的信任，并促进 C2C 电子商务的可持续发展。在部分地方加强对个人网店的扶持和管理的同时，也有些地方开始通过财政政策影响个人网店的发展。例如 2011 年年中，武汉市国税局开始酝酿对个人网店征税，并于 2011 年开出国内首张个人网店税单，对淘宝女装网店"我的百分之一"征税 430.79 万元，这其中包括该网店 2010 年的增值税、企业所得税和滞纳金。

(三) 我国电子商务发展的问题和对策

电子商务是目前国内快速发展的一个行业，特别是网购市场发展迅速。如果利用 PEST 模型分析我国电子商务发展，会发现政治因素 (political)、经济因素 (economic)、社会因素 (social) 和技术因素 (technological) 都有利于电子商务发展，此处无须赘述。应指出的是，我国电子商务虽然前途无限光明，但前进的道路仍然荆棘丛生。我国电子商务在物流、资金流、信息流以及制度、组织和技术等方面还存在一些问题。2012 年中央电视台"3·15"晚会上，网购在消费投诉排行榜中居首位。退款问题、发货速度、售后服务、物流快递依旧是网购用户投诉较多的购物问题，随着电子商务的发展，也产生一系列新的购物问题，例如虚假促销、账户被盗等。另外，我国电子商务投诉与维权公共服务平台和"中国诚信网络团购联盟"的检测数据显示,退款问题、订单取消、发货迟缓、商品描述不符、网络售假、售后服务差、网购诈骗、物流快递问题、虚假促销、虚拟交易诈骗、退换货难、账户被盗为2012上半年度网络购物热点投诉问题。中国电子商务研究中心《2012年(上)中国电子商务用户体验与投诉监测报告》显示:当当网半年现3次账户泄密事件;拉手网用户账户多次被盗,余额流向蜘蛛网;24券加油卡团购涉嫌欺诈;高朋网昆明站关停,商家广告费讨要无门;宜搜科技被指夸大宣传,合同存漏洞。

如此众多的问题显示出电子商务险象环生,政府、企业、消费者甚至学术界都应该关注电子商务的发展问题。笔者以我国电子商务最近几年的发展状况以及未来发展趋势的分析为基础,针对我国电子商务发展提出几项对策。

1. 政府应加快信息通信和交通物流基础设施建设

信息、资金和虚拟商品的传输对网络基础设施有很高的要求,政府和相关企业应该加强网络基础设施建设,特别是移动互联网建设。除了扩大县级城市和乡镇农村的互联网应用以及网络用户规模外,还应该加快"最后一公里"建设,使电脑、手机和其他网络终端都能享受真正的宽带服务。商品的3D展示、视频客服特别是虚拟体验网店都需要较高的网速。"得物流者得天下",物流基础设施也是支持电子商务发展的重要基础。物流的最底层基础设施是交通,国家应该加强公路、铁路、海运和民航等相关基础设施建设。良好的交通基础设施加上高品质的物流公司,才能真正支持电子商务发展。

2. 政府应提高资金支持力度和制度供给能力

部分省市在推动电子商务企业发展方面已采取一些举措,例如:北京市经济与信息化委员会将投入5 000万元,通过互联网营销模式帮助北京中小微企业走上内生增长、创新驱动的发展轨道;上海推出电子商务"双推工程",从信息化发展专项资金中安排1 000万元专款,以贴补"中小微"企业上网"触电"、转型"电商";河南省推出中小企业成长"翔计划",扶持3万家中小企业开展电子商务。资金对电子商务企业发展当然很重要,但宽松的制度环境也许更加重要。政府相关部门应该在产业规划、信息安全、物流、电子支付、消费者权益保护等方面加快制度供给。

最近两年,中央部委和部分地方政府针对电子商务制定和颁布了一系列政策。工业和信息化部2012年发布《电子商务"十二五"发展规划》;商务部2012年发布了《商务部关于确认首批国家电子商务示范基地的通知》,2011年发布了《第三方电子商务交易平台服务规范》、《商务部关于"十二五"电子商务信用体系建设的指导意见》和《商务部关于规范网络购物促销行为的通知》,并正在对《网络零售管理条例》征求社会意见;国家工商行政管理总局2011年发布了《关于进一步加强市场监督管理加大打击假冒伪劣违法行为的若干措施》;国家邮政局 2011 年更新并发布了《邮政业消费者申诉处理办法》和《快递业务操作指导规范》;广东省发布了《广东省电子商务"十二五"发展规划》;温州加快发展电子商务"1+X"文件出台;南京也出台了《南京市人民政府关于鼓励和支持电子商务发展的若干意见》。

尽管最近两年,国家和地方政府已经开始注意到电子商务领域的制度供给问题,并颁布和实施了很多相关文件,但这些文件还存在部门分割、针对性和操作性差以及缺乏系统等问题。提高政府部门针对电子商务发展的制度供给能力,必须以企业界和学术界的调查研究为基础,以电子商务的长期协调和可持续发展为目标,遵循系统性原则。未来三到五年,应该争取广泛征求社会各界意见并最终颁布系统性强和立法层次高的电子商务法。

3. 政府应支持电子商务服务业的组织建设

仅有电子商务企业、消费者和政府相关监管部门,并不能维持电子商务的高效和可持续发展。国家应该以"小政府、大社会"为指导原则,加快国家与社会之间的关系调整。加快发展电子商务服务业,将部分管理和协调工作授权给社会。例如扶持针对电子商务的民间维权组织建设;支持与电子商务相关的信息中介服务组织发展;鼓励民间金融机构针对电子商务支付进行业务创新。

4. 企业应进行电子商务模式创新

规模经济和范围经济各有所长,电子商务企业应该加快兼并重组,强强联合和强弱联合,通过多样化的产权结构和组织结构调整,锻造大型企业网上购物中心。同时,利用国家在专款支持、网络接入、注册备案和软硬件采购等方面的政策,加强电子商务与企业信息化融合,进行业务流程创新和内部管理创新。社交网站、视频网站乃至网络游戏运营商应该认真研究国家网络管制的相关政策,积极进行赢利模式和业态创新。

5. 消费者应增强网络消费意识和风险意识

基于网络技术的电子商务对生产、消费、交换和生活方式的影响还将继续,但截止到 2012 年 6 月,我国网络购物用户规模仅为 2.989 亿人,占网民数量的比例仅为 39%。根据罗杰斯(Everett M. Rogers)在研究农民采用玉米杂交种时提出的创新扩散理论,采用人数比例在 16% 到 50% 之间时,为创新采纳的"早期多数"阶段。当前我国网民采用网络消费的人数比例处于"早期多数"阶段。采纳比例在 51% 到 84% 这一区间时为创新采纳的"后期多数"阶段,可见网络消费人数比例在我国还有较大的增长空间。因此,消费者应该从节约时间和资金成本的角度出发,主动树立网络消费意识;同时,政府和企业也应该积极开展电子商务交易主体培育工作,通过价格刺激、财税政策引导甚至公益宣传等方式来扩大网络消费者群体。

任何技术都是双刃剑,基于网络技术的电子商务也呈现出"一半是海水,一半是火焰"的复杂状况。层出不穷的网络消费陷阱和信息安全事件对政府相关部门、电子商务企业和网络消费者都是挑战。单就消费者来说,网购风险越大,对电子商务的信任度就会越低。消费者在实践中应该抱着"宁可信其有,不可信其无"的态度,大胆假设,小心求证,增强风险意识,不可妄信莽行。

6. 学术界应加强对电子商务的跨学科研究

电子商务对生产、交换、消费等经济过程正在产生巨大影响,同时,电子商务也对国家管理提出了新的挑战,为公民生活方式提供了新的可能性。不仅如此,电子商务本身也具有计算机、网络、经济学、社会学、政治学、传播学和管理学等多种学科背景,因此,针对电子商务发展中出现的各种问题,学术界应该积极开展跨学科研究。例如经济学对网络营销的研究应该引入社会学视角,用"社会人"的非理性抵消"经济人"的理性。由于消费者互动和社会情境对消费者的需求识别、信息搜寻、议价购买和消费评价等都有影响,因此,经济学研究应该深化对社会营销、关系营销与口碑营销等的研究。社会学对网络虚拟社区的研究也应该关注经济学问题,将电子商务虚拟社区纳入研究范畴。由于信任是经济发展的润滑剂,对减少交易成本和提高消费体验质量都具有重要影响,社会学的虚拟社区研究应特别关注电子商务虚拟社区,重点分析消费者互动及其对电子商务信任的影响。政治学以权力研究为核心,在电子商务研究中应该关注消费者权力。电子商务中的消费者权力主要有两大来源:消费者跨时空的低成本互动促进了消费者联合,从而形成了能与卖家相抗衡的权力;各种类型的虚拟社区促进了消费者由单一身份向"生产 - 消费"复合身份的转换,消费者具有的生产属性使其具备了一定的网络话语权。

总的来说,电子商务对政府、企业、消费者和学术界都提出了很多问题,这些问题的解决有赖于多种主体的复杂互动。本书将社会心理学中的社区认同引入电子商务研究,并综合应用社会学、经济学和管理学的相关理论,分析社区认同对电子商务信任的影响。

# 第二章 电子商务信任和社区认同的理论研究

## 第一节 电子商务信任的内涵和特征

作为电子商务交易主体的企业是在政府相关部门登记注册的经济组织,也是按照理性原则采取行动的经济组织。根据德国社会学家 M. 韦伯的社会行动类型划分,作为科层制典型代表的企业往往采取目标合理性行动,在电子商务交易中会通过内部组织结构以及外部经济制度等便利条件搜集信息,并使得每笔电子商务交易都以法律认可的合同形式得以固化。因此,绝大多数的 B2B 型电子商务往往借助系统信任完成交易。而普通消费者由于知识水平、网络经历、购物经验、交易成本以及信息不对称等限制,往往在 B2C 型的电子商务交易中处于弱势地位,容易面临购物风险,大多数时候需要借助某种形式的"信任"才能开始电子商务交易。对于 C2C 型的电子商务交易来说,交易双方都是作为社会个体的消费者,这使得 C2C 型电子商务涉及的风险和信任问题更加复杂。因此,电子商务顺利发展的前提之一就是交易主体的相互信任。理解电子商务信任的内涵和特征,对于进一步分析电子商务信任的生成机制,具有基础性的重要作用。

### 一、电子商务信任的内涵

从理论上看,电子商务文献中引用最频繁的信任概念是 Mayer 等人提出的。Mayer 等人将信任定义为信任主体在对信任客体执行对主体重要、特别活动的期望基础上的一种意愿。在这种意愿下,信任主体容易受到客体的攻击,但即使如此,主体也不考虑监控或者控制客体的能力。Doney 和 Cannon 从买方卖方关系的角度定义了信任,认为信任是"对信任对象的可信性和善意的感觉"①。在信任的一般概念的基础上,有学者提出了与电子商务信任类似的概念。Corritore等人认为"在线信任"是个体消费者与特定交易网站或提供信息网站之间的一种关系,并将其定义为"在有风险的在线环境中信任主体对自己自信的期望的一种态度,这种期望是对信任客体在在线风险环境中不暴露主体弱点的期望"②。Komiak和Benbasat在对传统商务、以web为中介的电子商务和以代理为中介的电子商务进行对比的基础上,提出了"消费者信任"的概念,把"消费者信任"定义为消费者对不同客体的认知信任和情感信任,其中的认知信任包括能力、善意和正直。在以web为中介的电子商务中,客体包括公司网站、网站上有关公司的信息、关于产品的信息、以web为中介的电子市场和互联网销售渠道。③

从实践上看,创业投资研究机构"投资中国"发布的《2007年中国电子商务行业投资价值研究报告》显示,2007年中国电子商务行业总投资金额将超过1亿美元,投资案例数量创历史新高,达到15个。其中B2C行业占据60%,B2C行业已经并将继续成为我国电子商务最热门的投资行业。2007年我国各B2C电子商务网站总收入为52.2亿元人民币,较2006年的39.1亿元人民币增长33.5%。网上购物正在成为一种新的消费趋势。另据艾瑞(www.ireseach.cn)市场咨询发布的数据,目前我国中小企业的数量在3 000万以上,但网站普及率不足2%,企业网站未来的发展空间可谓十分巨大。但由于电子商务在我国是尚处于萌芽期的新型经济,相关制度尚未完善,再加上网络本身的虚拟性、流动性和弱规范性,导致网络购物中消费欺诈现象时有发生,电子商务风险仍旧很大。由于虚拟社区在B2C网络购物中的作用日益凸显,加之搭建虚拟社区在技术和成本上的门槛已大为降低,因此,通过虚拟社区强化消费者对网络销售商的信任态度并最终促进销售,应该成为中小企业发展战略的重要组成部分。而对声誉本来已经很好的大型企业来说,虚拟社区也可以用于进行客户服务并吸引更多消费者。

基于以上对电子商务类型及其特性的分析,以及对电子商务信任的概念和现状的分析,本书将研究范围限定在企业对消费者(B2C)这种特定类型的电子商务

---

① P. M. Doney, J. P. Cannon, "An Examination of the Nature of Trust in Buyer-seller Relationships", *Journal of Marketing*, vol. 61, No. 2, 1997, pp. 35–51.

② C. L. Corritore, B. Kracher, S. Wiedenbeck, "On-line Trust: Concepts, Evolving Themes, a Model", *Int. J. Human-Computer Studies*, vol. 58, No. 6, 2003, pp. 737–758.

③ S. Komiak, I. Benbasat, "Understanding Customer Trust in Agent-Mediated Electronic Commerce, Web-Mediated Electronic Commerce and Traditional Commerce", *Information Technology and Management*, No. 5, 2004, pp. 181–207.

形式中,并将 B2C 中的信任简称为"电子商务信任"(E-Commerce Trust)。在此基础上,把电子商务信任界定为,网络消费者在充满风险和不确定的网络上购物时,认为互联网技术、制度、特定交易对象和产品值得信赖的社会心理状态。

在电子商务信任的测量上,笔者参照了其他学者的研究。Ridings 等人将信任区分为其他成员的能力和仁爱/诚实等两个维度①,这种分类法得到其他一些学者的认同,例如,Gutierrez 等人也把厂商信任区分为两个维度,即能力和竞争力维度、意向和价值维度②。当然,也有学者根据信任情境,将信任区分为诚实、可预测性、能力和仁爱等 4 个维度。③ 笔者根据电子商务的特点以及虚拟社区在电子商务信任生成中的特殊作用,将信任区分为能力和价值两个维度,并将其细分为可信、承诺、利益、监控和能力等 5 个具体侧面。

## 二、电子商务信任的特征

电子商务是在网络空间中借助互联网中的各种技术工具进行交易的经济活动。电子商务这种特定的经济活动至少可以涵盖马克思主义政治经济学中四个经济过程中的两个,即交换过程和消费过程。在交换研究上,美国社会学家 G. 霍曼斯的行为主义取向的微观社会交换理论继承了行为主义心理学、功能主义的文化人类学和功利主义的经济学的观点,从微观视角强调对交换过程中人的心理动机的研究。而倡导宏观视角的美国社会学家 P. 布劳的交换理论也认为,社会交换关系存在于关系密切的群体或社区中,是建立在相互信任的基础之上的。这两种对立的社会交换理论都隐含着如下观点:社会行为除了受到需求、动机和社会环境等因素的影响外,交换主体的某种心理条件(例如信任)也是不可或缺的。该观点和消费者心理理论的观点不谋而合。在消费研究上,消费者心理理论认为,消费者的消费决策过程受到个人因素和环境因素的双重影响,其中的个人因素即指个人心理活动和个人特性。由此可见,在电子商务这种特殊的经济活动中,交易主体的社会行动、对交易风险状态的认知以及信任心理的形成,也受到个人特征和环境特征的双重影响,这些影响使得电子商务信任具备与传统信任不同的特征。这种认识

---

① C. M. Ridings, D. Gefen, B. Arinze, "Some Antecedents and Effects of Trust in Virtual Communities", *Journal of Strategic Information Systems*, vol. 11, No. 3, 2002, pp. 271 – 295.

② S. S. M. Gutierrez, J. G. Cillàn, C. C. Izquierdo, "The Consumer's Relational Commitment: Main Dimensions and Antecedents", *Journal of Retailing and Consumer Services*, vol. 11, No. 6, 2004, pp. 351 – 367.

③ D. Gefen, D. W. Straub, "Consumer Trust in B2C E-Commerce and the Importance of Social Presence: Experiments in E-Products and E-Services", *Omega*, vol. 32, No. 6, 2004, pp. 407 – 424.

使得本书可以由电子商务消费者的个人特征和网络空间的特征来归纳电子商务信任的特征。

(一) 网民和电子商务消费者的特征

从理论上看,网络行动既是独特的社会场域中的社会行动,同时又必然随着互联网技术的社会渗透而成为一种日常化的交往活动。网络消费者是网络行动主体的一种类型,是"被网络化了的自然人",是那些掌握网络技术、具备网络交往能力的社会成员;而所谓的"网络化生存"则实际上指在互联网所构造的技术空间内的社会活动方式,是人类借技术系统所架构的一种超时空的新型交互关系。自然人要成为合格的网络行动主体,必须经过网络社会化过程。网络社会化需要网络行动者"在上网实践中经过多次的实践和验证,体会不同网络角色的需求和情感,掌握不同网络角色的社会期望和行为规范"[1]。经过网络社会化的一般网络行动者要成为网络消费者,则还需要进行特殊的网络经济生活,或称之为"网络经济化"。早在1970年,未来学家托夫勒在《未来的冲击》一书中就提出了"生产－消费者"的概念,认为未来社会人们将同时扮演消费者和生产者的角色。网络环境为网络行动者的多种角色扮演提供了极佳舞台。一般来讲,网络行动者在虚拟的网络经济环境中,体验网络生产、网络分配、网络消费和网络交换等网络经济过程中的不同角色,掌握不同网络角色的社会期望和行为规范。通过以上特殊的经济过程,消费者可以在"网络社会化"的基础上实现"网络经济化"。

从现实上看,根据我国互联网络信息中心(CNNIC)一年两次的例行调查报告,我国网络行动主体(即网民,Netizen,"半年内用过互联网的6周岁及以上中国公民")的数量在2012年6月底已经达到5.38亿。中国网民数量在近些年呈增长趋势,具体参见图2-1。根据创新扩散的"S"形曲线,当创新技术的普及率超过10%时,创新技术采用者的规模会大幅增长。其实,我国网民数量在2006年12月已经达到了1.37亿,作为创新技术的互联网及其各种应用的普及率已经超过了10%的临界点。因此,预计未来三五年内我国网民数量将会急剧增长,而网民数量的增长将会为电子商务提供庞大的消费者基数。从年龄结构上看,在5.38亿网民中,19岁以下的网民比例为26.6%,20岁到29岁的网民比例为30.2%,30岁到39岁的网民比例为25.5%;从学历结构上看,初中及以下占46.7%,高中和中专占31.7%,大专和本科合计占21.6%;网络购物用户人数已经达到20 989万(占网民总

---

[1] 何明升:《网络生活中的情景定义与主体特征》,载《自然辩证法研究》2004年第12期。

数的39%)。

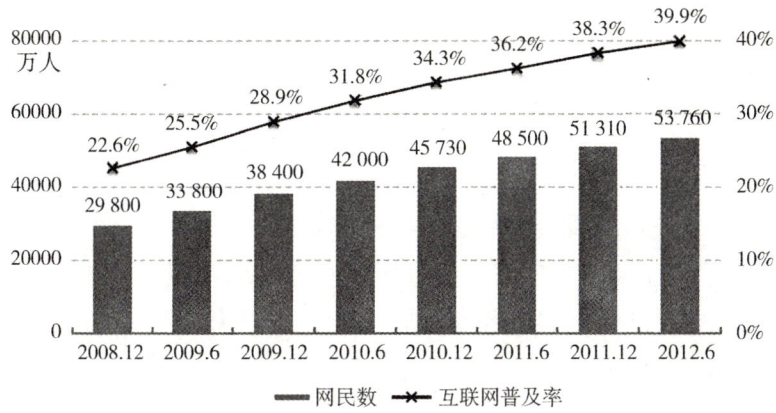

图2-1 中国网民规模和网络普及率

注:资料来源于中国互联网络发展状况统计调查

### (二)网络空间和电子商务消费环境的特征

从技术角度看,网络空间是建立在基于计算机技术、网络技术和信息通信技术之上的技术空间。特别是20世纪90年代兴起的虚拟现实等计算机技术,使得人与人之间的互动关系转换成了"人—机"互动或"人—机—人"互动,从而使网络空间呈现出虚拟性特征。具体表现为①:仿真性。它所提供的环境是对现实物体的模拟,其迷惑度完全达到以假乱真的程度。例如在线角色扮演类游戏可以通过各种计算机技术营造宏伟的宫殿、庄严的教堂、茂密的森林、惬意的海滩,以及精心设计的虚拟故事情节使得游戏者沉浸其中,甚至患上"网络游戏综合征"。而电子商务则可以借由虚拟现实技术营造在线店铺,构建虚拟导购员、虚拟试衣间和客服平台,为网络消费者营造一个几近真实的购物环境。此种应用已在网络游戏"第二生命"中得到部分体现。交互性。虚拟环境是一个开放的体系,虚拟环境中人与人,人与物都可以相互作用。不像看电视时只是被动地接受信息(数字电视点播实际上也是"被动的主动"或"主动的被动"),虚拟现实中的行动者可以利用人机耦合的共振环境获得更多互动体验。在电子商务活动中,消费者可借助商家提供的各种网络工具从事在现实购物环境中不可能实现的活动,例如:"虚拟试衣间"允许消费者无成本地搭配各种服装鞋帽;虚拟社区允许消费者进行跨越时空的交流,对

---

① 胡心智:《信息网络的虚拟技术对物质观及中介的影响》,载《科学技术与辩证法》1999年第6期。

产品、服务、价格和消费体验等问题进行讨论;等等。沉浸性。计算机生成的图像加之真实的图像上,也是虚拟现实的一种形式,使用者在使用沉浸系统时,他们正处于系统设计者创造的世界中。在电子商务网络购物环境中,虚拟现实技术带来的沉浸性更显多样性。网络商店(E-Store)以更低成本打造声光影电扑朔迷离的童话般的神奇购物环境。这种全新的购物环境所展现的技术魅力通过"晕轮效应"(Halo Effect)影响消费者对产品和服务的看法,并有可能增加消费者对商家的信任度。除了以上几点外,网络所具有的大容量、高速度、低成本和超时空等特点,使得消费信息沟通、产品展示等更加便利,这成为电子商务发展的技术基础。

　　从社会角度看,网络空间是建立在基于网络行动主体、网络规范和社会互动之上的社会空间。具体表现在:网络行动主体都是"社会人"。除了极少数少年儿童(CNNIC 统计的网民从 6 岁算起)外,绝大多数的网络行动主体都是经过社会化了的"社会人"。这些网络行动主体在网络消费中受到现实社会中形成的消费观念的影响,其消费能力受到现实社会中收入的影响,其消费过程也受到现实社会中家人、朋友、同事甚至匿名第三方等社会关系的影响。网络规范的生成也具有社会性。一般来说,网络规范有三个来源[①]:第一种是无形的约定,是人们现实生活中遵循的社交礼仪在网络行为中的有意无意的投射和反映,如使用礼貌用语,不冒昧地追问别人的隐私等,这些可称为是一些"约定俗成"的规则;第二种规范是由虚拟社区成员提议,其他网民赞同并自觉遵从而明确下来的,它是一种非正式的认同和肯定,但一经确定便成为一种能够自动调节网民行动的"外显"力量,影响和规定着互动的模式及网民的义务;第三种规范来自于因特网服务提供商、网站版主等虚拟社区组织者的规定,它们通常是张贴在虚拟社区显著位置的标语、行动指南或为网民提供一份协议,有的也使用专门的栏目解释社区宗旨和参与原则。网站的这些规则大多制定得清楚而严格,虽然在操作过程中包含了很大的宽容度,但在实时监控下,"粗暴地"违反规则或无视规则的行为将立即受到"驱逐出境"的严厉制裁。作为社会空间的网络消费环境中的社会互动是网络消费者之间信息、知识和情感等的交流。知识共享、信息交流和情感沟通的主体都是"经济人"和"社会人"的统一体。电子商务虚拟社区中的社会互动以知识共享、信息交流和情感沟通为主要形式,行动者以其他消费者为对象,以自身需求为出发点,以虚拟社区为平台和工具,构建了虚拟网络中的社会空间。

---

① 孟威:《网络互动——意义诠释与规则探讨》,经济管理出版社 2004 年版,第 97 页。

## (三)电子商务信任的特征分析

基于以上对网络消费者特征以及网络空间特征的分析,本书可以将电子商务信任的特征作如下概括。

**1. 电子商务信任程度较现实社会低**

对电子商务消费者来说,信任大多数都是基于理性计算的,是风险和收益比较的结果。虽然网络购物与现实购物相比具有价格低、购物方便、便于比较等优点,但网络的虚拟性和弱规范性、信用制度不完善和网络交易监管缺位等却使网络购物具有较高风险。因此,与在现实商店购物相比,网络购物中的信任度要低得多。根据 CNNIC 在 2009 年 1 月发布的中国互联网络发展状况统计报告,只有约 31% 的网民表示对互联网信任。这说明,网民对互联网信任度较低,低信任度已经成为危及电子商务发展的重要障碍。

**2. 电子商务信任中存在"马太效应"**

由于网络传播的大容量和超越时空等特点,拥有高信任度的商品和商家将快速获得新的消费者信任,而受信度低的或欺骗了消费者的商品和商家的受信度将快速下降。"好事不出门,坏事传千里"在网络社会中已经变为"好事飞出门,坏事传万里"。

**3. 电子商务信任具有中介性**

电子商务信任所针对的对象在网络上以虚拟方式出现,网络空间的拟真性、交互性和沉浸性为电子商务消费者构建了虚拟的消费空间。消费者对产品、服务和商家的感知均以网络技术为中介,对"网络技术"这一中介的认知、情感和态度都会在一定程度上影响消费者的信任度。只有消费者"在网络生活中承认和接纳虚拟现象,并将其融入自身生活体系"[①],才能形成虚拟认同进而产生信任态度和消费行为。对"技术崇拜者"来说,设计精美的网络商店可能是"轻信"的引信;对"技术盲"来说,集各种声、光、电技术为一体的豪华网络商店则可能使其望而却步。此外,中介性还体现在信任的可传递性上,对网络技术的信任还可能导致对网络商家的信任。因此,电子商务信任的中介性要求网络商店充分考虑技术对消费者心理的影响,在技术应用上寻找花哨与实用、形式与内容的平衡点。

---

① 何明升、李一军:《网络生活中的虚拟认同问题》,载《自然辩证法研究》2001 年第 4 期。

## 第二节  电子商务信任生成分析

### 一、电子商务信任生成的动因

根据《牛津字典》的解释,信任是个体对于人、事、物的品质属性或对关于某一个事实的陈述,觉得是可靠的或是值得依赖的。作为一种社会心理状态,信任的生成动因是非常复杂的。在电子商务环境中,技术风险、社会风险及其导致的决策复杂性是电子商务信任产生的动因。

#### (一)风险社会中的"消极征服":"技术黑箱"与专家信任的关系

电子商务是借助互联网等技术手段进行的商业活动。电子商务的技术基础与日常生活中传统商务活动的技术基础有较大不同,计算机技术、网络技术和通信技术在本质上属于高风险技术。从宏观层面看,现代性的发展使整个工业社会呈现出越来越多的风险,例如生态失衡、政治极权主义、核武器的威胁、军事冲突等。这些风险和互联网等高风险技术一起,使得工业社会正在转向德国学者乌尔里希·贝克和英国学者安东尼·吉登斯所说的"风险社会"。风险社会是现代性走向新现代性的必由之路,其路标主要表现在三个方面:一是工业社会的进一步分化,包括女权革命、自然问题的社会政治化、技术发展和技术应用的分化;二是各个领域中协商论坛和调解制度的建立,建立在公众经验基础上的提出问题的科学与旧的实验科学的区分和相互作用;三是理性改革,对不同于启蒙工具理性的新理性的探究"运作于从简单现代性中发展而来并与之相隔绝的亚理性视域内"①。信息技术和网络技术在现代社会的广泛应用与分化使得所谓的"虚拟社会"也呈现出"风险社会"的某些特点,或者说,网络环境的高风险性是"风险社会"的特例和表现形式。

网络环境的高风险性可以从以下事件看出:(1)赛迪网 2007 年 11 月 19 日报道:以色列魏兹曼科学院教授 AdiShamir 表示,PC(个人电脑)处理器在理论上存在的数学漏洞将导致目前被广泛应用于电子商务交易中的 RSA 加密算法遭到攻击,从而使全球电子商务陷入灾难。如果某家研究机构从当前广泛应用的处理器中发现数学漏洞,那么只要通过一条简单的信息,就可以将这台 PC 上的杀毒软件"摧

---

① 李建群、何小勇、周和军:《风险社会理论的致思路向及其批判性分析》,载《人文杂志》2007 年第 5 期。

毁"。这一问题不仅存在于 PC 处理器中,而且手机、FPGA(Field Programmable Gate Array,现场可编程门阵列)或 ASIC(Application Specific Integrated Circuit,特定用途集成电路)设备均受该漏洞影响。(2)CNET(科技资讯网)2007 年 11 月 8 日报道:微软公司警告,面向防拷贝功能的一款有漏洞的驱动程序会使黑客获得访问 PC 的权限。微软知道一些利用了该缺陷的权限提升攻击。该缺陷使具有本地权限的黑客将其权限提升为管理员权限,使他能够进行安装软件等操作。微软公司表示,担心该缺陷在被修正前就已经被公开披露了,这会使用户面临更大的危险。类似 CPU(Central Processing Unit,中央处理机)在数学上的理论漏洞和易被黑客利用的防拷贝程序漏洞充分说明信息技术存在的巨大风险。

既然信息技术存在如此多且大的风险,人们为什么还要继续使用呢?究其原因,除了由于信息技术已经成为人们工作和生活不可缺少的工具之外,还有一个原因就是高风险状态下无奈的专家信任或系统信任。对普通公众来说,计算机技术、网络技术和通信技术等高科技往往难以理解。现代科学技术发展的特点之一就是专业化程度越来越高,科学技术对普通公众来说意味着"黑箱",普通公众只能从科学技术的应用上猜测一二。因此,普通公众信任科学技术的原因不能从科学技术本身寻找,而只能利用普通公众心理来解释。信任处在全知与无知之间:全知意味着确定性,它不再需要信任;无知则无法建立信任。全知与无知之间的状态是产生信任的条件,而接受过些许科学教育的普通公众正好处在对科学技术一知半解的状态中。在科学对物质世界的改造成就面前,普通公众在消极的意义上被科学所征服。仅从这一维度看,在全知与无知的状态中,"消极征服"使他们倒向了赞同而不是否定或怀疑科学技术的一面。[①] 由此可见,在高风险的互联网中进行电子商务活动的普通公众在很多情况下必然选择专家信任,以便提高心理安全感。

(二)虚拟环境中的"社会妥协":隐私权与知情权的博弈

电子商务交易双方的沟通绝大多数不是面对面的"人—人"直接沟通,而是"人—机—人"中介沟通甚至是"人—机"虚拟沟通。这种特殊的沟通方式使得电子商务交易过程更加复杂,也使得普通消费者在网络交易中也面临着越来越多的社会问题。隐私被泄露和知情权被侵犯就是网络消费者经常面临的社会问题。

隐私权是自然人享有的对其个人的、与公共利益无关的个人信息、私人活动和私有领域进行支配的一种人格权。隐私权的基本内容主要包括隐私隐瞒权、隐私

---

[①] 吴秋兰:《怀疑主义、科学怀疑精神与科学信任——论现代专家信任系统的建构基础》,载《福建师范大学学报(哲学社会科学版)》2005 年第 2 期。

利用权、隐私维护权和隐私支配权等四项权利。在电子商务中，消费者出于交易需要而不得不向各类经营者提供包括自己的个人资料在内的隐私内容，而且消费者在网上的"行踪"，如个人所到访的网站、消费习惯、阅读习惯甚至信用记录等也常常在不知不觉中被记录下来。而这些个人资料又可能被收集者不经消费者允许而直接用于商业用途。在这种情形之下，人们对参与电子商务是否会暴露个人隐私的问题十分关注。电子商务中消费者隐私权主要涉及以下三方面内容①：特定个人信息（姓名、性别、出生日期、身份证编号等）、敏感性信息（宗教信仰、婚姻、家庭、职业、病历、收入和经历等）、E-mail 地址、IP（Internet Protocol,互联网协议）地址、Username（由字母或数字组成的用户名称，以标明用户的身份）与 Password（密码）等个人信息；电子邮件发送和接收等通信秘密与通信自由；不受垃圾邮件侵扰等个人生活安宁。由于网络技术的高风险性和网络环境的虚拟性等原因，即使在电子商务法规和隐私权法规都十分完善的美国，消费者隐私权也常常被侵犯。据《东方早报》2007 年 8 月 23 日报道，全球最大的招聘网站 Monster 近日遭到了一种新型特洛伊木马病毒的攻击。黑客成功窃取了数十万用户的包括家庭住址和电话号码在内的个人信息，并向受害者发出勒索邮件。这种新木马病毒企图获取在线招聘网站 Monster 上求职人员的个人信息，它并非此前任何版本的木马，而是最新变种，专家还发现它可攻击其他在线求职网站。另据《人民邮电报》2007 年 4 月 4 日报道：市场调研公司 Gartner（高德纳公司）近日发布的一份报告表明，自 2003 年以来，美国与身份盗窃活动相关的欺诈行为正在急剧增长。该报告显示，从 2005 年中至 2006 年中，约有 1 500 万美国人成为身份盗窃欺诈的受害者。该数字比 2003 年的 990 万增长了 50% 以上。在此次研究中，Gartner 对 5 000 名美国成年网民进行了调查。调查发现，身份盗窃欺诈的受害者的经济损失在增加，而挽回的经济损失却在减少。Gartner 分析师将身份盗窃欺诈案件的增加归咎于电子身份盗窃水平的提高。Gartner 指出，黑客正在利用互联网拍卖未受监管的货币传输系统，模拟彩票开奖等各种虚构的陷阱进行身份盗窃。在我国，由于现有的隐私权保护力度还比较薄弱，未能全面地贯彻宪法中保护公民隐私的原则性规定，电子商务消费者隐私权受到侵犯的情况更加严重。消费者在电子商务交易中将个人的隐私信息透露给商家，商家能否保护消费者隐私成为非常复杂的问题。

知情权又称为知的权利、知悉权或了解权。广义的知情权泛指公民知悉、获取信息的自由和权利；狭义的知情权仅指公民知悉、获取官方信息的自由和权利。知

---

① 刘青：《电子商务中隐私权与知情权的冲突与协调讨论》，载《情报科学》2004 年第 9 期。

情权的主体不仅可以是公民,也可以是法人,其内容主要包括知政权、社会知情权、对个人信息的知情权、法人的知情权和法定知情权等。在电子商务活动中,除了配送货物之外,包括商品展示和支付在内的其他购物环节都被虚拟化。由于网络技术的高风险性和网络环境的虚拟性等原因,商家与消费者之间的"信息不对称"变得更为突出,电子商务消费者的信息知情权更加难以履行。电子商务消费者知情权的履行在很大程度上取决于商家公布信息的意愿以及信息的真实性;而理性的商家则可能利用信息不对称获利,商家提供的信息的真实性在很大程度上只能取决于商家的诚信。与此同时,商家也希望最大程度地实现知情权,希望消费者能最大限度地提供个人资料,以使本次交易顺利进行和维持长远交易。

从以上论述可以看出:消费者一方面希望最大程度地履行知情权,获得有关商家和商品等的信息,另一方面又不愿过多透露个人信息,以防止隐私权被侵犯;而商家则一方面尽力维持信息不对称,尽量少公布或虚假性地公布有关自身和商品的信息,另一方面却希望消费者多提供自身信息。消费者和商家在隐私权与知情权上的矛盾使得电子商务交易的达成依赖于某种"社会妥协",即消费者在第三方保证下或在心理上"假装"认为商家是可信的,而商家则"假装"认为消费者诚信购买并提供了真实的个人信息。

**(三)复杂决策中的"简化机制":信任收益与怀疑成本的计算**

电子商务中的购买决策受到多种因素的复杂影响,原因之一是电子商务交易中的主体除了商家和消费者之外,还涉及广告商、第三方支付机构、第三方保证机构以及物流公司等。以上行为主体在电子商务系统中分工明确,但却都可能成为有意或无意的行骗者和受骗者。此种有意或无意的行骗受骗行为在电子商务活动中时有发生,《北京商报》的几则报道可以说明电子商务交易决策的复杂性。

《北京商报》2007年10月25日报道:昨日,海淀区消协公布了29个骗子网站的网址和电话号码,并提醒消费者在网上购物时要注意鉴别网站的真伪。这次曝光的网站有中关村科技商城、购物街、万达在线购物网等29家,骗子网站利用低价吸引消费者,收到汇款却不发货,并用频繁更换网址、网上发帖等手段行骗。北京市海淀区消协介绍,近年来接到百余起网上购物受骗的投诉。海淀消协提醒消费者,网上购物要慎重,不要急于付款,同时要鉴别网站和营业执照的真伪,正规网站的首页都有工商局"红盾"图标和"ICP"编号。

《北京商报》2007年10月26日报道:目前有部分网络购物网站,以及某些涉及网上交易的网站正在伪造"信用标签"骗取网民信任。这些不法商贩在自己网站上贴上假的信用标签,声称符合第三方支付的认证从而消除网民购物时的戒心。记者根据网商提供的信息登录到一家叫"爱缘码"的网站。从网站内容来看,其主要业务是提供情侣衫买卖。记者注意到在这家网站的首页最上方赫然贴着国内最大的第三方支付企业支付宝的商家认证标记。记者就此网站"信用标签"的真伪向支付宝公司求证。该公司相关人士看了这个网站之后对记者表示是假的认证,并强调"正是这则所谓的新闻露出了马脚"。据该人士透露,所谓该网站获得支付宝"信用商家"认证的新闻是和庆祝网站开通的消息同一天放出的。而成为信任商家的首要标准包括:使用支付宝交易不得少于三个月、无恶意欺骗导致消费者投诉的记录、拥有良好的社会信誉度和行业口碑等。

面对如此复杂多变的购物环境和如此多变的欺诈陷阱,电子商务消费者必须在"最优决策"和"满意决策"中做出选择,必须计算自己信任的收益和追求信息完全对称时的成本,并同时计算商家欺骗的成本和诚实守信的收益。Doney 和 Cannon 详细论述了信任决策中的计算过程(Calculative Process)。信任者计算目标对象做出投机行为所产生的成本和收益,信任者会评估交易伙伴在因为投机行为而失去己方信任的时候,将会损失的利益与付出的代价。若是评估结果为交易伙伴失去对方信任时的损失大于收益,则信任者倾向于相信被信任者不会有投机行为,从而建立对被信任者的信任。利益计算过程的信任前提是被信任者会采取理性行为,这一假定通常是合理的。[①] 与此观点类似,Gefen 等人也提出了计算式信任。他们认为,通过理性评估他人因欺骗所产生的成本或合作所获得的利益,进而产生信任。在电子商务中,如果顾客认为供应方(E-Vendor)在欺骗行为中损失比获得要多,顾客将对供应方产生更多的信任。[②] 正是由于存在上述复杂的购物环境和近似心理游戏的计算过程,电子商务消费者在购物时常常采用卢曼所提出的复杂性简化机制,即信任。用卢曼的话说,在面对复杂性和不确定性时,"他必须借助现在,现在是他不可避免的置身之地。他必须剪除未来以符合现在,即简化复杂性"[③]。未来的复杂与多变造成了对现在确定性需求的增长,这种在心理上增加的确定性(即信心)的最重要机制之一就是信任。[④]

---

[①] N. Luhmann, *Trust and Power*, New York: John Weley & Sons Chichester, 1979, p. 13. 转引自郑也夫:《信任论》,中国广播电视出版社 2001 年版,第 102 页。

[②] D. Gefen, E. Karahanna, D. Straub, "Trust and TAM in Online Shopping: an Integrated Model", *MIS Quarterly*, vol. 27, No. 1, 2003, pp. 51–90.

[③] N. Luhmann, *Trust and Power*, New York: John Weley & Sons Chichester, 1979, p. 13. 转引自郑也夫:《信任论》,中国广播电视出版社 2001 年版,第 102 页。

[④] 郑也夫:《信任论》,中国广播电视出版社 2001 年版,第 102 页。

## 二、电子商务信任生成的过程

本书把电子商务信任界定为:网络消费者在充满风险和不确定的网络上购物时,认为互联网技术、制度、特定交易对象和产品值得信赖的社会心理状态。这种社会心理状态与交易环境和消费者感知等因素紧密相连。由于不同影响因素对不同消费者的作用不同,电子商务信任会形成不同的信任类型;另外,消费者在电子商务活动的不同阶段有不同的经历和体验,消费者决策过程理论有助于分析电子商务信任的生成过程。

### (一)电子商务信任生成的一般过程

Dayal 等学者认为,信任逐步且有系统地建立起来,在此过程中,顾客和经营网站的企业相互沟通、相互交换价值。① 消费者每向网站提供一些个人信息,企业就应该通过向消费者提供相应的个性化的服务和更丰富的信息来回报顾客。通过双方之间一系列类似礼物交换(Gift Exchange)的"给予"和"获得"的相互作用,营销者与顾客间高度的信任合作关系就会逐渐建立起来。此种信任合作关系的建立分四步(见图2-2)。

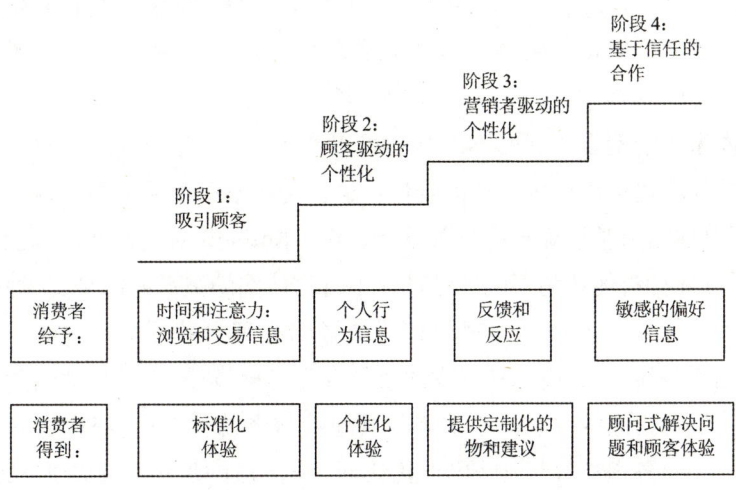

图2-2 消费者对商家信任的建立过程

---

① S. Dayal, H. Landesberg and M. Zeisser, "How to Build Trust Online", *Journal of Marketing Management*, vol. 8, No. 3, 1999, pp. 64-69.

### 1. 信任生成的第一阶段

商家与顾客间还没有实质性地建立关系。商家在该阶段的最佳战略是提供给浏览者相关的信息和体验,而不要求访问者提供个人信息。表面上商家的付出与收益不对等,但实际上消费者的浏览和关注都有价值,例如消费者的浏览和关注在其头脑中可能转换为对品牌的偏好。

### 2. 信任生成的第二阶段

消费者根据特定需求和偏好来设计自己的个性化内容。商家通过免费为顾客提供个性化服务,为顾客创造价值,进而获得顾客的部分个人信息和一定程度的好感。

### 3. 信任生成的第三阶段

商家利用数据库和数据挖掘技术向顾客传递信息和推荐商品,与顾客建立个性化的沟通。消费者则在前期熟悉和初步信任的基础上,对商家推荐的商品进行评估并决定是否购买。

### 4. 信任生成的第四阶段

商家营销者和消费者在关系非常亲密的基础上合作。消费者允许商家获取家庭、财务和健康等方面的非常敏感的个人信息,以便得到商家定制化和顾问式解决问题的服务。而商家也利用得到的非常精确的消费者信息,更好地为消费者创造价值。

不仅商家和消费者之间的不断互动可以产生基于信任的合作,而且虚拟社区成员之间的互动也可以产生信任的合作。这种合作来源于成员不断地参与虚拟社区活动,可以称之为基于虚拟社区关系的合作。Kozinets 对这种基于虚拟社区关系的合作进行过研究,他认为影响虚拟社区中身份认同的关系有两种:一种是消费者和消费行为的关系。消费行为越契合消费者的心理自我形象(Psychological Self-Image),则消费者越认为虚拟社区中的成员身份有价值;另一种是消费者与虚拟社区中其他消费者之间的关系。消费者与其他消费者的关系密度越大,则越容易产生信任。电子商务虚拟社区中的"文化认同"随沟通的加深而逐步形成并最终促成消费者电子商务信任,其具体过程如图 2-3 所示。

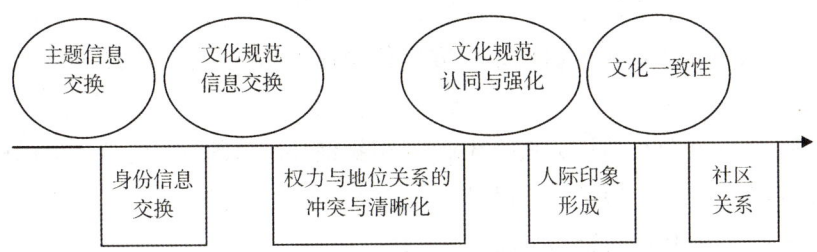

图 2-3 在线消费社区中个人成员参与的发展过程

## (二) 不同类型的电子商务信任的生成过程

Doney 和 Cannon 指出了信任生成的五种心理过程和信任生成的五种机制。①

### 1. 计算过程 (Calculative Process)

信任者计算目标对象做出投机行为所产生的成本和收益,信任者会评估交易伙伴在因为投机行为而失去己方信任的时候,将会损失的利益与付出的代价,若评估结果为交易伙伴失去我方信任时的损失大于收益,则信任者倾向于相信被信任者不会有投机行为,从而建立对被信任者的信任。利益计算过程中信任的前提是被信任者会采取理性行为,这一假定通常是合理的。

### 2. 预测过程 (Prediction Process)

若目标对象未来行为可被预测且有利于信任者,信任者将对目标对象产生信任。信任者评估自己对被信任者行为的了解程度和预测能力,越能预测他的行为且认为其行为是对己方有利的,则信任越容易建立。而所说的了解和预测对方行为,就是以双方过去合作经验及对方从前的行为和言论作为判断的主要依据。

### 3. 能力过程 (Capability Process)

能力评估过程主要是衡量目标对象的可信赖性,当信任者认知目标的对象具有履行承诺的能力时,信任者会对目标对象产生信任。

### 4. 意图过程 (Intentionality Process)

信任可以通过解释和评估目标对象的动机而产生。信任者会通过解释和猜测交易伙伴行为背后的动机来了解和预测对方行为,而这个动机如果被认为是真心诚意地维护双方的利益,则更容易建立信任。

### 5. 转移过程 ( (Transference Process)

通过具有公信力团体的认证而赋予被认证者值得信赖的形象。这也证明当消

---

① P. M. Doney, J. P. Cannon, "An Examination of the Nature of Trust in Buyer-seller Relationships", *Journal of Marketing*, vol. 61, No. 2, 1997, pp. 35-51.

费者很少,甚至没有与目标对象交易的经验时,信任可以从具有公信力的团体移转到目标对象,例如消费者可通过第三方信任团体的认证,将信任移转到受认证的网站。

Gefen 等人在分析信任文献的基础上,根据信任产生的过程将信任生成机制划分为五种,即五种产生信任的过程。①

1. 个性信任(Personality-Based)

起因于相信或不相信他人,进而对其产生信任的一种倾向,而这种信任是建立在其他人是善意且可信赖的信念之上。尤其是在信任者与被信任者刚开始建立关系时,基于个人的信任扮演着重要的角色。

2. 认知信任(Cognition-Based)

根据一些原因或因素评判被信任者是否值得信任,基于认知的信任可以通过两种方式而形成:第一种是分类过程(Categorization Process),个人可能因熟悉某人或是通过二手信息而对某人产生信赖;第二种是控制的幻想(Illusions of Control),信任的信念可能在缺乏第一手信息的情况下而被过度夸张。

3. 知识信任(Knowledge-Based)

因对被信任者的熟悉程度和信任者累积的经验而产生信任。在电子商务中,知识信任可视为顾客因对网站的熟悉程度高而产生信任,进而促成未来的购买意图和行为。

4. 计算信任(Calculative-Based)

通过理性地评估他人因欺骗所产生的成本和获得的利益,进而产生信任。在电子商务中,如果顾客认为供应方(E-Vendor)在欺骗行为中损失比获得要多,顾客将会对供应方产生更多的信任。

5. 制度信任(Institution-Based)

个体因保证书、安全措施或其他非人为的结构制度而感到安全,进而产生信任。基于制度的信任可以分为两种形式:第一种为情境正常(Situational Normality),即评估交易是否符合规范或习惯的情况。在电子商务中,商家要确保交易的结果能符合顾客的预期和认知。第二种为结构保证(Structural Assurances),即评估交易方是否提供安全政策(保证书和规章制度等)。在电子商务中,商家能提供确保交易安全的保证机制,例如第三方安全认证等。

---

① D. Gefen, E. Karahanna, D. Straub, "Trust and TAM in Online Shopping: an Integrated Model", *MIS Quarterly*, vol. 27, No. 1, 2003, pp. 51 – 90.

## (三) 基于虚拟社区和消费者决策过程的信任生成分析

消费者决策过程是经济学研究消费时关注的重要问题,也是消费者行为研究的核心问题之一。消费者决策行为起于需求识别,止于购后评价,经历五个阶段①(见图2-4)。

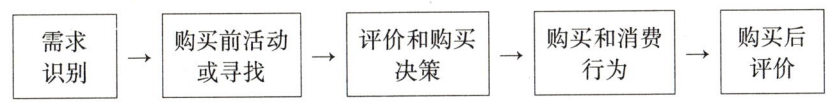

**图2-4 消费者决策的一般过程**

消费者决策的内容包括是否购买、购买什么、何时何地购买以及如何付款。当消费者的实际状况与期望状态发生改变时,购买需求随之产生;信息搜寻来源于记忆的内部搜寻及来自营销者和非营销者的外部搜寻;信息搜寻之后需根据信息比较不同购买对象、方式、时间和地点;比较评估之后的购买过程又可以具体细分为选择确认、购买意向和实施购买三个小步骤;购买后评价则包括决策认可,体验评估,满意或不满意以及推出、表达和忠诚等未来反应。②

在电子商务活动中,消费者决策过程中的每个步骤都可能受到虚拟社区的影响。本书认为,可以从系统论角度把电子商务虚拟社区分解为制度维、技术维、行动维和社区认同。制度维体现为虚拟社区中的显在或潜在的各种行动规范和奖惩规则等;技术维主要指的是虚拟社区的基础设施(infrastructure),包括隐私保护技术、信息沟通技术、导航技术、个性化定制技术和搜索技术等;行动维主要指的是虚拟社区中的各种社会行动,主要包括信息沟通、知识共享和情感交流;社区认同基于虚拟社区成员关系和社会互动的情感,主要包括成员的社区身份认知、互动对象评价以及互动产生的凝聚力等。这些维度在消费者决策过程的不同阶段发挥着不同作用(见图2-5)。

---

① [英]J. 布莱恩:《消费者行为学精要》,于亚斌、郑丽、霍燕译,中信出版社2003年版,第72页。
② [美]杰格迪什·N. 谢斯、本瓦利·米托:《消费者行为学:管理视角》,罗立彬译,机械工业出版社2004年版,第210~230页。

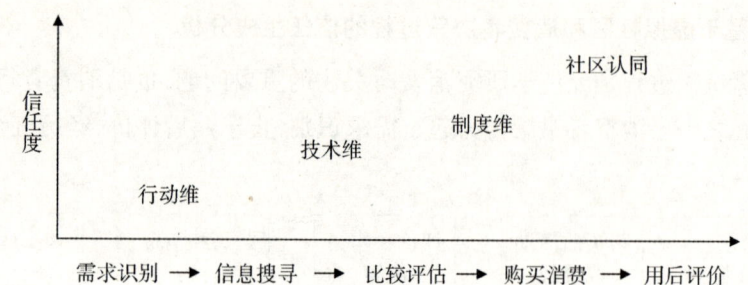

图2-5　虚拟社区、信任度和消费者决策的关系

注：横轴代表消费者决策过程；竖轴代表消费者在决策过程中对虚拟社区、商品和商家的信任度变化

在图2-5中，决策过程中的信任度变化随着消费者参与虚拟社区各种活动的深入而改变，行动维、技术维、制度维和社区认同在图中由左下向右上的排列显示出各维度在改变信任中的作用大小不一样。最左下方的行动维指的是消费者在虚拟社区中参与的各种社会行动，包括知识共享、信息交流和情感沟通；技术维和制度维是虚拟社区的重要组成部分，是影响消费者对虚拟社区和电子商务企业信任度的重要因素；最右上方的社区认同则是在长期社会互动中由消费者内心所体会到的，它对电子商务信任的影响最深刻。社区认同对消费者信任态度的影响以消费者对虚拟社区制度维和技术维的认识为中介。

在需求识别后的信息搜寻阶段，虚拟社区的行动维和技术维在消费者信息搜寻中起主要作用，行动维和制度维在信息比较评估中起主要作用，制度维（包括虚拟社区以及整个电子商务网站的制度）和社区认同在购买阶段起主要作用；行动维和社区认同在消费后的评价阶段起主要作用，而且消费后评价反过来会促进社区认同在消费者内心的建构，并通过正反馈机制影响消费者对虚拟社区制度和技术的认识，并最终促成消费者电子商务信任的建立。

# 第三节　社区认同的一般理论分析

## 一、社区认同的内涵

认同（identity）通常被称为同一性、统一性或身份，是对"某一事物与其他事物相区别的认可，其中包括其自身统一性所具有的所有内部变化和多样性。这一事物被视为保持相同或具有同一性"①。关于认同的研究主要形成了两大理论②：以美国微观社会学或符号互动论为基础的认同理论(Identity Theory)和欧洲社会心理学所倡导的社会认同理论(Social Identity Theory)。这两种理论都强调作为社会建构的自我的社会属性，认为人们会用自己或他人在某些社群的成员资格(Group Membership)来建构自己或他人的认同。依据社群成员资格来建构的认同被称为社会认同(Social Identity)，而依据个人的独特素质而建构的认同被称为个人认同(Personal Identity)。③ 泰弗尔(Tajfel)将社会认同定义为"个人对他/她从属于特定社会群体的认知，并且群体成员资格对他/她具有情感和价值意义"④。

个人认同与社会认同紧密相连，因为个人总是处于某一群体之中，个人是群体性与个体性的统一。个体以他们的社会组织成员身份确定他们自己，这种由群体定位的自我知觉在社会行为中会产生心理区分效应，个体将自己及所属群体与他人及其所属群体进行某种程度的区隔，并通过归属感(belonging)建构自己在所属群体中的身份。从个人认同和社会认同这一分类看，本书关注的社区认同实际上是社会认同的子范畴。闵学勤在分析现实社会中的社区认同时指出，社区认同是市民在一定地域范围内因生活互动而产生的对社区空间、人际、文化及管理模式的喜好、信任和归属。⑤ 这种界定实际上也是把社区认同作为社会认同的子范畴。我们可以把现实生活中的社区认同引申到对电子商务虚拟社区中的社区认同的研究中。

在电子商务虚拟社区中，本书对社区认同的界定为：虚拟社区成员基于知识共享、信息交流和情感沟通等社会行动而形成的对自我、社区成员和社区的认可和接纳。虚拟社区的社区认同虽然在本质上是对群体的认同，但它仍然以虚拟社区成员的认同为前提。因此，本书以成员认同为基础将社区认同区分为三个方面。第一，社区成员身份认知情况，包括对自身身份和他人身份的认知；第二，社区成员间相似性，包括在生活方式和价值观上自身与他人的一致性；第三，社区凝聚力，可通过虚拟社区中的小团体形成状况和社区成员间的团结情况进行衡量。

---

① J. M. Baldwin, *Dictionary of Philosophy and Psychology*, New York: The Macmillan Company, 1998, p. 504.
② 周晓虹：《认同理论：社会学与心理学的分析路径》，载《社会科学》2008年第4期。
③ Hogg, M. A. "Social Identity, Self-categorization, and Communication in Small Groups", In Sh. Ng, C. Candlin & C-y. Chiu (ed.). *Language Matters: Communication, Culture, and Social Identity*, Hong Kong: City University of Hong Kong Press, 2004, pp. 221–243.
④ 泰弗尔：《群际行为的社会认同论》，方文、李康乐译，载《社会心理研究》2004年第2期。
⑤ 闵学勤：《社区认同的缺失与仿企业化建构》，载《南京社会科学》2008年第9期。

## 二、社区认同的形成过程

欧洲社会认同理论的奠基人泰弗尔将社会认同定义为"个人对他/她从属于特定社会群体的认知,并且群体成员资格对他/她具有情感和价值意义"。按照泰弗尔的观点,社会认同的界定是与个体对从属于某一特定社会群体的认知以及这一群体认同所带来的情感和价值意义相关联的[1],社会认同的产生经历了三个基本的心理过程:社会分类(Social Categorization)、社会比较(Social Comparison)、积极区分原则(Positive Distinctiveness)。社会分类指人们将自己编入某一群体,当某一类别的成员身份变得突显时,人们会主动地在重要维度上夸大不同类别个体之间的差异,而将同一类别个体之间的差异最小化。对两个不同群体隶属的感知将群体区分为内群体和外群体,并在资源分配和评价中产生内群偏向和外群歧视。社会比较用于评价自己认同的群体相对于其他群体的优劣、地位的高低和声誉的大小,群体间的比较是群体成员获得认同的重要手段之一。积极区分的原则指的是,个体为了满足自尊或自我激励的需要会突出自己某方面的特长,使自己在群体比较的相关维度中表现得比外群体成员更为出色。通过分类、比较和区分,社区成员得以建构自身身份并生成对所属群体的归属感。

西班牙裔美国学者卡斯特对网络社会背景下的认同问题进行了探讨,他认为认同是人们生命意义与生存经验的来源,认同是在相关的整套的文化特质的基础上建构意义的过程。根据认同的来源或成因,他将认同区分为三种:合法性的认同(legitimizing Identity)、拒斥性的认同(Resistance Identity)和计划性的认同(Project Identity)。[2] 三种认同相互影响,并产生不同的结果。从拒斥出发的认同可能会引起一些计划,其顺着历史演进也可能在社会制度内发展成为支配性的认同。合法性的认同促使公民社会产生,拒斥性的认同则促使社区产生。"在现代社会中,计划性的认同是由公民社会建构的,然而在网络社会中,如果计划性的认同能够发展起来,那么它就是由社区拒斥产生的。"由此来看,网络社会中的认同发展路径大致为:拒斥性认同—计划性认同—合法性认同。

我国学者李友梅从结构功能主义视角出发,在宏观层面探讨了社会转型期社会认同得以实现的条件,对我们理解社区认同也具有一定的借鉴意义。她认为,社

---

[1] H. Tajfel, "Social Psychology of Intergroup Relations", *Annual Review of Psychology*, No. 33, 1982, pp. 1 - 39.

[2] [美]曼纽尔·卡斯特:《认同的力量》,夏铸九、黄丽玲等译,社会科学文献出版社2003年版,第2~10页。

会认同在本质上是一种集体观念,是社会成员共同拥有的信仰、价值和行动取向的集中体现。① 不同类别、层次和结构的社会认同最终都会指向福利渗透、意义系统和社会组织三个方面。这三个方面构成了社会认同的基础性领域。具体地说,福利渗透是指经济发展对相关公共领域的贡献程度,以及社会各阶层由此提升生活质量的程度;意义系统由象征符号(比如知识、道德、法律、归因机制和价值取向等)构成,一般通过传媒、教育和人际互动等途径发挥作用;社会组织作为形成社会认同的另一个重要条件,它的功能在于向其成员灌输行动逻辑、建构特定注意力分配结构以及营造组织文化。以上对社会认同形成条件的分析部分受到结构功能主义的影响,李友梅关注福利渗透、意义系统和社会组织三要素在社会认同形成过程中所发挥的功能,但其具体分析却并没有按照 AGIL 的结构功能模型展开。尽管如此,此分析框架对于解析社会转型期社会认同的形成具有一定的价值。

综合以上三位学者的观点,本书认为,社会认同是行动者在长期社会互动中,通过对自我身份、个人与群体间关系以及群体价值的反思而形成的群体归属感。社会认同的形成要经历个体需求的满足、组织管理方式的认可以及群体价值的内化等过程,这些过程中都贯穿着不断的社会分类、社会比较和积极区分。社会认同作为行动者的意义建构,是影响行动的重要因素。社区认同的形成机制及其对行动者的影响可由图 2-6 说明。

图 2-6 社区认同形成的基础和一般过程

---

① 李友梅:《重塑转型期的社会认同》,载《社会学研究》2007 年第 2 期。

# 第三章 电子商务虚拟社区的结构和运作机制分析

由网络销售商创建的虚拟社区能促成消费者的社区认同,并提升消费者对网络销售商的信任,而社区认同和电子商务信任又会在某种程度上影响网络消费者的决策过程。这一认识是本书的理论前提,促使本书进一步探究电子商务虚拟社区中社区认同的形成过程和其对电子商务信任的影响机制。本章从系统论角度解析电子商务虚拟社区的内部结构和运作机制。

## 第一节 作为虚拟社会系统的电子商务虚拟社区

### 一、社区的一般构成要素

"社区"这一概念源于德国社会学家费迪南德·滕尼斯 1887 年出版的《社区与社会》一书。社会学中的社区一词有多种定义。尽管解释不尽相同,但大多数人都认为社区一般包含了以下四层意思:其一,社区总要占有一定的地域。社区之"区"并不是纯粹的自然地理区域。从社会学的角度看,这个"区"乃指一个人文区位,是社会空间与地理空间的结合。其二,社区的存在总离不开一定的人群。其三,社区中共同生活的人们由于某些共同的利益,面临共同的问题,具有共同的需要而结合起来进行生产和其他活动。在这一过程中产生了某些共同的行为规范、生活方式及社区意识,如共同的文化传统、民俗、归属感等。其四,社区的核心内容是社区中人们的各种社会活动及其互动关系。[①]

美国社区论专家桑德斯在其著作《社区论》中采取环境体系分析架构,把社区作为一个独立存在进行观察,认为社区是一个地方,是一群居民,是一种社会体系的持续,是一种社会不平等的冲突,又是一种行动的场域。他将社区分三方面进行

---

[①] 郑杭生:《社会学概论新修》,中国人民大学出版社 2003 年版,第 364~365 页。

研究:一是研究系统本身的结构和功能。如社区的群体组织、主次体系等结构以及经济、政治、宗教、教育、福利等多种功能,着重研究社区成员和社区组织之间的相互作用。二是研究互动关系。如沟通、合作、竞争、冲突、调适和同化,其中,对社区冲突的研究是互动研究的重要内容。三是研究社会场域(社会互动的场所),主要从人们活动的社会范围组织网等来考察人们的社区互动,着重研究社区某项计划和制度的实施所需要涉及的人、群体,他们将做出的反应以及实施过程中的各个中间阶段,探讨一个社区如何动员起来促进社区发展。①

## 二、对电子商务虚拟社区的 AGIL 分析

基于以上对社区的一般认识,本书认为虚拟社区不仅仅是微观视角下以个人需求为驱动力的基于社会互动的集合体,而且是"一群通过电脑网络相互沟通的人们,彼此之间有某种程度的认识、分享某种程度的知识与信息、相当程度如同对待友人般彼此关怀,所形成的群体"②;从宏观角度看,虚拟社区也是美国社会学家帕森斯结构功能分析意义下的"社会系统",具有基于个人需求和社会互动却高于个人需求和社会互动的特点,即虚拟社区是社会行动系统。作为社会行动系统,电子商务虚拟社区的存在和发展必须由相应的结构要素来承担特定功能。

因此,可以借用帕森斯的社会系统分析方法来解析电子商务虚拟社区的运作过程。帕森斯的社会系统概念几经变化,其基本特点有:第一,社会系统是复数个人的行动系统;第二,社会系统具有结构,在社会系统中,无论是群体、组织或地域社会,其行动都通过一定的结构而结合起来,地位和角色就是用来表示行动的这种结构上的位置概念;第三,社会系统是在内部完成其过程的,如角色履行、交流、社会关系的形成和制度化等;第四,社会系统是存在于环境之中,通过适应环境提出的课题来维持、延续自己的一种开放系统;第五,社会系统必须在适应环境而存续的过程中进行满足必要的功能的活动,这些活动可以看作是系统存续的功能性必要条件。③ 作为社会行动系统的虚拟社区,其存续要满足一些功能性必要条件。如果说结构是静态的和描述性的,那么功能则是动态的和解释性的。因此,虚拟社区中各种功能的满足过程即虚拟社区的运作过程。

---

① 刘华芹:《天涯虚拟社区——互联网上基于文本的社会互动研究》,民族出版社 2005 年版,第 14 页。
② H. Rheingold, *The Virtual Community: Homesteading on the Electronic Frontier*, Addison-Wesley Pub. Co., 1993.
③ [日]富永健一:《社会学原理》,严立贤、陈婴婴、杨栋梁等译,社会科学文献出版社 1992 年版,第 148~149 页。

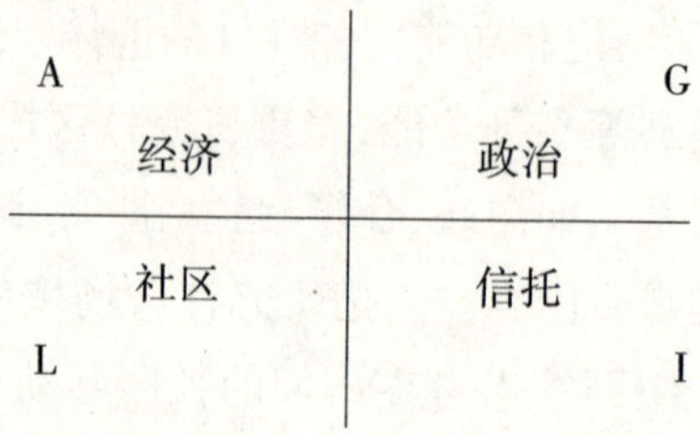

```
          A              G
        经济           政治

        社区           信托
          L              I
```

**图 3-1 帕森斯的"社会系统理论"分析框架(AGIL)**

在由销售商创建的电子商务虚拟社区中,以上四种功能的实现也是通过复杂的社会过程完成的。在本书研究的电子商务虚拟社区("我爱打折",http://www.55bbs.com)中,这些功能的具体实现如图 3-2 所示。

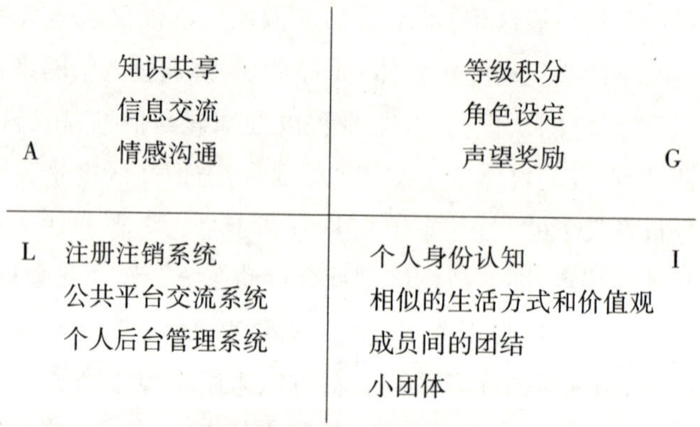

```
              知识共享              等级积分
              信息交流              角色设定
    A         情感沟通              声望奖励         G

    L    注册注销系统          个人身份认知         I
         公共平台交流系统      相似的生活方式和价值观
         个人后台管理系统      成员间的团结
                              小团体
```

**图 3-2 电子商务虚拟社区"我爱打折"中的 AGIL 实现**

具体来说,适应功能(A)由虚拟社区中的各种社会行动来完成,电子商务虚拟社区中的社会行动大致可以分为知识共享、信息交流和情感沟通三种;达鹄功能(G)由虚拟社区的各种利益集团完成,具体包括管理员集团(包括销售商自有员工和临时聘用的虚拟社区版主)、成员集团和游客集团。不同利益集团的目标在虚拟社区有关等级、积分、角色的设定和声望奖励等制度中得以体现;整合功能(I)由虚拟社区中的社区认同来完成。虚拟社区成员对虚拟社区的认同以个人身份认知为前提,以成员间相似的生活方式和价值观为基础,并体现为社区成员的团结和各种兴趣小团体的形成;维模功能(L)则由虚拟社区软件和硬件(技术维)完成。技术维的注册注销系统是形成成员身份的技术基础,公共平台交流系统是各种社会行动的技术基础,个人后台管理系统也为成员个体身份建构和各种社会行动特别是情感沟通提供了技术基础。

## 第二节 电子商务虚拟社区的行动维

个人是社会的基础,对个人社会行动的分析是社会学研究的逻辑起点。实际上,社会微观分析就是从分析"行动"(action)这一概念出发的。其原因在于,微观层面的社会现象可以分解为个人行动和个人之间的相互行动。作为社会学分析的基础性概念的"行动"分析源于德国社会学家韦伯(M. Webber)。他认为"所谓行动,是指把行动者主观意图与行动连接起来的这一界限内的人的行为"。韦伯将社会行动划分为四种类型:目的合理性行动、价值合理性行动、情感行动和传统行动。[①] 韦伯的概念界定和行动类型划分启发了后期的很多社会学家。美国社会学家帕森斯将行动限于可以还原为目标、情景、规范性规定和动机建立四个项目的行为,并提出构成行动的几个条件,包括:动机建立、行动者与情景的关系、来自他人的期待体系、情景作为符号而对自我具有意义。由于以上两位学者并未对"行动"概念中的"行为"进行明确界定,因此,日本学者富永健一避开"行为",而直接将"行动"视为具有一定取向的目的实现过程。他认为"行动"主体因需求而产生动机,主体从所处情景中吸取物质的、社会的和文化的各种因素,并通过目的、手段、条件和障碍等方式将这些因素连接起来,从而实现需求的满足。[②]

基于以上学者的观点,考虑到任何社会行动不仅具有一定的目的,而且从形式上看都是社会互动。因此,本书把社会行动理解为行动主体基于社会互动的需求满足过程。从这一观点出发,本书把电子商务虚拟社区看作是各种不同角色经由社会互动而实现需求满足的网络虚拟社会空间。在具体分析电子商务虚拟社区中的社会行动时,本书一方面从形式上分析社会行动的类型,另一方面则从社会互动的内容上把握社会行动。总之,在分析电子商务虚拟社区中的社会行动时,可以采用社会学对社会行动的分析理论,把虚拟社区中的社会行动分析作为研究电子商务虚拟社区的起点。

### 一、电子商务虚拟社区中社会行动的形式分析

电子商务虚拟社区中的成员和游客都是潜在消费者,消费者需求和动机研究

---

① 于海:《西方社会思想史》,复旦大学出版社2005年版,第321~324页。
② [日]富永健一:《社会学原理》,严立贤、陈婴婴、杨栋梁等译,社会科学文献出版社1992年版,第70~71页。

是利用虚拟社区进行网络营销的基础。一般来讲,消费者动机可分为三类:生理性动机、心理性动机和社会性动机。生理性动机是由先天的、生理的因素所引起的,为维持延续和发展生命等需要而产生的各种消费动机;心理性动机是由消费者的认知、情感、意志等心理过程而引起的行为动机;社会性动机是指消费者受到各种社会因素(政治法律、风俗习惯、科学教育、经济状况、阶层群体等)的影响,而产生的满足社交、归属、成就、尊重、自我实现等社会性需要的动机。在虚拟社区中,根据虚拟社区研究的先驱——美国学者哈格尔三世和阿姆斯特朗的研究,虚拟社区中的成员一般有四种需求:兴趣(例如体育、娱乐和度假旅行)、关系(例如分享、诉说和解脱)、幻想(例如网络虚拟游戏中的角色扮演)和交易(例如商品和服务的买卖)。① 除了这些针对虚拟社区或者电子商务社区中的需求和动机的研究外,本书进一步引入美国社会学家帕森斯对社会行动的一般研究,以便更深入地从形式上分析虚拟社区中社会行动的类型。帕森斯认为,社会行动者的主观取向是由动机的取向和价值的取向两项基本因素构成的。② 动机取向,是指行为者所预期的最大收益和最小损失;价值取向,是行为者在决定行为目标和行为手段时所遵循的规范性标准。由于价值取向通常反映出内化于社会成员人格中的各种行为规范,因此,对价值取向的分类度量和综合分析可揭示任一具体的社会关系特征和社会发展趋势。帕森斯在影响社会行为价值取向的诸多因素中总结出五项主导变量,每项主导变量的度量区间由两个极值界定(见表3-1)。③

表3-1 帕森斯对社会行动价值取向的分类

| 主导变项 | 两个极值 | 社会行动举例 |
| --- | --- | --- |
| 情感变项 | 感情投注—感情无涉 | 家庭成员间—医生病人间 |
| 利益变项 | 自我取向—集体取向 | 商家激烈竞争—战士拼死救灾 |
| 评判变项 | 普遍主义—特殊主义 | 法律面前人人平等—刑不上大夫,礼不下庶人 |
| 地位变项 | 成就表现—身份先赋 | 公务员考核—贵族地位承袭 |
| 义务变项 | 具体特定—广泛弥散 | 契约性劳动合同—企业办社会 |

电子商务型虚拟社区是网络社会中各种虚拟社区中的特殊类型,它以经济收

---

① [美]约翰·哈格尔三世、阿瑟·阿姆斯特朗:《网络利益》,王国瑞译,新华出版社1998年版,第19~26、96~97页。
② [日]富永健一:《社会学原理》,严立贤、陈婴婴、杨栋梁等译,社会科学文献出版社1992年版,第158页。
③ 于海:《西方社会思想史》,复旦大学出版社2005年版,第399~400页。

益为导向(即哈格尔三世和阿姆斯特朗的需求分类中的"交易"需求),同时又兼顾成员的其他需求(如关系需求、兴趣需求和交易需求)。虚拟社区中的各种角色的需求各不相同,管理层的需求包括个人成就感、经济收益和社区稳定等;会员和游客的需求包括信息需求、情感需求、个人实现的需求以及基本的安全需求等。根据角色内涵的不同,本书对虚拟社区中的需求和行动类型做如下区分(见表3-2)。

表3-2 虚拟社区中各角色的需求和行动类型

| 社会行动者 | 需求 | 动机 | 价值取向 | 社会行动类型 |
| --- | --- | --- | --- | --- |
| 管理者 | 个人成就感、经济收益和社区稳定 | 心理性、社会性 | 感情无涉、集体取向、普遍主义、成就表现、具体特定 | 理性行动 |
| 会员 | 信息需求、情感需求、个人实现的需求以及基本的安全需求 | 心理性、社会性 | 感情投注、集体取向、特殊主义、成就表现、具体特定 | 理性行动 情感行动 |
| 游客 | 信息需求、情感需求、个人实现的需求以及基本的安全需求 | 心理性、社会性 | 感情无涉、自我取向、普遍主义、身份先赋、广泛弥散 | 理性行动 情感行动 |

以上论述从消费者需求、动机及行为的角度,分析了电子商务虚拟社区中个人社会行动的类型。实际上,在电子商务虚拟社区中,消费者之间的互动以及消费者与管理者之间的互动方式也值得关注。对社会成员互动类型的分析不仅有助于深入理解成员的行为动机和需求,而且可以为电子商务虚拟社区制定营销策略提供理论基础。

虚拟社区中的社会互动是两个或两个以上的虚拟社区成员之间具有目的性导向的行为。虚拟社区中社会互动类型的研究较多。Kozinets研究了一般虚拟社区中的社会互动类型,他按照沟通导向和沟通目标的不同,把互动类型分为四类[①](见图3-3)。白淑英和何明升等学者对以BBS为技术载体的哈尔滨工业大学"紫丁香BBS"进行了实证研究,他们认为BBS互动指"在BBS电子空间中,通过发布帖子和对帖子的回应而在发帖人和回应者之间形成的一系列互动关系的总和",其特点有:以BBS网络空间为沟通背景而形成的非面对面互动;通过对已发布的帖子进行回应而形成的非口语互动;一种借人机界面而实现的有中介的互动形式;一

---

① R. V. Kozinets, "E-Tribalized Marketing? The Strategic Implications of Virtual Communities of Consumption", *European Management Journal*, vol. 17, No. 3, 1999, pp. 252–264.

种有"时滞"的互动。除此之外,两位学者还提出了 BBS 互动关系的建构所需要的四个结构性要素,即 BBS 电子空间、话题、角色和帖子。根据帖子所引起的"话头"的被选择程度,把 BBS 互动区分为焦点互动和非焦点互动两种基本类型,并按照帖子的性质和 BBS 参与者的角色关系,把 BBS 中的社会互动类型划分为单中心互动模式、多中心互动模式(见图 3-4)、跨网互动模式、两两互动模式、宣告—阅读互动模式①。

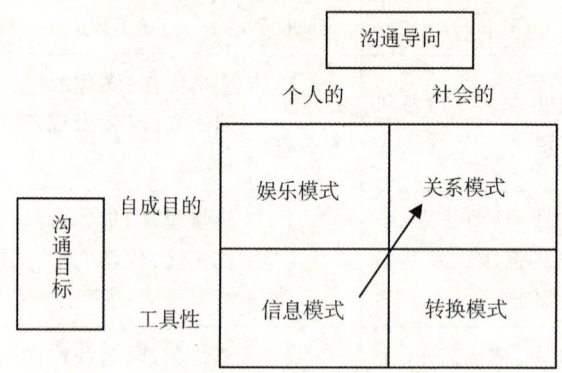

图 3-3 Kozinets 提出的虚拟社区的互动类型

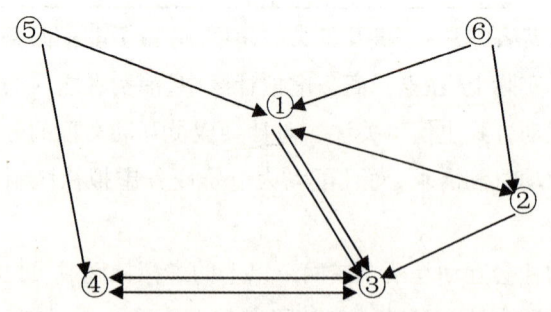

图 3-4 BBS 中的多中心互动模式

在电子商务虚拟社区中,社会互动的类型划分既要考虑虚拟社区的一般结构和过程,也要注意电子商务虚拟社区的特点。本书认为,电子商务虚拟社区中的社会互动以交易需求为出发点②,以工具性为互动目标且以个人性为沟通导向③,在

---

① 白淑英、何明升:《BBS 互动的结构与过程》,载《社会学研究》2003 年第 5 期。
② [美]约翰·哈格尔三世、阿瑟·阿姆斯特朗:《网络利益》,王国瑞译,新华出版社1998年版,第19~26,96~97页。
③ R. V. Kozinets, "E-Tribalized Marketing? The Strategic Implications of Virtual Communities of Consumption", *European Management Journal*, vol. 17, No. 3, 1999, pp. 252–264.

互动的具体特征上则呈现出多中心互动模式①。

## 二、电子商务虚拟社区中社会行动的内容分析

社会行动总是由需求驱动并由动机支配的,电子商务虚拟社区中的社会行动也不例外。根据哈格尔三世和阿姆斯特朗对虚拟社区参与者一般需求的研究,虚拟社区参与者的需求包括兴趣、关系、幻想和交易。本书认为,在电子商务虚拟社区中参与者(此处主要指成员和游客)的需求虽然以交易为主,但兴趣、关系甚至幻想需求仍然占一定比例。在电子商务虚拟社区中,所有社会行动都指向产品、服务、企业、生产和消费。需求、行动和行动指向的关系如图3-5所示。

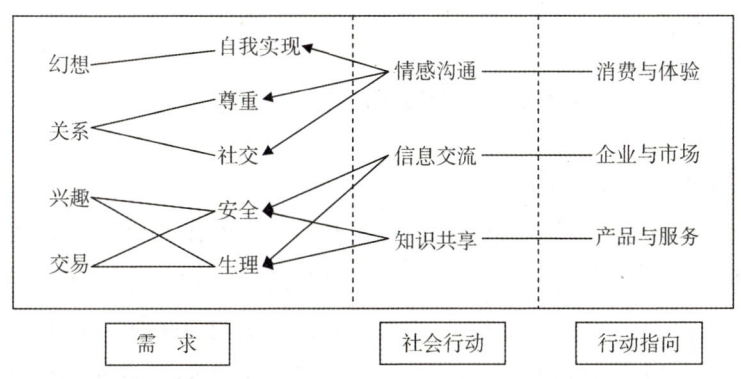

图3-5 虚拟社区成员需求、行动和行动指向的关系

电子商务虚拟社区参与者的三种社会行动都以一定的需求为基础且都指向特定对象。具体来说,知识共享行动主要围绕产品与服务展开,例如关于产品功能、材料、使用方法等方面的知识,关于服务机制、服务质量衡量等方面的知识等。知识共享行动主要是为了满足生理需求和安全需求,而生理需求和安全需求与交易需求和兴趣需求又有一定的对应关系。信息交流行动主要围绕企业与市场展开,信息主要包括关于企业信誉和声望的信息、关于市场营销活动方面的信息等。信息交流行动和知识共享行动一样,主要是为了满足生理需求和安全需求或者交易需求和兴趣需求。情感沟通行动主要围绕消费与体验展开,主要为了满足社交、尊重和自我实现的需求,例如通过情感交流可以在虚拟社区中找到知心朋友,获得其他成员和游客的尊重等。

---

① 白淑英、何明升:《BBS互动的结构与过程》,载《社会学研究》2003年第5期。

## 第三节　电子商务虚拟社区的社区认同

电子商务虚拟社区是由技术、制度和社会行动相互耦合而形成的虚拟社会行动系统。该行动系统的整合功能由社区认同完成。电子商务虚拟社区生存和发展最重要的基础是社区成员对虚拟社区的认同。正如卡斯特所指出的:"认同虽然可以由支配的制度产生,但是只有在社会行动者将之内化,且将他们的意义环绕着这内化过程建构时,它才会成为认同。"① 对社区认同本质以及社区认同组成要素及其相互关系的认识,既是探讨社区认同构成的前提,也是研究社区认同对电子商务信任的影响的基础。

### 一、电子商务虚拟社区认同的本质和构成要素

#### (一)电子商务虚拟社区认同的本质

某个群体、种族、地域要形成社区,除了具备一定的技术基础、制度支撑和互动行为外,还必须具备一定的心理条件。作为社区心理学的核心概念,社区感(Psychological Sense of Community or Sense of Community)是社区成员基于社会互动、日常经验和理性反思的主观感受,是社区认同的本质。按照 Sarason 在《社区感:社区心理学的前景》一书中的界定,社区感是"同他人类似的知觉;一种公认的与他人的相互依赖;一种维持这种相互依赖的意愿,这种维持通过给予他人或为他人做人们期待的事情来实现;一个人是某一更大的、可依赖且稳定的组织之组成部分的情感"②。McMillan 和 Chavis 拓展了社区感的概念并提出了测量模型。他们认为,社区感是一种成员所具有的归属感,一种成员之间彼此相关及其与团体相关的情感,一种通过彼此承诺而使成员需要得以满足的共同信念。在他们提出的"四要素"理论模型中,第一个要素是"成员感",主要指社区成员具有使自己投入社区某部分并归属于它的感受,其特点是具有明显的边界、共同的标志系统、情感上的安全、对社区的归属与认同感及个人的投入;第二个要素是"影响力",主要指社区成员具有能影响社区并被社区影响的感受;第三个要素是"需要的整合与满足",主要

---

① [美]曼纽尔·卡斯特:《认同的力量》,夏铸九、黄丽玲等译,社会科学文献出版社 2003 年版,第 2~10 页。
② J. H. Dalton, M. J. Elias, A. Wandersman, *Community Psychology: Linking Individuals and Community*, Belmont: Wadsworth/Thomson Learning, 2001, pp. 193 – 195.

指社区成员的共同价值观、资源的交流和个体需要的满足;最后一个要素是"共同的情感联结",主要是指以社区成员共同具有的历史为基础的"精神联结"。①

以上有关社区认同的本质"社区感"的一般理论对于理解电子商务虚拟社区中的虚拟社区认同具有较大的借鉴意义。一般来说,电子商务虚拟社区中的成员在本质上是消费者、经济人和理性人。从理论上看,他们在电子商务虚拟社区中的行动以工具理性为指引,以经济收益为导向。电子商务虚拟社区这种特殊的网络团体是否属于社会学意义上的社区,能否形成社区认同或社区感呢?按照社会学家郑杭生等学者的观点,社区应包括以下四层含义:一定的地域,一定的人群,基于共同利益和需要结合起来进行的生产和其他活动,核心内容是各种社会活动及其互动关系。② 根据以上四层含义,电子商务虚拟社区具有一般社区的基本特征。但如果从德国社会学家滕尼斯所提出的"社区与社会"(Community and Society)的区别来看,社区是自然意志形成的,以熟悉、同情、信任、互相依赖和社会粘着为特征的社会共同体。从这一观点看,电子商务虚拟社区要成为社会学意义上的"社区",必须具备社区感,也就是美国社会学家殷克勒斯所说的"共同的情感或信仰",即可以根据互动的频数、同属于一个团体的感觉来界定社区。③ 那么,电子商务虚拟社区中是否有社区感呢?陈永胜和牟丽霞认为,社区心理学通常把社区感区分为两种基本类型:地域性社区感(Sense of Geographic Communities)和关系性社区感(Sense of Relational Communities)。前者强调社区成员对某一特定地域(邻里、小区、学校、城镇、城市等)的依恋与认同,后者强调社区成员在以共同兴趣或利益结成的特定组织(工作小组、业余俱乐部、宗教团体、网络社区等)中的心理联系。④ 电子商务虚拟社区具有特定的域名和网址,经常访问某电子商务虚拟社区的成员可能将该域名或网址放入"网址收藏夹",或者在访问时直接在互联网浏览器的"地址栏"中输入该域名或网址。因此,电子商务虚拟社区具有一定的"地域性特征";同时,电子商务虚拟社区参与者大多以某种产品或服务为基础聚集在网络空间中,围绕产品、服务、市场、企业以及消费行为和感受进行知识共享、信息交流和情感沟通等活动。基于以上分析,本书认为,虽然电子商务虚拟社区建构在虚拟的流动的互联网上,但基于域名和网址的"地域性特征"和基于兴趣或利益的"关系

---

① D. W. McMillan, D. M. Chavis, "Sense of Community: A Definition and Theory", *Journal of Community Psychology*, No. 14, 1986, pp. 6 – 23.
② 郑杭生:《社会学概论新修》,中国人民大学出版社 2003 年版,第 364~365 页。
③ [美]殷克勒斯:《社会学是什么》,黄瑞祺译,巨流图书公司 1985 年版,第 77~116 页。
④ 陈永胜、牟丽霞:《西方社区感研究的现状与趋势》,载《心理科学进展》2007 年第 1 期。

性特征"使得其在虚拟社区的成员中可以产生社区认同。

(二)电子商务虚拟社区认同的构成要素

综合学术界有关社区认同、社区感和社区意识的研究,并考虑到电子商务虚拟社区及其参与者的特点,本书将电子商务虚拟社区认同区分为身份认知、相似性和凝聚力(见图3-6)。三个组成要素各包含不同的子要素,三要素相互作用且在各种社会行动作用下促成电子商务虚拟社区认同的产生。

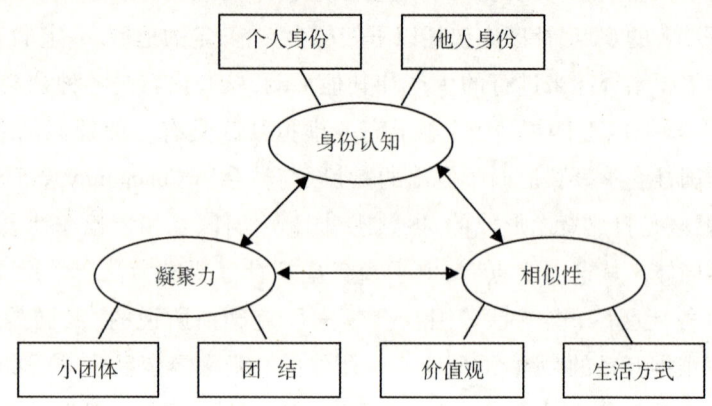

**图3-6 社区认同的构成要素**

身份(identity)和认同(identification)在英语中具有相同词根,这说明两者具有紧密联系。身份认知是社区认同的基础,身份认知包括自我身份认知以及对他人身份的认知。美国社会心理学家库利认为,自我观念是在与其他人的交往中形成的,一个人对自己的认识是其他人关于自己看法的反映。人们总是在别人对自己的评价中形成自我观念。一个人对于自我有了某种明确的想象,也即是他有了某种想法涌现在自己心中,一个人所具有的这种自我感觉是由别人对自己的态度所决定的。这种类型的社会可以称作"反射的自我"或曰"镜中我"①。在电子商务虚拟社区中,虚拟社区参与者的自我身份认知也具有"镜中我"的部分特点。一方面,虚拟社区中的自我身份由个人ID、头像、签名档、等级、威望、积分和帖子内容等共同塑造;另一方面,自我身份认知也受到其他社区成员的影响,其他虚拟社区成员起到类似"镜子"的作用。"镜中我"实际上也是社区成员在群体中角色的反映,体现了社区成员之间存在某种共同利益,或者对社区存在某种依赖。

相似性(similarity)是互动、认同和信任的基础。Burgoon 等学者认为,互动包

---

① 谢立中:《西方社会学名著提要》,江西人民出版社2001年版,第23~24页。

含三个可以反映社会交换过程的维度：群体涉入（Group Involvement）、相似性（similarity）和接受能力（receptivity）。他们的研究发现，基于电脑中介的沟通环境中，消费者越是认识到自己与互动对象具有相似性，就越容易高度评价和参与互动。① Johnson 和 Grayson 在对服务关系中的认知和情感信任的研究中认为，相似性和服务提供者的专业知识、产品绩效、公司声望和对前期互动的满意度一样，都可以通过认知信任和情感信任对销售有效性和未来互动的参与产生影响。实证研究发现，相似性是情感信任而非认知信任的先在变量，而服务提供者的专业知识、产品绩效以及对前期互动的满意度则能影响认知信任而非情感信任。② 可见，相似性的确对消费者主观态度和行为具有一定影响。在电子商务虚拟社区中，本书将相似性区分为社区成员具有的大致相同的价值观和生活方式。波普林（Poplin）在对相关文献总结的基础上，认为社区意识的结构包括共同价值和信念、共同行为准则、成员身份感和集体认同三部分。③ 牟丽霞的实证研究也发现，社区感的结构要素包括集体认同（认知因素）、相互依恋（情感因素）和传承倾向（行为的准备状态）。其中，集体认同指的是社区成员对集体取向价值观的认可与接纳。④ 生活方式包括三个构成要素：生活活动条件、生活活动主体和生活活动形式。⑤ 电子商务虚拟成员在这三个要素上都具有一定相似性，社区成员使用相同的社区技术系统，对相同的产品或服务感兴趣，并且都在虚拟社区中进行知识共享、信息交流和情感沟通等社会活动。

凝聚力（Cohesion or Cohesiveness）是群体动力学的一个重要特性，是由群体动力学派的著名心理学家 Kurt Lewin 在 1952 年提出的。Kurt Lewin 认为，凝聚力表现了个体对自身与某个特定群体的关系的认知。⑥ Zaccaro 和 Lowe 把凝聚力分为任务凝聚力和人际凝聚力，这对此后的凝聚力研究产生了重要的影响。任务凝聚力是指由于成员对群体任务的喜好或者责任感，或者由于群体能帮助其成员实现个人无法实现的目标和满足其重要期望而产生的凝聚力。任务凝聚力主要来源于

---

① J. K. Burgoon, J. Bonito, B. Bengtsson, R. Artemio, N. E. Dunbar and N. Miczo, "Testing the Interactivity Model", *Journal of Management Information Systems*, vol. 16, No. 3, 2000, pp. 33 – 56.
② D. Johnson, K. Grayson, "Cognitive and Affective Trust in Service Relationships", *Journal of Business Research*, No. 58, 2005, pp. 500 – 507.
③ D. E. Poplin, *Communities: a Survey of Theories and Methods of Research*, New York: Macmillan, 1972, p. 22.
④ 陈永胜、牟丽霞：《西方社区感研究的现状与趋势》，载《心理科学进展》2007 年第 1 期。
⑤ 王雅林：《生活方式概论》，黑龙江人民出版社 1989 年版，第 1～20 页。
⑥ K. Lewin, "Group Decision and Social Change", In: G. E. Swanson, T. M. Newcomb and E. L. Hartley, Editors, *Readings in Social Psychology*, New York: Holt Rinehart Winston, 1952, pp. 459 – 473.

群体的工作目标和群体提供的工作激励。人际凝聚力是指群体因人际关系良好而产生的成员之间的相互吸引力,人际凝聚力产生于群体成员的归属感和成员之间的相互喜欢。① Maria 认为虚拟社区可以通过五个途径来建立和增强凝聚力:创造文化认同,发展社区行为规范,建立社区成员间互相帮助、成员互惠的氛围,提供对社区的社会性控制,强化社区边界。本书认为,成员间相互帮助有助于社区团结的形成,强化社区边界的方式之一是在社区内部建立不同的小团体。内部小团体不仅会在电子商务虚拟社区内部形成"你我不同",进一步增强社区成员的身份认同,而且也会在不同的电子商务虚拟社区之间形成"内外有别",有助于增强社区认同。②

## 二、电子商务虚拟社区认同的形成过程

以上是本书从静态角度,把电子商务虚拟社区认同的构成要素区分为三个:身份认知、相似性和凝聚力。接下来本书从动态角度分析电子商务虚拟社区认同的形成过程。该过程既是社区认同各要素相互作用的过程,也是基于虚拟社区成员社会行动的意义建构过程。

### (一)电子商务虚拟社区三要素的相互作用

身份认知是社区认同的前提,相似性是社区认同的基础,凝聚力是社区认同的结果。三要素相互作用,共同促成社区认同。本书借助泰弗尔提出的社会认同的三个心理过程对三要素之间的相互关系进行分析。

社会认同的社会分类过程认为,当某一类别的成员身份变得突显时,人们会主动地在重要维度上夸大不同类别个体之间的差异,而将同一类别中个体的差异最小化。在不同群体之间比较中的这种心理过程使得人们将群体区分为内群体和外群体,并在资源分配和评价上产生内群偏向和外群歧视。与此不同的是,群体成员进行内部比较时则可能呈现出矛盾心理。一方面,群体成员会夸大自己与其他成员的差异,以突出自身价值观和生活方式的独特性;另一方面,群体成员又存在将差异最小化的趋势,通过增加群体成员间在价值观和生活方式上的相似性来增加安全感。本书将群体成员进行内部分类时的这种矛盾心理过程称为"内部分类

---

① S. J. Zaccaro, C. A. Lowe, "Cohesiveness and Performance on an Additive Task: Evidence for Multidimensionality", *Journal of Social Psychology*, No. 128, 1988, pp. 547–558.

② P. Maria. *Computer Mediated Communities: The Implications of Information, Communication and computational Technologies for Creating Community Online*, Consultant to SRI International, Virginia, 2003.

过程"。

社会认同的积极区分原则认为,个体为了满足自尊或自我激励的需要,会突出自己某方面的特长,使自己在群体比较的相关维度上表现得比外群体成员更为出色。与此不同的是,群体成员在与群体内部成员之间进行区分时则可能呈现出矛盾心理。一方面,群体成员试图夸大自己所属的小团体与其他小团体成员的差异,以彰显自我身份和小团体地位;另一方面,群体成员又尽力避免自我膨胀,以免危及人际凝聚力和社区团结。本书将群体成员进行内部比较时的这种矛盾心理过程称为"消极区分原则"。

社会认同的社会比较过程认为,群体间的比较可以评价自己认同的群体相对于其他群体的优劣、地位和声誉,是群体成员获得认同的重要手段。与此不同的是,群体成员在进行社区内部各小团体之间的比较时则可能呈现出矛盾心理。一方面,群体成员试图夸大自己所属的小团体与其他小团体成员的差异,以增强小团体凝聚力;另一方面,群体成员又存在使上述差异最小化的动力,目的在于通过增强小团体间的相似性来增强整个电子商务虚拟社区的凝聚力。本书将社区内部小团体之间进行比较时的这种矛盾心理过程称为"内部比较过程"。电子商务虚拟社中的三种特殊的社会认同过程可参见图3-7。

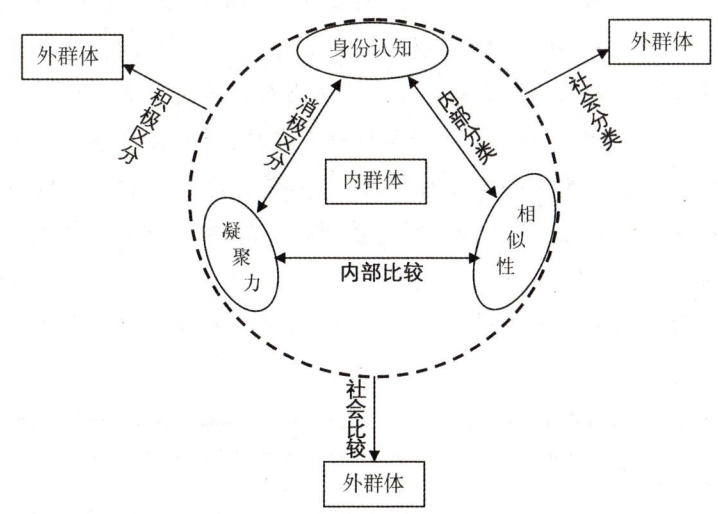

图3-7 电子商务虚拟社区认同三要素的相互关系

## (二)社会行动对社区认同的影响

社区认同过程是社区成员选择、组织和解释外部刺激,通过社会分类、社会比较和积极区分等的过程,形成一种有意义的与外部世界相一致的心理画面的过程。

电子商务虚拟社区中的社会行动包括知识共享、信息交流和情感沟通等三种,这些社会行动都从不同角度和在某种程度上,对社区认同的不同要素产生不同作用。正如 Dunham 等人的研究所显示的,社区成员之间的互相帮助、移情的反应、信息共享、及时的回复等,都可能对社区认同产生影响。[①] Postmes 和 Spears 通过对电子邮件的内容分析、形式分析和聚类分析也发现,社会互动甚至可以促成电脑中介沟通中的规范形成及社会认同。[②]

身份认知是社区认同的前提,对自我身份的认知和对他人身份的认知都是在各种社会行动的基础上形成的。社区成员对社区活动的参与具有某种形式的回报,等级、威望、积分、称号、奖品甚至购物折扣等是这些回报的主要形式。尽管电子商务虚拟社区参与者大多是经济导向的理性人,但这些回报对他们的符号价值要大于其经济价值。几乎所有的虚拟社区中都会设计一套完善的与社会行动相关的制度和系统,而且社会行动的回报往往与社区成员在虚拟社区中的身份和地位紧密相连。社区参与者对自身身份、角色和价值的认同体现在以知识共享、信息交流和情感沟通等形式体现出的社会互动上,对他人身份的认知也大多基于这些社会互动以及由这些社会互动带来的各种符号性回报。

电子商务虚拟社区中的群体凝聚力受到知识共享、信息交流和情感沟通等社会行动的影响。刘敬孝等人在文献综述的基础上归纳出影响凝聚力的结构因素,包括群体领导者的影响力、群体的规模、群体资源的分享、共同目标和目标实现过程中的相互依赖。[③] 知识共享活动是社区成员在社区内部对有关产品和服务的知识的扩散和传播。这些知识对于消费者具有工具性作用,能为消费者带来经济价值,同时有助于电子商务虚拟社区内形成"工具凝聚力",进而鼓励成员参与和促进社区活动,从而最终建立起成员对社区提供商的忠诚。[④] Tziner 提出了社会情感凝聚力(Socio-Emotional Cohesiveness)和工具凝聚力(Instrumental Cohesiveness)的概念。[⑤] 工具凝聚力是指基于任务目标的凝聚力,这种凝聚力的产生是基于群体

---

[①] P. J. Dunham, A. Hurshman, E. Litwin, J. Gusella, C. Ellsworth and P. W. D. Dodd, "Computer-Mediated Social Support: Single Young Mothers as a Model System", *American Journal of Community Psychology*, vol. 26, No. 2, 1998, pp. 284–306.

[②] T. Postmes, R. Spears, "The Formation of Group Norms in Computer-Mediated Communication", *Human Communication Research*, vol. 26, No. 3, 2000, pp. 341–371.

[③] 刘敬孝、杨晓莹、连铃丽:《国外群体凝聚力研究评介》,载《外国经济与管理》2006 年第 3 期。

[④] J. Koh, Y. G. Kim, "Knowledge Sharing in Virtual Communities: An E-business Perspective", *Expert Systems with Applications*, No. 26, 2004, pp. 155–166.

[⑤] A. Tziner, *Human Resource Management and Organization Behaviour: Selected Perspectives*, USA: Ashgate Publishing Ltd, 2002.

成员在共同完成目标和任务过程中所必须具备的信任和合作行为。除了知识共享活动能产生工具凝聚力之外,电子商务虚拟社区中的信息交流也可以通过增进社区成员的经济收益而产生工具凝聚力。社会情感凝聚力是指建立在社会情感基础上的凝聚力,这种凝聚力的产生与成员参与群体活动时从群体中获得的情感满足有关。电子商务虚拟社区中有关产品、服务、企业、市场和消费的情感交流是会员产生社会情感凝聚力的主要原因。

相似性是社区认同的基础,它和身份认知和凝聚力一样,也受到知识共享、信息交流和情感沟通的影响。相似性是社区成员通过比较而获得的主观感受,它通常基于共同的兴趣和相似的社会经历。电子商务虚拟社区成员在网络空间中的相遇本身就是基于对某产品和服务的共同兴趣,这可称为"先赋相似性"。在注册成为某电子商务虚拟社区的成员后,社区成员通过对共同话题的讨论而具有了共同的社会经历,这可称为"后致相似性"。与"先赋相似性"仅与社区成员本人的消费偏好有关不同,"后致相似性"是在各种社会行动中动态形成的,它还受到其他消费者的影响。作为口碑营销的重要组成部分,意见领袖就是电子商务虚拟社区中消费者相互影响的表现。另外,相似性也表现在社区成员对不同社区版面的参与以及加入的不同小团体上。经常参与某版面或属于某小团体的社区成员往往更加团结,更具有凝聚力。

综上所述,电子商务虚拟社区中的各种社会行动对社区认同均可以产生影响,本书利用图3-8形象地说明此种影响机制。

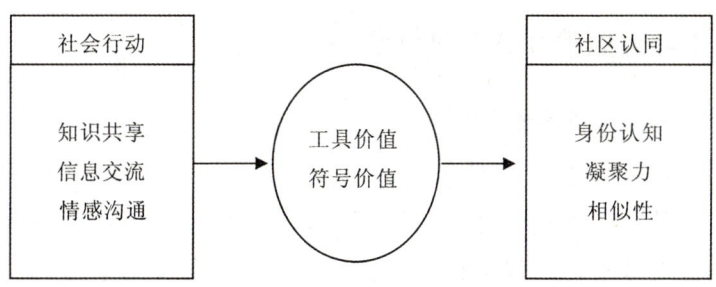

图3-8 社会行动对电子商务虚拟社区认同的影响

## 第四节 电子商务虚拟社区的制度维

社会结构可以区分为分析的结构(Analytic Structures)和具体的结构(Concrete Structures)。具体的结构意指我们都熟悉的一些制度,例如家庭、法院、工厂等;而分析的制度则是从一组特定制度的具体真相中抽离而得的心灵建构或心灵产物。① 美国社会学家帕森斯认为社会结构就是分化了的诸角色相互整合的结构。可见,角色分析既有助于分析微观社会行动,又有助于分析宏观社会制度。其原因在于,社会行动可能构成习俗,若干社会行动则可能构成角色。而围绕某种主要活动或社会需要而组织的一套更复杂的角色结构就构成了一个制度(参见图3-9)。

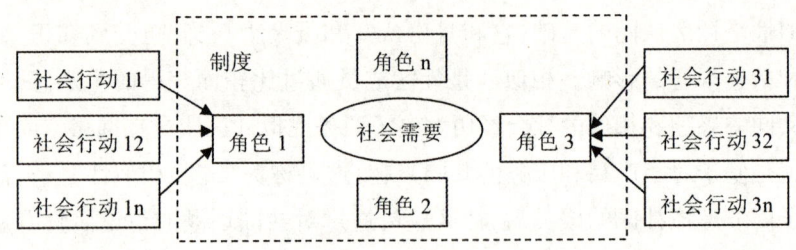

图3-9 社会行动、角色和制度的关系

由图可见,角色基于社会需要而形成,角色由一系列有关联的社会行动构成,而一系列相关角色(角色丛)即构成了制度。正是因为需要、行动、角色和制度存在这些关联,所以对虚拟社区中各种角色的理论分析和实证分析有助于本书更深刻地刻画虚拟社区的微观结构,也有助于本书更深入地理解虚拟社区中各种规章制度的起源和生成机制。基于此种认识,在分析电子商务虚拟社区的结构时,本书主要关注电子商务虚拟社区的具体结构,分析其中的角色和规范等问题。

## 一、电子商务虚拟社区中的角色

### (一)虚拟社区角色的理论分析

所谓"角色"指的是与一套特定的权利和义务相关的期望。按照美国社会学家帕森斯的观点,社会结构就是分化了的诸角色相互整合的结构。作为角色结构的社会结构可以分解为可以进行配分和分配的三个可变要素:人员、工具和报酬。② 第一,人员配分指的是决定谁被配置于什么地位和角色的机制,其标准有类似出身那样的先赋标准和按照能力和业绩选拔的成就标准。第二,工具的配分和分配是指具有手段性质的稀缺资源被配分给角色或分配给个人的机制。这种意义

---

① [美]殷克勒斯:《社会学是什么》,黄瑞祺译,巨流图书公司1985年版,第77~116页。
② [日]富永健一:《社会学原理》,严立贤、陈婴婴、杨栋梁等译,社会科学文献出版社1992年版,第159页。

上的工具包括物的工具以及作为这种工具购买手段的资本、作为关系性工具的权力和作为文化性工具的教育等。第三,报酬的配分和分配是指具有表义性质的稀缺资源被配分给角色或分配给个人的机制。这种意义上的报酬包括作为物质报酬的消费品及作为其购买手段的收入、作为关系性报酬的威望、承认和爱情等。帕森斯对角色结构的理论分析可以作为本书分析虚拟社区中的角色结构的理论基础。

1. 基于人员配分的分析

从人员配分的角度看,虚拟社区中的人员可以划分为管理者、成员和游客。这种地位和角色的配分标准因虚拟社区性质和角色性质的不同而不同。不管是营利性的电子商务虚拟社区还是公益性的非营利虚拟社区,管理者角色从其性质上都可以细分为后台管理者(或称产权拥有者)和前台管理者(或称版面管理者)。但这两种具体管理者的配分机制却因虚拟社区性质的不同而不同。对公益性虚拟社区来说,管理者因共同兴趣(或称"网缘")而聚居。后台管理者的配分标准具有一定的先赋性质,后台管理者因个人兴趣而出资兴办虚拟社区,管理者因拥有产权而自动"先天"地成为后台管理者;前台管理者则是后台管理者根据兴趣和能力在虚拟社区参与者中选拔出来的,其配置标准是能力和业绩。在虚拟社区中,能力和业绩往往表现为帖子(post)的数量(参与频率)和质量(知识水平和经验水平)、虚拟社区参与者的声望等。对营利性的电子商务虚拟社区来说,后台管理者的配分标准是先天标准和后天标准的结合。电子商务公司拥有者是虚拟社区真正的后台管理者,公司产权拥有者会根据能力和业绩选择代理人作为后台管理者,而前台管理者则是后台管理者根据社区参与者的兴趣和业绩选拔的。公益性虚拟社区中"成员"这一特定角色只需要通过提供个人信息作为交换而获得;营利性电子商务社区中"成员"这一特定角色也需要提供个人信息,甚至需要消费者购买一定金额的商品后才能获得。因此,这两种性质的虚拟社区中的"成员"角色配分机制都是后天的能力和业绩。游客作为非注册的浏览者,其地位和角色由管理员根据管理需要而设定。从虚拟社区的角度看,游客角色的设定标准是先赋标准,因为虚拟社区管理者并不清楚匿名来访者的真实身份以及其他社会经济特征等信息。

2. 基于工具配分的分析

从工具配分的角度看,管理者、成员和游客所拥有的稀缺资源不同,而且稀缺资源的配分机制也不同。后台管理员先天地拥有虚拟社区的物质资源(包括域名、服务器、虚拟社区软件等)及其购买资本。正因为如此,后台管理员由于其特殊地位和角色而拥有最多和最高权力,具体表现为对域名和服务器等的控制权、对前台管理员的选用和考核权、对虚拟社区成员注册的审批和删除权、对游客浏览社区的控制权等。前台管理员比后台管理员所能使用的物质资产要少,只具有使用与虚拟社区相关的资源的权力和管理虚拟社区内部行政事务的管理权,例如审核成员资料、审批帖子和维持虚拟社区稳定等。这些权力的获得都基于前台管理员的能力和绩效。与后台管理者不同的是,前台管理者由于参与虚拟社区的行政管理事务而具有更多的与成员和游客互动的机会,并因此而具有更多关系性资源,在虚拟社区中拥有更高的权威。虚拟社区中的成员只拥有虚拟社区软件的使用权力,包括在软件系统中修改本人资料、收发站内信件、浏览和回复帖子等。而且有些权限需要成员在虚拟社区的活跃度达到一定程度时才能获得,例如某些虚拟社区需要社区成员发帖数量或威望得分达到一定数量时才允许使用类似"发起投票"或"拥有网络硬盘"等的功能。因此,成员权限的获取标准是后天的,其资源配分机制基于成员在虚拟社区中表现的能力和绩效。游客由于没有向虚拟社区提供个人注册资料而拥有最少的资产使用权,几乎所有的虚拟社区都只对游客开放浏览帖子的权限,甚至只开放部分版面的浏览权限。

3. 基于报酬配分的分析

在报酬配分上,管理者、成员和游客因所拥有的稀缺资源不同而使得其报酬数量和报酬获取方式不同。对公益性虚拟社区来说,管理者获取的报酬是成就感和声望,其具体途径是社区管理,包括提供虚拟社区运转所需硬件和软件以及维护社区稳定等。成员获取的报酬主要是知识、声望和成就感,其具体途径有知识共享和情感交流等。游客获取的主要报酬主要是知识,其具体途径是浏览虚拟社区中可以公开浏览的帖子。

综上所述,虚拟社区中的一般角色结构及其形成机制如表 3-3 所示。

表 3-3 虚拟社区中的角色结构及其形成机制

| 角色 | 人员配分 | 工具配分 | 报酬配分 |
| --- | --- | --- | --- |
| 后台管理者 | 先赋标准 | 产权拥有者的物质资本、全面的资产使用权 | 成就感、经济收入 |
| 前台管理者 | 能力和绩效标准 | 社区管理者的关系资本、大部分的资产使用权 | 成就感、经济收入、声望 |
| 会员 | 能力和绩效标准 | 社区参与者的关系资本、较少的资产使用权 | 成就感、经济收入、声望、知识 |
| 游客 | 先赋标准 | 最少资产的使用权 | 知识 |

## (二)电子商务虚拟社区角色的实证分析:"我爱打折"

"我爱打折"(55bbs.com)是网络公共论坛,主旨是"我爱打折,共享实惠,快乐追求更高质量高效率的生活"。在这里,每位成员都是论坛的主人。成员自由发布各类打折优惠信息(目前仅限北京地区、上海地区和广州地区),共享信息,并与其他成员进行交流互动。通过资源共享,此论坛成为生活消费信息的源泉,并为每位成员带来实惠和愉悦感受。可见,"我爱打折"是消费者聚集的虚拟社区,即本书所界定的电子商务虚拟社区。

"我爱打折"虚拟社区的角色主要有游客、成员、版主和论坛管理员。游客有浏览权限,即使没有注册,也能浏览论坛中大部分没有设置权限的帖子。但是,如果需要发表新帖子或回复已有帖子,或是想与其他成员进行在线沟通互动等,就必须注册成为成员。版主和管理员都属于虚拟社区的管理层,版主按其权限高低又可以划分为见习版主、普通版主、分区版主和超级版主。管理层这一特定虚拟社区角色的内部等级划分如表3-4所示。

表3-4 "我爱打折"虚拟社区中的管理层

| 用户等级 | 等级数 | 等级标志 |
| --- | --- | --- |
| 论坛管理员 | 40 | ☺☺☺☺☺☺☺☺ |
| 超级版主 | 32 | ☺☺☺☺☺☺☺☽ |
| 分区版主 | 31 | ☺☺☺☺☺☺☽✦ |
| 普通版主 | 30 | ☺☺☺☺☺☺☽ |
| 见习版主 | 29 | ☺☺☺☺☺☺✦ |

为了方便管理并提高社区成员的参与积极性,"我爱打折"虚拟社区把成员这一社区角色具体又细分为不同等级。具体由"幼稚园的小朋友"至"博士"共分为22个等级,当成员积分达到一定等级要求时,系统会自动开通新的权限,并给予相应的等级标志。拥有较高的等级,不仅意味着能够拥有比其他用户更多的高级权限,更代表着在论坛中的活跃程度与号召力。

除了以上常规角色之外,"我爱打折"虚拟社区还设有两类特殊的社区角色,即自由版主和荣誉成员。"自由版主"是那些不局限于某个版面的版主,其主要职责是维护并发展论坛和谐、友好、文明互助的良好氛围,另外对成员(主要是新成员)关于如何操作和使用方面的问题给予及时的答复。自由版主的等级与版主相同。"荣誉成员"主要是一些退役的"斑竹"(版主的谐音)及对论坛有特殊贡献的成员,等级即为自身等级。

## 二、电子商务虚拟社区中的规范

### (一)电子商务虚拟社区中制度的理论分析

虚拟社区中各种需求的实现以虚拟社区中良性秩序的实现为基础,而良性社会秩序形成的基础则是社会规范。Smith 等学者认为,虚拟社区规范可以由社区管理者单方面制定,也可以由社区成员共同参与、在社区发展过程中逐渐形成。[①] 规范即行为准则,是对社会行动者在实现权利和履行义务中各种行为的规定。同时,规范是制度的表现形式之一。新制度主义者诺思认为,制度是具体化和制度化了的行为模式,他将制度定义为"一系列被制定出来的规则、守法程序和行为道德伦理规范,它旨在约束主体福利或效用最大化利益的个人行为"[②]。作为"经济人"与"社会人"的综合体,虚拟社区中各种社会角色在实现其需求过程中必然受到各种内外因素的影响。"经济人"受工具理性指引并被经济报酬所吸引,"社会人"受社会规范指引并被社会关系所制约。虚拟社区各角色如何在实现自我利益的同时遵守社会规范并营造良好的社区秩序,是虚拟社区所有参与者都必须关注的现实问题。

虚拟社区中为何需要规范?本书利用制度学派对制度和交易费用关系的理论来进行探讨。由于现实交易都存在信息、风险、谈判、签约等因素,交易费用也就可能包括信息成本、风险成本、等待成本、零售和使用中介的成本。因此,制度的好处在于它通过内部化和通过建立标准化的行动规则减少交易费用。交易费用的存在取决于三个因素:有限理性、机会主义和资产专用性。虚拟社区是流动的虚拟的"小社会",虚拟社区参与者是"经济人"和"社会人"的混合体,也具有有限理性和机会主义。因此,和现实社会一样,在虚拟社区的各种信息交换、知识共享和情感交流中,也存在各种各样的"交易费用",如成员、游客和管理层之间的信息不对称、不确定性和信任缺失等。虚拟社区管理层可以通过明确的制度来减少信息不对称和不确定性,增加管理层、成员和游客之间以及内部的相互信任,以减少各种交易费用,提高虚拟社区的运作效率。制度(规范)发挥作用的方式也是制度学派

---

[①] Smith, C. B., McLaughlin, M. & Osborne, K. K., *From Terminal Ineptitude to Virtual Sociopathy: How Conduct Is Regulated on Usenet*. In F. Sudweeks, M. McLaughlin & S. Rafaeli. Menlo Park, CA: AAAI/MIT Press, 1997.

[②] [美]道格拉斯·C. 诺思:《经济史中的结构与变迁》,陈郁、罗华平等译,上海三联书店1991年版,第225~234页。

关注的重要问题。制度设定了资源使用的基本规则,并发挥激励、信息和强制功能。这些作用机制在虚拟社区中也得到了充分体现(见图3-10)。在具体手段上,虚拟社区可以运用社会性控制来规范社区成员的行为,社会性控制按照程度轻重可以分为3个方面:其他社区成员给予压力、屏蔽违反规范的社区成员、使用现实生活中的法律手段。① 其他社区成员给予压力包括来自虚拟社区管理者的私人短消息、私人邮件、警告公示、其他处罚公示等。屏蔽违反规范的社区成员是一种相对更严重的处罚措施,即采用技术手段不让违反规范的成员再参与社区活动。用现实生活中的法律手段则是最严重的处罚措施,当社区成员发生盗取别人知识产权成果、对其他成员进行性骚扰或者另外一些违反法律的行为时,就需要采取现实生活中的法律手段。②③④

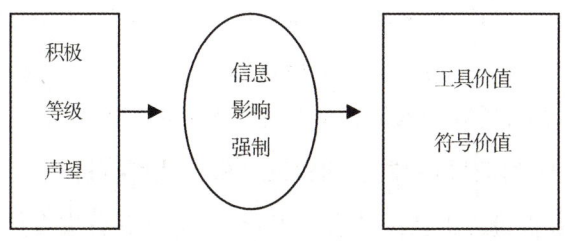

**图3-10　电子商务虚拟社区制度对成员的影响**

在电子商务虚拟社区中,成员通过采取各种社会行动可以获得积分、等级和声望,而这些报酬又是其他收益的基础,包括工具价值(以更低的价格购买商品和服务)和符号价值(获得其他社区成员的承认和尊重)。要通过电子商务虚拟社区顺利实现以上各种需求,则需要公开公正的制度保障。虚拟社区中的规则之所以能发挥激励作用,其原因在于,理性的经济个体都会按照社会已经形成的习俗和规则采取社会行动,这样能降低为追求自身利益最大化而需要的信息搜寻成本。⑤ 在制度经济学家康芒斯看来,制度的实质就是"集体行动控制个体行动"⑥,所有社会

---

① D. E. Denning, H. S. Lin, *Rights and Responsibilities of Participants in Networked Communities*. Washington, D. C.: National Academy Press, 1994.

② A. W. Branscomb, "Anonymity, Autonomy and Accountability: Challenges to the First Amendment in Cyberspace", *Yale Law Journal*, vol. 104, No. 7, 1995, pp. 1639 – 1679.

③ W. Andrews, "Who's Liable: Host, Moderator, or Member?" *Internet World*, vol. 4, No. 30, 1998, p. 8.

④ B. Levin, "Cyberhate: A Legal and Historical Analysis of Extremists' Use of Computer Networks in America", *American Behavioral Scientist*, vol. 45, No. 4, 2002, pp. 958 – 988.

⑤ 汪洪涛:《制度经济学——制度及制度变迁性质解释》,复旦大学出版社2003年版,第14页。

⑥ [美]康芒斯:《制度经济学》(上册),丁树生译,商务印书馆1962年版,第87页,转引自汪洪涛:《制度经济学——制度及制度变迁性质解释》复旦大学出版社2003年版,第4页。

活动主体的活动的共有原则或多或少是个体行动受集体行动的控制。这种强制对社会和个人都有益,因为强制可使个体得到解放,使其免受"强迫、威胁、歧视或者不公平竞争",即"集体行动抑制、解放和扩展个体行动"。不仅如此,制度还通过信息功能的发挥,使得虚拟社区成员之间以及成员和管理层之间的关系得到规制。包括网络经济行动在内的所有网络社会行动的显著特点之一就是网络虚拟性带来信息不对称问题,例如成员将个人信息提供给虚拟社区所有者(即电子商务企业)时面临到的风险,因为企业可能将成员信息用于不合理或未经允许的商业用途;电子商务企业在利用虚拟社区为成员提供服务时也面临着逆向选择风险,因为成员可能向电子商务虚拟社区提供虚假的个人信息或向成员和游客传播虚假的不利于电子商务企业的虚假消费体验以误导其他消费者。此类道德风险和逆向选择问题基本可归因于信息不对称,而解决信息不对称的有效途径即制度设计。"通过信息机制的设计和契约制度的安排,研究市场参加者之间的经济关系,以防止交易活动中的欺诈行为,弥补市场效率因信息不对称而产生的缺陷。"[①]

**(二)电子商务虚拟社区中制度的实证分析:"我爱打折"**

正因为制度能促进虚拟社区的有序发展,所有现有各类虚拟社区无不通过各种方式发展各种规范。在"我爱打折"电子商务虚拟社区中,规范通过文件形式体现,以积分、威望和等级等为基础发挥激励和强制作用。总积分计算公式:

总积分 = 发帖得分 + 威望 + 在线时间(小时)/2 + 页面浏览量/50

具体规则为:(1)发帖得分即发表新主题加2分,跟帖加1分。"开心乐园"和"杂谈生活"内发表新主题与跟帖均加1分,"自由交易"内发表主题和跟帖均不加分。删帖后,发此帖所增加的积分将一并扣除,发帖如果没加分,被删除后也不会被扣分。(2)"威望"通过精华帖或"斑竹"给帖子加分得到。1篇精华帖可以得到15点威望,比较好的帖子也可以获得"斑竹"加2到10点的威望。也就是说,"发帖得分"只能通过发帖得到,而精华帖和版主的加分,加的是"威望"。(3)在线时间每增加2小时,总积分增加1分。在线时间的最小单位为10分钟,即在线时间每10分钟会自动更新一次记录,如果未到10分钟,或超过10分钟无任何操作,则不计入在线时间。(4)每浏览页面50页,总积分增加1分。页面浏览量的最小单位为10个页面,即每访问10个页面,个人资料中的页面访问量加10,如果未到10个页面而离开,则不计入访问量。页面浏览量从升级后开始计算。

---

① 骆正山:《信息经济学》,机械工业出版社2007年版,第13页。

积分影响成员等级,而不同等级的成员在虚拟社区中享受不同权限。"我爱打折"为成员提供的权限有:访问论坛、浏览帖子、查看论坛统计、使用搜索、使用头像、短消息收件箱、发帖、设置帖子浏览权限、发起投票、参与投票、发布附件、下载附件。基本权限(如访问论坛、浏览帖子等)是所有成员都可以使用的,但像发起投票、查看论坛统计等特殊权限需成员达到一定级别才能使用。例如发起投票需"小学一年级"以上(1分);设置帖子浏览权限需"初中一年级"以上(300分);使用自定义头像需"初中二年级"以上(500分);允许使用昵称需"初中三年级"以上(700分);允许个人签名中使用html(Hypertext Markup Language,超文本标记语言)代码需"高中一年级"以上(1 000分);查看论坛统计需"大学一年级"以上(2 000分)。短消息收件箱容量幼稚园小朋友为5,此后每升一级增加5,直至100最高。

## 第五节 电子商务虚拟社区的技术维

电子商务虚拟社区是技术和社会的有机统一。从技术角度看,互联网是以计算机技术、通信技术和网络技术为基础形成的无边界的信息系统;从社会角度看,互联网则是基于人际互动和行为规范的社会空间。作为以互联网为基础的特殊商业形态,电子商务运作的各过程都会受到技术因素和社会因素的双重影响。除了制度设计和社会行动等因素外,电子商务虚拟社区所用的各种技术也会对游客和注册成员(即电子商务消费者)产生影响。消费者在通过虚拟社区获取知识和信息、通过电子商务网站购物并通过虚拟社区进行消费情感沟通的过程中,要经历注册、公共平台交流、个人后台管理以及退出虚拟社区等过程。虚拟社区系统在这些过程中会采用各种技术,而不同技术可能产生不同的社会效应,对消费者态度和行为产生不同影响。

### 一、虚拟社区的注册注销子系统

电子商务的本质是企业通过互联网销售产品和服务,消费者通过网络满足自身各种需求。在消费者日益成为"生产者—消费者"统一体的背景下,消费者的需求识别、购买前信息搜寻、评价和购买决策以及消费后评价等活动,一般都会在某一虚拟社区中通过知识共享、信息交流和情感沟通等社会行为来完成。这些社会行为的基础是,消费者注册成为某一虚拟社区的注册成员,即拥有独立的账号和密码。因此,进入虚拟社区的第一步就是注册成为虚拟社区成员。

### (一)虚拟社区的注册子系统

在考察电子商务虚拟社区的注册系统时,本书主要分析注册的复杂性和安全性。复杂性主要从注册验证的有无、注册步骤的多少以及需要填写的注册信息的多少等三方面评价;而安全性则主要从用户名和密码设置规则、密码保护问题以及注册信息提交方式等三方面进行评价。最简单的注册就是只需要消费者设定用户名和密码,然后马上就可以登录虚拟社区查看帖子、发布帖子以及进行信息搜索等。但过分简单可能会牺牲安全性。因此,企业在设计虚拟社区的注册子系统时应该进行综合考虑,以达成复杂性和安全性的平衡以及企业利益和消费者利益的双赢。

关于注册子系统的复杂性。注册验证大致分为两种,即电子邮箱验证和图片型数字或文字验证。电子邮箱验证的方法是,注册时要求消费者提供自己的电子邮件地址,注册系统通过电子邮件为消费者提供一个独特的注册链接或者为消费者发送一个独特的注册码,消费者在自己的电子邮箱中点击链接进行注册或在虚拟社区注册子系统中输入注册码以进行注册。图片型数字验证的方法是,消费者在正式填写注册信息前,需要仔细辨认注册系统随机显示的图片型的数字,并将该数字或文字填写在文本框中提交给注册系统。注册系统如果判定数字或文字正确,则会继续显示接下来的注册程序。电子邮箱验证主要是为了防止消费者随意填写邮箱或借用别人的邮箱进行注册,保证企业获得正确的消费者电子邮件地址;图片型数字或文字验证则主要是为了防止黑客开发的注册"机器人"恶意注册用户名,避免用户名资源被恶意占用和耗尽。虽然这两种验证对消费者和企业来说都有某种程度的好处,但却在一定程度上增加了注册的复杂性。注册步骤的多少和需要填写的信息多少紧密相关。为了给消费者数据库建设提供基础数据以方便数据库营销,企业总是希望消费者在注册时尽可能多地获取消费者个人特征和行为方面的数据。例如企业除了要求消费者填写性别、年龄、学历、工作以及收入等信息外,还要求消费者填写家庭成员情况、个人爱好甚至未来购物意向等。繁琐的注册步骤和大量需要主观填写(或者阅读客观选项后进行选择)的信息可能会使消费者在注册前怯而止步,或者在注册中半途而废。实际上,很多有关消费者个人特征和行为的数据可以通过消费者在虚拟社区中的社会行为或者消费者在电子商务网站上的购物记录进行判断和收集,而不必由消费者在注册时自行报告。自动收集和整理消费者信息需要比较复杂的技术,企业在开发虚拟社区系统时应该慎重考虑所使用的不同编程语言的兼容性、网络数据库的可扩展性以及在保证不侵犯消费者隐私情况下的数据收集行为的隐蔽性。

关于注册子系统的安全性。用户名是消费者在电子商务虚拟社区中的身份识别码,密码是消费者虚拟社区成员的基础保障。电子商务虚拟社区注册系统应该强制要求消费者使用高安全性的账号和密码。例如企业要求消费者使用的用户名和密码要达到一定的长度,必须使用数字、字母和控制符的组合等。这些强制要求在保证消费者安全的同时,会给虚拟社区注册子系统设计带来一定的技术难度。注册子系统可能需要使用多种编程语言,以构建高智能、高容错性和强鲁棒性的判断函数。考虑到计算机技术中存在的"道高一尺,魔高一丈"的现象,用户名和密码的设置再复杂也可能被恶意攻破。因此,虚拟社区注册子系统应该考虑要求消费者设计密码保护问题。目前绝大部分虚拟社区都要求注册者对既定问题中的某一个甚至某几个进行个性化回答,此问题及其对应的个性化答案将在用户忘记账号和密码时作为提示问题与答案帮助用户找回用户名和密码。目前这种从几个既定问题中选择一个或几个设定个性化答案的方式具有一定局限性,因为这些问题是公开的,这些问题的答案在统计学意义上是有规律可循的。恶意攻击者可能会利用统计学知识对这些问题的答案进行猜测并进行恶意使用。为了提高用户名和密码安全性,本书建议注册子系统改变"既定问题+个性答案"的方式,采用"开放问题+开放答案"的方式,由消费者自行设定问题及其答案,提交给注册系统作为日后身份识别的依据。此种方式虽然提高了安全性,但却为系统设计带来了一定的技术难度。问题和答案的长度、数据格式和数据库容量等问题都必须在系统设计时通盘考虑。除了从用户名和密码上考虑注册子系统的安全性,还必须注重注册系统提交信息的方式。消费者填写的注册信息要从客户端提交到服务器端,数据提交方式将决定消费者信息的安全性。例如数据提交前是否采用了某种独特的加密函数对数据包进行了加密,信息提交时采用的网络协议是否安全,是否采用了HTTPS(加密协定)协议等。

(二)虚拟社区的注销子系统

消费者在成为某电子商务虚拟社区的成员后,可能会在某一时间停止参与该虚拟社区活动、注销成员身份并要求企业在用户数据库中删除自己的所有个人信息,以避免个人信息被滥用。虚拟社区是否具有注销子系统的能力以及信息注销是否彻底,是本书衡量虚拟社区注销子系统好坏的主要指标。

减少和停止参与社区活动对企业来说意味着顾客忠诚度降低,成员身份注销对电子商务企业来说意味着顾客流失。这些都是电子商务企业不愿意看到的现象,因此,目前绝大部分电子商务虚拟社区都没有在系统设计中设置"成员注销"、"账号删除"或"自杀"等功能。也有少量虚拟社区虽然表面上为注册成员提供了注销服务,但实际上只删除了消费者在该虚拟社区的用户名和密码,消费者的其他信息却仍然存在于用户数据库中,以便日后用于数据库营销甚至恶意出售。为了维护消费者利益和企业长远利益,电子商务虚拟社区应该设计透明的真实的注销子系统。

## 二、虚拟社区的公共平台交流子系统

电子商务虚拟社区参与者的需求以交易为主,但兴趣、关系甚至幻想需求仍然占一定比例。在电子商务虚拟社区中,所有社会行动都指向产品、服务、企业和市场。本书将虚拟社区中具有这些指向的消费者行为区分为知识共享、信息交流和情感沟通等三种。由于这三种社会行为都在虚拟社区的共同平台上进行,因此,虚拟社区的公共平台交流子系统建设非常重要。本书认为,公共平台交流子系统至少应该包括帖子管理系统、身份展示系统和社区广告系统三部分。

### (一) 帖子管理系统

公共平台交流子系统的基本功能将是以帖子形式体现的各种交流内容清晰、快速、方便和安全地在虚拟社区中得以呈现并被游客和注册成员有效使用。因此,公共平台交流子系统的核心就是"帖子管理系统"。对注册成员来说,帖子管理系统应该具有的功能起码应该包括:发新帖、回复他人帖、编辑已发帖、搜索帖子、收藏喜欢帖以及为他人推荐好帖等。对虚拟社区管理员来说,帖子管理系统则起码应该包括:帖子加精、帖子删除、不良词语自动过滤以及帖子分类统计等功能。以上系统功能是在虚拟社区中实现知识共享、信息交流和情感沟通的技术保障。为了在自己搭建的虚拟社区中实现这些功能,电子商务企业必须以自身特色为基础开发独特的虚拟社区系统,而尽量不要利用有安全隐患且功能和结构雷同性很高的"开源"虚拟社区系统。例如母婴用品类的电子商务虚拟社区应该特别注意情感交流系统的设计。除了公共版面的各种交流外,还应该开发"站内信件私聊"和帖子加锁等功能。图书刊物类电子商务网站中的知识共享较多,为了鼓励原创性并保护知识产权,帖子关系系统中应通过增加数据库中字段的方式,要求发帖者明确说明"帖子来源"(原创或转帖),并要求转帖时必须说明原始出处。

### (二) 身份展示系统

除"帖子管理系统"外,公共平台交流子系统设计还应该注意成员的社会需求,精心设计"身份展示系统"。在虚拟社区中,成员的社会需求集中体现在,以成员名称体现的"虚拟自我"能否在虚拟社区中实现自我价值并得到他人尊重。这种社会需求的实现以成员在虚拟社区中的各种社会行动即社区参与为基础,并体现在成员积分、等级和声望上。为了用积分、等级和声望激励成员参与虚拟社区的各种社会活动,身份展示系统不仅应该及时、准确地记录和计算成员每一项社区活动及其应该获得的奖励,还应该以合适的方式把这种奖励公布于众。目前,绝大部分虚拟社区以不同的头像、头衔或直接以等级数、积分数、虚拟货币数、声望数来展示成员在社区中取得的成就。

(三)社区广告系统

商业性是电子商务虚拟社区区别于公益性社区的最大不同点,因此,很多虚拟社区系统都力求将虚拟社区与企业的网络销售平台紧密结合,设计了"社区广告系统"。这种结合大致以两种方式进行。第一,在每个帖子下面都插入动态文字广告;第二,在每个版面或页面的最上面和最下面都插入动态图片广告。一般来说,虚拟社区成员不会对企业官方有规律地发布的这些广告感到反感。但为了尽量减少虚拟社区中广告的负面效应,电子商务企业在设计社区广告系统时,应以消费者需求为中心,即让每位消费者看到的广告都是跟自己的需求相关的广告。这就要求社区广告系统与消费者个人特征数据库紧密结合,以对所有社区成员的兴趣爱好和消费偏好的统计分析为基础,对社区广告进行分类并根据特定成员的特点有针对性地"推送"广告。对电子商务虚拟社区来说,由成员自己发布的各种广告也会比较多。由于注册成员的异质性可能导致广告内容、数量和形式的多样性,因此,虚拟社区管理员必须加强对成员发布广告的管理,避免因这些广告导致注册成员的反感和顾客流失。一般来说,社区广告系统可以通过技术手段和管理手段来处理此种情况。关键词过滤是最常用的技术手段,系统设计时应特别注意关键词的动态管理问题,应该保证虚拟社区管理员能随时方便地在数据中增加或删除某些关键词;对成员发布广告处理的管理手段一般是设立专门的广告版面,并在版规中明确规定,所有成员广告都必须在广告专版中发布,否则会受到删帖、减分甚至封号等处罚。

## 三、虚拟社区的个人后台管理子系统

虚拟社区注册成员拥有对自身信息的各种权力,这些权力通过个人后台管理系统得以实现。很多实证研究表明,安全性是消费者在网络购物中非常关注的问题。安全性在电子商务虚拟社区中的表现之一就是虚拟社区注册用户的个人信息安全。后台管理子系统的安全性可以从两方面进行分析。

## （一）登录后的后台操作权限和时间限制

虚拟社区用户远程登录虚拟社区后，用户的各种后台操作权限和时间限制问题。用户登录虚拟社区后的各种权限在根本上受其用户名和密码影响，用户名和密码被虚拟社区系统保存在专门的浏览器进程中。只要该进程存在，用户个人后台信息就可能被随意更改。为了避免该进程在用户使用虚拟社区时被恶意利用，虚拟社区系统开发人员应该注意该进程的时间属性设置。一般来说，可以采用两种方式进行处理。一是要求用户在登录后选择该进程存在的有效时间，例如一个小时有效、一天有效、十天有效，或者关闭浏览器后自动失效等。二是在后台管理系统中设置"安全退出"按钮，要求用户使用完后台管理系统后点此按钮退出。点击"安全退出"按钮后，系统会马上删除该用户的个人登录信息，该用户在虚拟社区的一切操作权限只有在重新利用用户名和密码登录后才能重新获取。两种方法对具有不同技术水平和安全意识的用户来说各有利弊，技术水平高和安全意识强的用户仔细选择浏览器进程有效时间，并在离开虚拟社区时耐心地点击"安全退出"按钮；技术水平不高和安全意识不强的用户则可能认为这些安全措施使得使用虚拟社区变得过于繁琐。因此，虚拟社区系统开发人员应该保证系统安全性和系统易用性的均衡。

## （二）后台个人资料的信息泄露问题

用户在后台编辑并存储在企业数据库中的各种个人资料的信息泄露问题应引起企业重视。信息泄露的主要原因有两个：客户端安全设置漏洞导致黑客利用"蠕虫"、"木马"或其他电脑病毒恶意盗取个人信息；服务器端的安全设置漏洞导致网络"机器人"（robots）或网络"爬虫"（crawlers）将个人信息加入搜索引擎数据库。前者需要虚拟社区注册用户加强安全意识并提高个人电脑的安全性，例如个人电脑应安装杀毒软件、防火墙、"木马"扫描工具或其他专用工具并保持更新；后者需要电子商务企业在服务器端加强安全设置，除了使用常用的安全工具外，还应该认真研究各种网络协议。搜索引擎利用网络"爬虫"程序自动从互联网搜集信息，经过整理后提供给用户进行查询。为了避免注册用户的个人信息被纳入搜索引擎数据库，虚拟社区系统开发人员必须认真研究互联网 Robots 协议。如果注册用户信息被搜索引擎公开，则注册用户就可能成为"人肉搜索"的受害者，其个人信息就可能被恶意使用。一般互联网使用者可能并不知道，参与虚拟社区活动可以泄露自己的个人信息,但一旦消费者发现自己的个人信息是通过某电子商务虚拟社区泄漏的,则其对该虚拟社区的认同以及对该电子商务企业的信任可能荡然无存。

除了安全性以及与之相关的易用性之外,社会性也是虚拟社区个人后台管理子系统应该关注的问题。消费者注册成为电子商务虚拟社区会员的主要目的是交易,其知识共享、信息交流甚至情感共享基本都围绕企业、产品和市场展开。但作为社会人的消费者仍然具有一定的社会需求,例如构建社会关系和获取他人尊重等。考虑到消费者的社会需求,个人后台管理系统应该支持注册用户的社会交往。在基本的个人信息修改、帖子收藏和修改等功能外,还应该提供站内密聊信息管理、站内信件管理甚至个人博客服务等功能。

# 第四章 理论模型和研究假设的初始构建

电子商务信任的本质是经济行为活动中的信任,具体则是指消费行为中消费者的主观态度。消费行为中的信任问题很早就引起了学者们的关注,国内外学者在传统经济领域中消费者信任的影响因素方面做了较多研究。早在1976年,Busch和Wilson就研究过消费者对营销人员的信任问题。[①] 此后,很多学者针对不同行业和不同消费者,对消费者信任的影响因素进行了不少定性和定量研究。非电子商务领域中消费者信任的研究尽管得出的结论不同,但他们都从自己的研究角度得到了很多有价值的研究结论,可以作为本书的参考。本书与前述研究的不同之处在于,本书不仅将关注点集中在电子商务领域中的消费者信任影响因素上,而且特别集中在以往研究中没有关注过的虚拟社区,分析虚拟社区中社区认同对消费者电子商务信任的影响机制。本书将在传统消费者信任研究以及电子商务领域中消费者信任研究的基础上,提出虚拟社区对电子商务信任的影响机制的理论模型,并通过问卷调查数据进行模型检验。

## 第一节 基于社区认同的电子商务信任模型

### 一、电子商务信任的影响因素

对传统社会中的消费者行为进行的很多研究表明,消费者购买行为受到多种因素影响。从人类社会行为的一般特点出发,本书认为网络虚拟社会中的消费者购买行为也受到多种因素影响。这个结论受到大型调查数据的支持。2007年11月25日,康盛创想(Comsenz)和艾瑞(IResearch)共同发布的2007年《第三届中国

---

① P. Busch, D. T. Wilson, "An Experimental Analysis of a Salesman's ExpReferent Bases of Social Power", *The Journal of Marketing Research*, No. 13, 1976, pp. 3–11.

网络社区研究报告》显示,有61.7%的网友在购买商品时首先会考虑其他网友的意见,网上社区(如BBS、Blog)网友的意见在所有的购买行为影响因素中位居第一,已成为打动网民购买行为的第一因素。单就互联网媒介而言,网上社区网友的口碑意见、互联网门户网站的广告、搜索引擎的推荐是影响购买行为的前三个因素。相反,在国外非常流行的电子邮件营销在国内却并不被网友所接受,在所有的购买行为影响因素中排名倒数第二,仅有12.1%的支持度。具体影响因素及其在所有因素中所占比例见表4-1所示。

表4-1 影响社区网民购买行为的因素比例(N=9158)

| 序号 | 因素 | 比例(%) |
| --- | --- | --- |
| 1 | 网上社区(如BBS、Blog)网友的意见 | 61.7 |
| 2 | 身边亲人或朋友的推荐 | 57.9 |
| 3 | 电视广告 | 57.5 |
| 4 | 互联网门户网站的广告 | 46.5 |
| 5 | 杂志广告 | 32.5 |
| 6 | 报纸广告 | 31.5 |
| 7 | 搜索引擎的推荐 | 28.1 |
| 8 | 公司主页上的介绍 | 25.1 |
| 9 | 户外广告 | 21.7 |
| 10 | 店铺门外的宣传 | 20.1 |
| 11 | 广播广告 | 15.5 |
| 12 | 销售人员的宣传 | 15.3 |
| 13 | 移动电视广告 | 14.7 |
| 14 | 电子邮件广告 | 12.1 |
| 15 | 直接邮递广告 | 11.2 |
| 16 | 其他 | 11.1 |

注:表格资料来自康盛创想和艾瑞共同发布的2007年《第三届中国网络社区研究报告》

既然实证调查发现网上社区中网友的意见如此重要,那么对网友意见、网友行为、网友互动以及网络互动环境等因素对电子商务信任的影响进行分析,就应该成为学术界关注的问题。由于本书关注的电子商务型虚拟社区除了网络互动的目的不同以外,和目前绝大多数 BBS 类虚拟社区在技术基础、组织架构和规章制度等方面具有很大相似性,因此,目前对虚拟社区中社会行为、社会互动和社会过程的研究都可以作为本书的基础。

电子商务以网络技术为基础,因此对电子商务信任的最早研究可以追溯到对技术信任的研究。此类研究起源于 Davis 等人在研究消费者对信息技术的接受行为时首次提出的技术接受模型(TAM)[1]。技术接受模型认为,系统使用受到消费者行为意向的影响,行为意向则受到消费者态度的影响,而消费者态度的最终影响因素则是意识到的有用性(PU)和意识到的易用性(PEOU)。该模型简洁易检验,但没有考虑到消费者互动等社会因素的影响。因此,Ajzen 提出了计划行为理论(TPB)[2],认为行为意向受到态度、主观价值(SN)和意识到的行为控制(PBC)等三个因素的影响。这些研究从技术和社会互动等角度关注消费者态度和行为的影响因素,但这些学者并没有明确关注影响电子商务信任的具体因素并进行检验。[3] Gefen 等学者在技术接受模型的基础上,将信任纳入技术接受模型并提出了信任和技术接受模型(TTAM),认为信任也是影响消费者态度和网络消费行为的重要因素。[4] 该研究虽然没有进一步追问信任本身的影响因素,但启发了其他学者,学术界开始大量关注电子商务中消费者信任的影响因素。综合近几年的相关文献,本书将电子商务领域中消费者信任的影响因素归纳如表 4-2 所示。

表4-2 近几年电子商务研究中消费者信任的影响因素归纳

| 因素类别 | 具体因素 | 代表性研究 |
| --- | --- | --- |
| 消费者个人 | 高信任度,网络使用经验 | Corbitt 等,庞川和薛华成 |
| | 隐私与暴露倾向,风险意识 | Olivero 和 Lunt |
| | 个人资料处理 | 庞川和薛华成 |
| | 信任倾向 | 周磊 |
| | 人格特质 | 丁道群和沈模卫 |

---

[1] D. P. Ford, *Knowledge Sharing: Seeking to Understand Intentions and Actual Sharing*, Unpublished Doctor's Dissertation, Queen's University, 2004.

[2] F. D. Davis, R. P. Bagozzi, P. R. Warshaw, "User Acceptance of Computer Technology: A Comparison of Two Theoretical Models", *Management Science*, No. 35, 1989, pp. 982-1002.

[3] I. Ajzen, "The Theory of Planned Behavior", *Organizational Behavior and Human Decision Process*, No. 50, 1991, pp. 179-211.

[4] D. Gefen, E. Karahanna, D. Straub, "Trust and TAM in Online Shopping: an Integrated Model", *MIS Quarterly*, vol. 27, No. 1, 2003, pp. 51-90.

续表

| 因素类别 | 具体因素 | 代表性研究 |
| --- | --- | --- |
| 消费者互动 | 响应性和相互关系 | Jie Yin,全冬梅和徐永辉 |
| | 信息交换 | 沈萍 |
| | 昵称的持久性,熟悉性 | 胡蓉和邓小昭 |
| | 网络社会支持 | 丁道群和沈模卫 |
| 电子商务网站 | 网站质量,技术可信性 | Corbitt 等,庞川和薛华成 |
| | 虚拟现实技术(互动、沉浸和联系) | G. Bhatt |
| | 个性化代理技术 | Hertzum 等 |
| | 网站界面设计 | Diana 和 Emurian |
| | 网站声誉 | 周磊 |
| | 企业声望和网站质量 | McKnight 等,Marios 和 William |
| | 持久性和责任感,供求信息的交流和阅读 | 黄卓龄 |
| | 卖家的履约能力、调换意愿和隐私条例 | Lawrence 和 Chris,Kim Shyan Fam 等 |
| | 网站隐私保护与安全控制措施与政策、公司规模与品牌 | 邵兵家和孟宪强 |
| 第三方 | 朋友或权威第三方 | 庞川和薛华成 |
| | 第三方隐私标志、隐私申明、第三方安全标志、安全特征 | Belanger 等 |
| | 保证及其提供者特征 | Kaplan 和 Nieschwietz |
| 宏观因素 | 宗教背景 | Siala 等 |
| | 集体主义和个人主义 | Huff 和 Kelley 等 |

## 二、初始理论模型

综合近几年学术界对电子商务信任影响因素的研究,以及本书前两章对电子商务的信任的理论研究和对电子商务虚拟社区中社区认同的研究,本书拟提出基于社区认同的电子商务信任模型(见图4-1)。模型包括8个潜在维度和45个可观测变量,具体说明见表4-3。

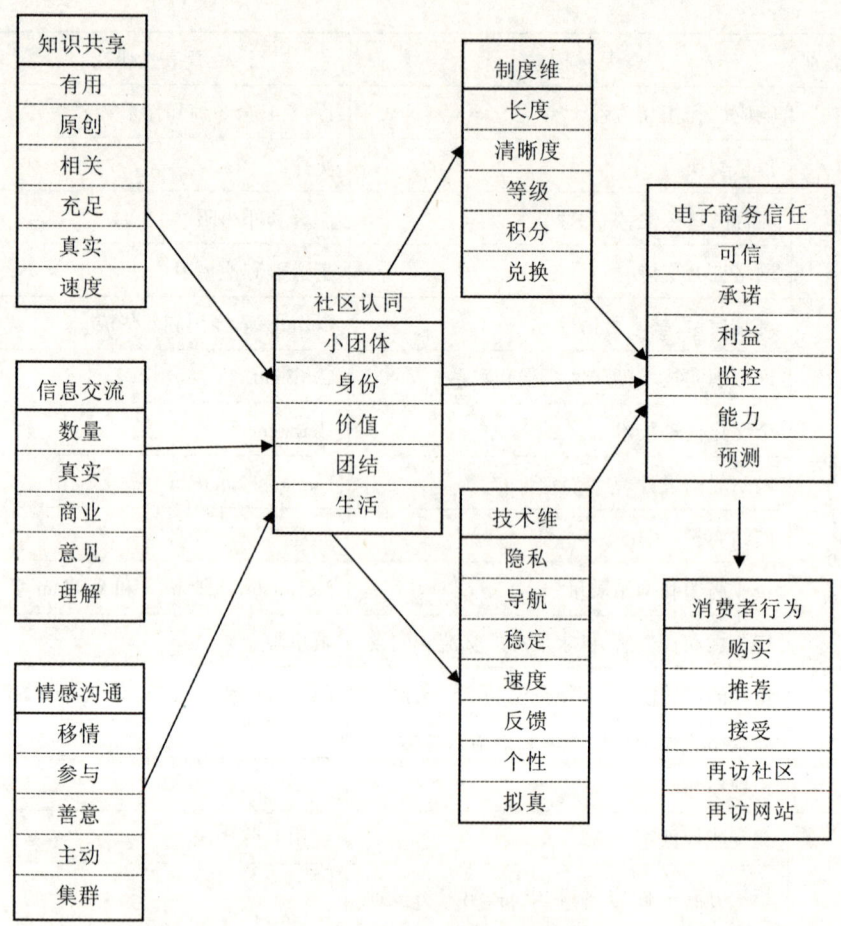

图4-1 基于社区认同的电子商务信任模型(初始理论模型)

表4-3 理论模型中潜在变量和观测变量说明

| 潜在变量 | 观测变量 | 变量名 | 变量说明 |
|---|---|---|---|
| 制度维 | 长度 | vcins1 | 虚拟社区注册条款的长度 |
|  | 清晰度 | vcins2 | 虚拟社区注册条款的清晰度 |
|  | 等级 | vcins3 | 虚拟社区注册条款中的成员等级规定 |
|  | 积分 | vcins4 | 虚拟社区注册条款中的积分规定 |
|  | 兑换 | vcins5 | 虚拟社区注册条款中的兑换礼品规定 |

续表

| 潜在变量 | 观测变量 | 变量名 | 变量说明 |
|---|---|---|---|
| 信息交流 | 理解 | actinfo1 | 虚拟社区中交流的信息的可理解程度 |
| | 数量 | actinfo2 | 虚拟社区中交流的信息数量 |
| | 真实 | actinfo3 | 虚拟社区中交流的信息真实性 |
| | 商业 | actinfo4 | 虚拟社区中交流的信息中的商业导向 |
| | 意见 | actinfo5 | 虚拟社区信息交流中的意见领袖 |
| 知识共享 | 相关 | actkno1 | 虚拟社区中所共享知识与需求的相关性 |
| | 有用 | actkno2 | 虚拟社区中所共享知识的有用性 |
| | 充足 | actkno3 | 虚拟社区中所共享知识的充足性 |
| | 真实 | actkno4 | 虚拟社区中所共享知识的真实性 |
| | 原创 | actkno5 | 虚拟社区中所共享知识的原创性 |
| | 速度 | actkno6 | 虚拟社区中所共享知识的更新速度 |
| 情感沟通 | 参与 | actemo1 | 虚拟社区中情感沟通的参与面 |
| | 主动 | actemo2 | 虚拟社区中情感沟通的主动性 |
| | 集群 | actemo3 | 虚拟社区中情感沟通中的集群行为 |
| | 移情 | actemo4 | 虚拟社区中情感沟通的移情状况 |
| | 善意 | actemo5 | 虚拟社区中情感沟通的善意性 |
| 技术维 | 隐私 | vctec1 | 虚拟社区所采用技术能否保护成员隐私 |
| | 稳定 | vctec2 | 虚拟社区所采用技术是否稳定 |
| | 导航 | vctec3 | 虚拟社区的导航系统是否完善 |
| | 速度 | vctec4 | 虚拟社区所采用技术的速度 |
| | 反馈 | vctec5 | 虚拟社区所采用的反馈技术 |
| | 个性 | vctec6 | 虚拟社区所采用技术的个性化程度 |
| | 拟真 | vctec7 | 虚拟社区所采用技术的拟真性 |

续表

| 潜在变量 | 观测变量 | 变量名 | 变量说明 |
|---|---|---|---|
| 社区认同 | 小团体 | comide1 | 虚拟社区成员中形成小团体的情况 |
| | 身份 | comide2 | 虚拟社区成员对身份的认知情况 |
| | 价值 | comide3 | 虚拟社区成员对与他人价值观一致性的认识 |
| | 团结 | comide4 | 虚拟社区成员间的团结程度 |
| | 生活 | comide5 | 虚拟社区成员对与他人生活方式一致性的认识 |
| 电子商务信任 | 可信 | ecttru | 虚拟社区和网络销售商的可信性 |
| | 承诺 | ectcom | 网络销售商能否履行承诺 |
| | 利益 | ectben | 网络销售商是否把客户利益放第一位 |
| | 监控 | ectsup | 网络销售商的行为是否容易监控 |
| | 能力 | ectabi | 网络销售商是否有能力履约 |
| | 预测 | ectpre | 网络销售商行为的可预测性 |
| 消费者行为意向 | 购买 | actbuy | 虚拟社区成员购买商品或服务的意愿 |
| | 推荐 | actrec | 虚拟社区成员向他人推荐网络零售商的意愿 |
| | 接受 | actacc | 虚拟社区成员接受社区中知识和信息的意愿 |
| | 再访社区 | actcom | 虚拟社区成员再次访问虚拟社区的意愿 |
| | 再访网站 | actweb | 虚拟社区成员再次访问电子商务网站的意愿 |

# 第二节 电子商务虚拟社区行动维对社区认同的影响

社会行动是社会学分析的起点,也是研究电子商务虚拟社区的起点。电子商务虚拟社区中的社会行为主要分为知识共享、情感沟通和信息交流。

## 一、知识共享与社区认同

《美国传统辞典》对知识的解释是:知晓的状态或者事实;熟知,知觉,通过经验或学习而对某物的熟悉、意识或理解;被理解、发现及知道的事物的总和或者范围;学问,博学;关于某一事物的专门的信息。"韦氏大词典"把知识定义为:一种知道的状态或者事实;被人类理解发现或学习的加总;从经验得来的了解。根据以上观点,本书将电子商务虚拟社区中的知识界定为:与产品、服务、企业和市场等相关的集体性事实的系统阐述。这些系统阐述经由电子商务虚拟社区成员间或版主与成员间的知识共享而影响成员和游客的消费态度和消费行为。

什么是知识共享呢? Alavi 和 Leinder 将知识共享视为知识扩散,认为"知识共享是知识在组织内扩散的过程,可以发生在个体、团队、组织之间。这种知识扩散能通过不同渠道发生,如正式或非正式,个人或非个人"[1]。Ipe 认为,在组织环境下,个体之间的知识共享就是知识源将其私有知识转化为可被他人理解、吸收和使用的知识的过程,强调共享的结果是知识源与接受方共同占有知识。[2] Connelly 和 Kelloway 提出:"知识共享是关于信息互换或帮助他人的一系列行为。它不同于信息共享——通常涉及管理者传播对员工有用的组织信息。知识共享有互惠的成分,信息共享可能是无方向以及未被要求的。"[3]知识共享可以在一定程度上提升虚拟社区成员的忠诚度和信任度,这一观点已被某些实证研究所证实。例如 Koh 和 Kim 通过对来自韩国 77 个虚拟社区的 641 份有效问卷分析发现,作为虚拟社区提供商的企业,通过激励虚拟社区内的知识共享行为,可以鼓励成员参与和促进社区活动,从而最终建立起成员对社区提供商的忠诚。Rovai 和 Wighting 在对高等教育中学生对虚拟教室的认同进行研究时发现,如果学生感知到自己为知识池增加了新知识,则通过和老师的互动就加强了社区精神。[4]

电子商务虚拟社区中的知识有助于成员(即消费者)的购买决策,这种决策支持以虚拟社区中的知识与成员所需求知识的相关性为基础。相关性越强,则知识共享对成员的有用性就越大,成员就越能从虚拟社区的知识共享中受益,并因此对虚拟社区更加认同。同时,虚拟社区中的知识越充足,消费者的可选择性和可比较性就越强,知识共享对消费者的帮助就越大,消费者也就会更加认同虚拟社区。因此,本书提出以下研究假设:

---

[1] D. P. Ford, *Knowledge Sharing: Seeking to Understand Intentions and Actual Sharing*, Unpublished Doctor's Dissertation, Queen's University, 2004.

[2] M. Ipe, "Knowledge Sharing on Organizations: A Conceptual Framework", *Human Resource Development Review*, vol. 2, No. 4, 2003, pp. 337–359.

[3] C. E. Connelly, E. K. Kelloway, "Predictors of Employees' Perceptions of Knowledge Sharing Cultures", *Leadership & Organization Development Journal*, vol. 24, No. 3, 2003, pp. 294–301.

[4] A. P. Rovai, M. J. Wighting, "Feelings of Alienation and Community among Higher Education Students in a Virtual Classroom", *Internet and Higher Education*, No. 8, 2005, pp. 97–110.

H1.1:虚拟社区中共享的知识对消费者越有用,则消费者越认同虚拟社区。

H1.2:虚拟社区中共享的知识与消费者需求越相关,则消费者越认同虚拟社区。

H1.3:虚拟社区中共享的知识越充足,则消费者越认同虚拟社区。

电子商务虚拟社区尽管是由电子商务企业创建的,但由于它建立在具有无边界和匿名性强等特点的互联网,所以电子商务虚拟社区仍然具有很大的匿名性,或者说,电子商务虚拟社区中的游客、成员甚至电子商务企业雇用的版主都可能来自全球任何地方。虚拟社区参与者的异质性使得虚拟社区中的知识也呈现出异质性,或者说,成员之间共享的知识以及虚拟社区管理层提供的知识的真实性和原创性难以保证。真实性是有用性的基础,也是虚拟社区参与者和管理层善意态度的体现。真实性强的知识有助于提高有用性并改善知识提供者的形象,并最终改变成员对其的信任度。与真实性类似,原创性不仅是知识提供者能力的体现,也是知识提供者善意态度的体现。虚拟社区成员能力和善意以及由此折射出的虚拟社区的能力和善意都可能影响成员对虚拟社区的认同,并因此激发电子商务信任。

电子商务虚拟社区中的知识共享以互联网这一超媒体为媒介,以虚拟社区中的超文本技术为基础。正如麦克卢汉(Marshall McLuhan)"媒介即信息"所预示的,知识传播技术与工具的变革会制约知识传播内容。我们可以根据超媒体和超文本技术的特点探讨虚拟社区对知识共享的影响。一般来说,超媒体和超文本技术具有以下特点:(1)超媒体系统具备图形使用者界面,使用者借助浏览器在大量的信息中游历;(2)超文本系统的链接结构所形成的语意网路,可以借由非线性方式组织,透过节点与链接的结构形成语意网路;(3)超媒体系统为一资料的储存系统(Storage System),透过档案系统或资料库系统来储存大量的资料,并具有资料检索机制,如关键字的检索、提供结构查询与内容查询等功能;(4)使用者可以决定撷取讯息的顺序、浏览的速度及方式,与使用者有高度的互动性,允许使用者和超媒体系统互动,且可让使用者在超文本系统中,两个节点间可透过不同路径连接;(5)具备多媒体的信息环境,超媒体系统所包含的信息是以多种不同媒体形式加以呈现,包括文字、图像、影片、语音与动画等。[①] 超媒体和超文本技术的以上特点使得虚拟社区中的知识共享呈现出一定的独特性。一方面,知识的更新速度会影响知识的数量;另一方面,成员和管理层在知识共享上的参与度会影响知识的质量。而知识的数量和质量会直接影响到成员对知识、虚拟社区参与者以及虚拟社

---

① 董和升:《网站使用者资讯获取策略之研究》,台湾国立中山大学博士论文2002年。

区的认同,并因而激发对电子商务企业的信任度。因此,本书提出以下研究假设:

H1.4:虚拟社区中共享的知识越具有原创性,则消费者越认同虚拟社区。

H1.5:虚拟社区中共享的知识越具有真实性,则消费者越认同虚拟社区。

H1.6:虚拟社区中所共享的知识更新速度越快,则消费者越认同虚拟社区。

总的来说,关于电子商务虚拟社区中的知识共享与社区认同的关系,本书提出以下假设:

H1a:消费者对电子商务虚拟社区中的知识共享越满意,则越认同虚拟社区。

## 二、信息交流与社区认同

虚拟社区中的知识和信息有相同之处,也有不同之处。本书认为,电子商务虚拟社区中的知识指的是与产品和服务相关的集体性事实和理论性阐述,而电子商务虚拟社区中的信息则是与产品和服务相关的个体性事实和经验性阐述。信息是由虚拟社区参与者根据个人经验,特别是以与商品和服务相关的个人性购买事实和消费经验为基础而提供的。在虚拟社区中,与产品和服务相关的信息可以在一定程度上影响成员的消费态度和行为。

信息与知识不同,信息具有较强的主观性。同时,由于电子商务虚拟社区的经济性,版主和电子商务企业可能会在虚拟社区中发布具有市场导向的商业性信息。Corbitt 等学者认为,市场导向具有提高成员信任的潜力,其原因在于:首先,电子商务网站可以不断地动态搜集消费者信息,并定制一对一的产品和服务;其次,电子商务网站可以利用这些信息,及时联系消费者并解决其问题;最后,电子商务网站允许消费者参与网站发展。Corbitt 等人通过在新西兰的实证研究发现,市场导向与信任度有显著性相关关系($r = 0.25, p \leqslant 0.05$);但他们同时也发现,意识到的市场导向并不能显著提高消费者的惠顾行为。[①] 根据该发现并结合中国的文化背景,本书认为,电子商务虚拟社区中具有市场导向的信息可能会对成员产生负面作用,导致成员降低对虚拟社区的认同。因此,本书提出以下研究假设:

H1.7:虚拟社区中信息交流的商业导向越强,则消费者越不认同虚拟社区。

电子商务虚拟社区中的信息传播的主体主要是注册成员和版主,他们的信息传播行为可能影响他们在虚拟社区中的声望和地位,并进一步影响其信息(或观点或意见)的影响力。本书利用大众传播研究中提出的"意见领袖"(Opinion Leader)

---

① B. J. Corbitt, T. Thanasankit, H. Yi, "Trust and E-Commerce: a Study of Consumer Perceptions", *Electronic Commerce Research and Applications*, No. 2, 2003, pp. 203 – 215.

理论来进行进一步分析。意见领袖的传统定义是：在将媒介信息传给社会群体的过程中，那些扮演某种有影响力的中介角色者。意见领袖理论起源于1940年美国哥伦比亚大学传播学者保罗·拉扎斯费尔德的研究。他从群体人际关系角度研究发现，观点经常从广播和印刷媒体流向意见领袖，然后再从他们流向不太活跃的人群。此后，学者们把意见领袖概念引入到市场营销领域，意见领袖进一步被定义为"较其他消费者更频繁或更多地为他人提供信息，从而在更大程度上影响他人的购买决策的人"[1]。网络虚拟社区中是否也具有和现实社会中一样的意见领袖呢？高俊波和杨静利用社会网络分析的方法进行过相关实证研究。他们通过对中华军事网论坛的实证研究发现，网络虚拟社区中的确存在着点入度和点出度都很高的核心人物，即意见领袖。[2] 电子商务虚拟社区中的意见领袖具有和传统意见领袖不同的特征：在身份表现形式上，意见领袖可能是虚拟社区的组织者和技术上的管理者，也可能是互动竞争中的优势者（有威信的网友）；在信息交流权利上，技术上的形式平等仍然不能掩盖信息内容上的不平等，网络传播的平权性背后仍然隐藏着现实社会中的专家形象；在价值表达上，虚拟社区中的意见领袖的"似真性"动机也是追随者信息抉择时的价值尺度，意见领袖要想获得自己虚拟社区中的形象和影响力，就要表达产品知识和消费体验的真实，否则就难以产生相应的影响。[3] 同时，信息的数量和可理解程度也是信息有用性的基础，也可能影响虚拟社区参与者对信息发布者和虚拟社区本身的认同。因此，本书提出以下研究假设：

H1.8：虚拟社区中信息交流的意见领袖越多，则消费者越认同虚拟社区。

H1.9：虚拟社区中信息交流的真实性越大，则消费者越认同虚拟社区。

H1.10：虚拟社区中信息交流的数量越大，则消费者越认同虚拟社区。

H1.11：虚拟社区中信息交流的可理解性越强，则消费者越认同虚拟社区。

总的来说，关于电子商务虚拟社区中的信息交流与社区认同的关系，本书提出以下假设：

H1b：消费者对电子商务虚拟社区中的信息交流越满意，则越认同虚拟社区。

### 三、情感沟通与社区认同

电子商务虚拟社区中的管理者、成员和游客是典型的"经济人"或理性人，情

---

[1] 符国群：《消费者行为学》，高等教育出版社2001年版，第352页。
[2] 高俊波、杨静：《在线论坛中的意见领袖分析》，载《电子科技大学学报》2007年第6期。
[3] 王丽：《虚拟社群中意见领袖的传播角色》，载《新闻界》2006年第3期。

感似乎在虚拟社区中的社会互动中不起任何作用。但实际上,以上行动主体也是"社会人",也受到社会规范、价值观念甚至情感的影响。情感沟通、知识共享和信息交流一样,是电子商务虚拟社区中的社会行为之一。经济学、教育学和社会学都对情感进行过或多或少的研究。经济学领域对情感沟通的研究成果之一体现在情感营销中。虚拟社区作为电子商务企业与消费者交流的虚拟场所,也可以作为情感营销的场所和工具。随着社会经济的发展和人们生活水平的提高,消费者的消费观念、消费心理及消费方式发生了很大的变化,人们的消费已不再仅仅停留在数量消费和质量消费上。市场营销也已不再是简单地开发、推销和分销产品,而是更加关注与顾客建立并维持相互满意的长期关系。情感营销正是基于这种"顾客导向"而产生并得以发展。所谓情感营销,是指通过心理的沟通和情感的交流,赢得消费者的信赖和偏爱,进而扩大市场份额,取得竞争优势的一种营销方式。在教育学领域,部分学者把目光投向情感交流在网络学习中的作用。例如有学者通过关注情感性人机界面设计体现出的形式美在网络教学中的作用,认为在网络教学页面设计时要注意要素和布局的排列和选取。[①] 在社会学领域,部分古典社会学家和现代社会学家都在一定程度上关注过情感问题。例如迪尔凯姆曾分析过宗教式情感对团结的作用,韦伯认为情感行动是特定的社会行为,霍曼斯认为情感是可以用来交换的社会资源,戈夫曼也曾分析过互动中的"脸面"与羞耻感。

  虽然情感沟通在电子商务虚拟社区中不如在公益性虚拟社区中那么普遍,但情感沟通在消费中的作用仍然提醒本书关注电子商务虚拟社区中的情感问题。本书借助社会学中情感研究的相关理论分析虚拟社区中的情感交流对消费者(成员)消费意识和消费行为的影响。交换网络理论与互动仪式链理论都试图要回答这样的问题:当现代社会的行动者追逐各自特殊利益的时候,是什么力量将他们聚合在一起?在虚拟社区中,作为"经济人"和"社会人"混合体的游客和消费者是如何聚集在一起,他们之间的情感交流如何影响他们的消费意识和消费行为呢?[②] 情感社会学研究中的角色理论认为,角色扮演的情感有两种类型:一种是直接指向自己的反思性情感,包括负罪感、羞耻感、尴尬感、自豪感与自负;另一种是移情式情感,它是通过想象把自己放在他人的位置上来体验他人的感受来唤起的。反思性情感激发了自我控制。个体根据想象到的他人对他或她的思想或行为的反应而

---

[①] 冯东、张之华、骆雄剑:《情感性人机界面设计探析——基于形式美的网络教学界面设计》,载《陕西师范大学学报》(哲学社会科学版)2007年第S2期。
[②] 王鹏、侯钧生:《情感社会学:研究的现状与趋势》,载《社会》2005年第4期。

体验到积极或消极的情感。移情式情感往往会激发利他行为,相比其他任何一种情感,移情通过分担他人的痛苦或分享他人的快乐而让我们与他人的联系更加紧密。在电子商务虚拟社区中,消费者(虚拟社区的注册成员)之间的情感交流的基础是企业、产品和市场,对象是注册成员、版主及其代表的电子商务企业,交流工具则是虚拟社区帖子。消费者通过分享消费中的正面经验和反面教训而使彼此联系更紧,从而能够增加消费者之间的信任以及消费者对虚拟社区及电子商务企业的信任。情感社会学研究中的互动仪式链理论认为,社会不是一个抽象的系统单位,而是通过仪式参与和仪式性符号能彼此感觉到团结的人们的集合。在成功的互动仪式中,共享的情绪会转换为"情感能量"并促成社会团结。参与互动意识的人越多,主动性越强,参与者的集群行为就越多,则带来的"情感能量"就越多,社会团结程度也就越高。在电子商务虚拟社区中,消费者主要围绕企业、产品和服务以及市场进行情感沟通,彼此分享消费体验。同时,如果虚拟社区中的情感分享与回应都是善意的,则情感沟通可能拉近成员间的距离,并可能导致对虚拟社区本身的认同。因此,本书做出以下研究假设:

H1.12:虚拟社区中情感沟通的移情度越高,则消费者越认同虚拟社区。

H1.13:虚拟社区中情感沟通的参与面越广,则消费者越认同虚拟社区。

H1.14:虚拟社区中情感沟通的主动性越高,则消费者越认同虚拟社区。

H1.15:虚拟社区中的集群行为越多,则消费者越认同虚拟社区。

总的来说,关于电子商务虚拟社区中的情感沟通与社区认同的关系,本书提出以下假设:

H1c:消费者对电子商务虚拟社区中的情感沟通越满意,则越认同虚拟社区。

## 第三节 社区认同对电子商务信任的影响

在社区认同层面,"现代通信技术和交通技术的发展,人们可以通过这些全球性技术建立起新的认同。如今互联网上出现的各种主题鲜明的虚拟社区,就是这种新的认同的典型"[①]。在这种新的认同的产生过程中,集体意识起到了核心作用。集体意识源于共同的兴趣和相似的生活方式,内含于共同遵守的价值观念中,同时又外显于共同行动中。"当集体意识完全覆盖了我们的整个意识,并在所有方

---

① 李友梅、肖瑛、黄晓春:《社会认同:一种结构视野的分析》,上海人民出版社、格致出版社2007年版,第1页。

面都与我们息息相通的时候,那么从相似性产生出来的团结就发展到了它的极致状态……"①强烈的集体意识及其导致的身份认同和频繁的共同行动及其导致的各种小团体将产生社区认同并进而促成电子商务信任。虚拟社区参与者往往会根据话题或共同感兴趣的问题形成不同的小团体,这些小团体不仅仅体现在虚拟社区中不同版面的划分中,也会体现在由虚拟社区管理者或参与者自发组织的线上讨论或线下联谊活动中。经常参与某些版面、写话题讨论或参加某类线下活动的会员可能不断增加对虚拟社区和其他参与者的熟悉(Familiarity)程度,同时相同的活动也会增加参与者在观念和行动上的相似性(Similarity)。熟悉和相似是信任的基础,这类信任最早出现在小团体内部,进而可能扩展到小团体之间,从而增加电子商务虚拟社区中成员间以及成员与虚拟社区及其电子商务企业的信任。因此,本书提出以下研究假设:

H2.1:电子商务虚拟社区中的小团体越多,则信任度越高。

H2.2:电子商务虚拟社区中身份认同越强烈,则信任度越高。

H2.3:电子商务虚拟社区中价值观越统一,则信任度越高。

H2.4:电子商务虚拟社区中团结程度越高,则信任度越高。

H2.5:电子商务虚拟社区中生活方式越相似,则信任度越高。

总的来说,关于虚拟社区认同与电子商务信任的关系,本书提出以下假设:

H2:消费者对电子商务虚拟社区的社区认同越强,则信任水平越高。

## 第四节 社区认同对制度维与技术维的影响

作为一种主观心理状态,电子商务虚拟社区中的社区认同指的是,虚拟社区成员基于知识共享、信息交流和情感沟通等社会行动而形成的对自我、社区成员和社区的认可和接纳。因此,社区认同一旦形成,将在一定程度上影响会员对虚拟社区的价值判断,并使会员的认知方式产生一定的路径依赖。根据电子商务虚拟社区的特点,本书将社区认同区分为三个方面:第一,社区成员对个体身份的认知情况,即对自身成员资格(含用户名和密码)的认知以及对他人身份的认知;第二,社区成员对自身与他人相似性的认知,包括在生活方式与价值观上与他人的一致性;第三,社区成员对虚拟社区中的小团体形成状况和社区成员间的团结情况的认知。以上三个方面通过晕轮效应和刻板印象等心理定式或心理效应,在一定程度上影

---

① [法]埃米尔·涂尔干:《社会分工论》,渠东译,三联书店2000年版,第90页。

响会员对电子商务虚拟社区的制度和技术的态度。

## 一、社区认同对制度维的影响

电子商务虚拟社区中的制度维主要指的是,用于调整社会行动和角色关系的一系列规范。从内容上看,这些规范主要涵盖了对会员用户名和密码的设定和保管、会员发帖回帖所获得积分、等级和声望以及积分兑换礼品等规定。从制度的呈现方式上看,这些规范有的以注册条款的形式在消费者注册成为虚拟社区会员时向消费者展示,有的则在消费者注册成为正式会员后在会员区向消费者说明;从制度的形式上看,消费者首次接触的虚拟社区的制度往往是注册条款,消费者从形式上主要关注注册条款的长度和清晰度。

制度和社区认同间存在密切关系。一方面,虚拟社区的各种制度通过信息、影响和强制等机制,影响虚拟社区会员的经济收益、社区认同和自我认同;另一方面,经济收益、社区认同和自我认同通过正反馈反作用于制度,又可以提高会员对制度的认可程度。就制度维与社区认同的关系来说,作为原因的制度导致作为结果的社区认同,正反馈的作用在于,作为结果的社区认同可以影响会员对作为原因的制度的认知和态度。社区认同与制度之间的这种正反馈机制如图4-2所示。

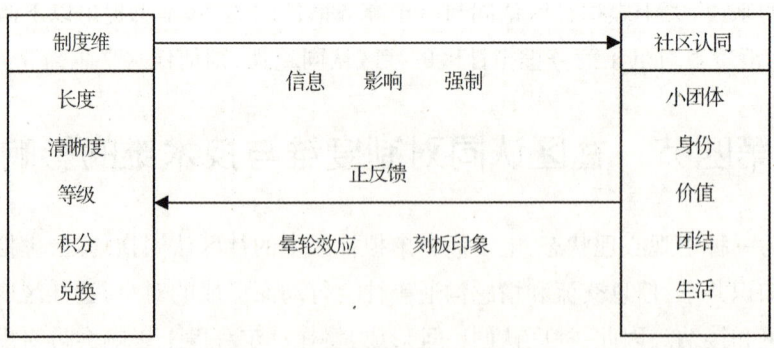

**图4-2 制度维与社区认同的关系**

在图4-2中,制度对社区认同产生一定影响,但作为主观态度的社区认同一旦形成,则会通过晕轮效应和刻板印象等心理机制,影响社区会员对虚拟社区制度的看法。具体来说,虚拟社区中小团体的形成和团结程度在一定程度上是会员参与相同版面和话题的结果,而作为理性人的会员参与虚拟社区活动的根本目的是经济收益,经济收益又在一定程度上与会员在虚拟社区中的积分以及积分兑换礼品的相关制度有关。与此类似,会员自我认同即身份的形成、在价值观和生活方式上与其他会员的相似性都受到虚拟社区中知识共享、信息交流和情感沟通等社区活动的影响。这些活动的根本目的也都是与等级、积分和兑换条款紧密相关的经济收益。其实,从总体上看,社区认同一旦形成,社区会员看待社区制度时就会带上"有色眼镜"。作为认知对象的电子商务虚拟社区一旦被标明"好",社区会员就可能会被"好"的光圈笼罩着,并认为虚拟社区的一切都是好的。而且,对虚拟社区概括而笼统的看法也可能形成刻板印象,进行由此及彼的推论。因此,本书提出以下研究假设:

H3a:社区认同程度越高,会员越认可虚拟社区的制度。

H3.1:虚拟社区中的小团体越多,会员越认可虚拟社区的制度。

H3.2:会员越认可自己的身份,会员越认可虚拟社区的制度。

H3.3:会员间价值观越相似,会员越认可虚拟社区的制度。

H3.4:会员间越团结,会员越认可虚拟社区的制度。

H3.5:会员间生活方式越相似,会员越认可虚拟社区的制度。

## 二、社区认同对技术维的影响

根据社会建构论,笔者认为说明技术特征可以由社会行动者互动建构出来,而不是事先给定。消费者在虚拟社区中的各种社会行动都和虚拟社区使用的技术系统有关,注册注销、公共平台交流和个人后台管理的各个过程都要接触到不同技术。与分析社区认同和制度维的关系类似,本书利用正反馈机制分析社区认同与技术维的关系。社区认同与技术维之间的这种正反馈机制如图4-3所示。

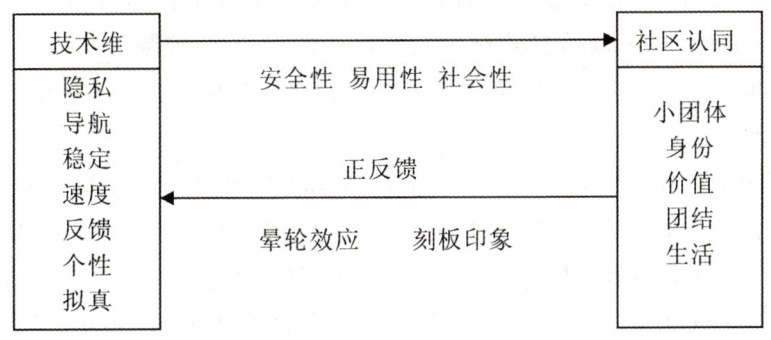

图4-3 技术维与社区认同的关系

根据晕轮效应和刻板印象,本书提出以下研究假设:

H3b:社区认同程度越高,会员越认可虚拟社区的技术。

H3.6:虚拟社区中的小团体越多,会员越认可虚拟社区的技术。

H3.7:会员越认可自己的身份,会员越认可虚拟社区的技术。

H3.8:会员间价值观越相似,会员越认可虚拟社区的技术。

H3.9:会员间越团结,会员越认可虚拟社区的技术。

H3.10:会员间生活方式越相似,会员越认可虚拟社区的技术。

## 第五节 制度维和技术维对电子商务信任的影响

### 一、制度维对电子商务信任的影响

虚拟社区是基于网络技术的"陌生人社会",社区参与者以虚拟身份进行各种社会互动,以满足自身需求。虚拟社区中各种需求的实现有赖于良好的社区秩序,而良性社区秩序的基础之一则是虚拟社区中的各种制度。社区制度可以通过内部化和建立行动规则等手段,克服有限理性、机会主义和资产专用性,减少各种交易费用。虚拟社区中的制度具体表现为注册条款和等级权限设定。在电子商务虚拟社区中,注册条款和等级权限设定除了保证社区稳定外,其更重要的目的是增强一般网络行动者对电子商务网站的信任并进而成为电子商务虚拟社区的注册成员。

#### (一)注册条款对电子商务信任的影响

电子商务虚拟社区的注册条款是一般网络行动者成为某一特定电子商务虚拟社区成员时必须承诺遵守的行为规范,是虚拟社区获得成员身份的保证。同时,注册条款更重要的目的是要增强一般网络行动者对电子商务虚拟社区和电子商务网站的信任,进而购买其商品或服务。因此,注册条款兼有"控制"和"劝说"两种功能。本书利用"推敲可能性模型"来分析电子商务网站中虚拟社区注册条款对电子商务信任的影响。

推敲可能性模型(Elaboration Likelihood Model,ELM)是 Petty 和 Cacioppo 等学者提出来的一种解释个体态度改变的理论。此模型以消费者涉入为基础,认为作为信息接受者的消费者对信息的处理方式分为两种:中心路径(Central Route)和边缘路径(Peripheral Route)。[①] 一般来说,高涉入的消费者往往采取中心路径,对信息内容做较多推敲,其决策行为主要受信息的品质和强度的影响;低涉入者则不太关注信息内容,更多受信息的周边刺激的影响。在分析虚拟社区注册条款时,对虚

---

① R. E. Petty, J. T. Cacioppo, "The Elaboration Likelihood Model of Persuasion", *Advances in Experimental Social Psychology*, No. 19, 1986, pp. 123–205.

拟社区内容较为关注(高兴趣度)的高涉入者比较关注注册条款的内容,即注册条款的清晰度。与此相反,低涉入者则不太关注注册条款的内容,仅仅关注注册条款的长度和注册需要的步骤等信息。具体来说,注册条款越长,注册步骤越多,消费者越可能认为电子商务虚拟社区管理严格且值得信任。因此,本书提出以下研究假设:

H4.1:消费者对电子商务虚拟社区注册条款长度越满意,则其信任度越高。

H4.2:消费者对电子商务虚拟社区注册条款清晰度越满意,则其信任度越高。

### (二)等级权限设定对电子商务信任的影响

等级权限设定在虚拟社区中能起到社会分层的作用,它根据成员参与虚拟社区各种活动的活跃程度,把成员区分为不同等级,并赋予不同权限。等级权限设定的本质是虚拟社区中的社会控制手段。根据等级权限进行社会控制能否有效,需要看等级和权限能否满足个人需求。根据美国社会心理学家马斯洛(Abraham Maslow)的需求层次理论(Hierarchy Theory of Needs),人的需求可以由较低层次到较高层次分成五类:生理需求、安全需求、社交需求、尊重需求和自我实现需求(如图4-4所示)。

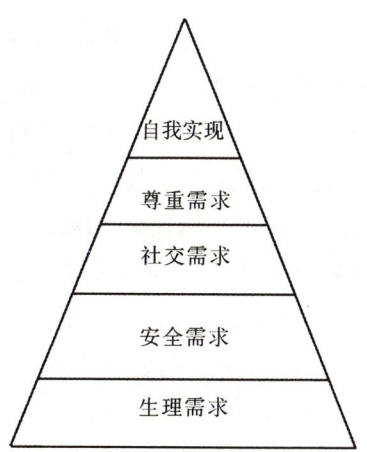

图4-4 马斯洛的需求层次理论图

生理上的需求是人类维持自身生存的最基本要求,包括吃、喝、衣、住、性等方面的要求。安全上的需求是人类要求保障自身安全、摆脱事业和财产丧失的威胁、避免职业病的侵袭等方面的需求。社交上的需求包括两个方面的内容。一是友爱的需求,即人人都需要伙伴之间、同事之间的关系融洽或保持友谊和忠诚;人人都希望得到爱情,希望爱别人,也渴望接受别人的爱。二是归属的需求,即人人都有一种归属于一个群体的感情,希望成为群体中的一员,并相互关心和照顾。尊重的需求是指人人都希望自己有稳定的社会地位,要求个人的能力和成就得到社会的承认。尊重的需求又可分为内部尊重和外部尊重。内部尊重即自尊,是指一个人希望在各种不同情境中有实力、能胜任、充满信心、能独立自主。外部尊重是指一个人希望有地位、有威信、受到别人的尊重、信赖和高度评价。自我实现是最高层次的需求,它是指实现个人理想、抱负,发挥个人的能力到最大程度,达到自我实现境界的需求。自我实现的人接受自己也接受他人,解决问题能力增强,自觉性提高,善于独立处事。

电子商务虚拟社区中的成员和版主等管理层也有各种层次的需求,其中的尊重和自我实现的需求在某种程度上可由等级和权限设定来满足。高等级对应着更多的权限和更多的尊重和自我实现的满足。在本书研究的电子商务虚拟社区中,管理层和成员都被划分为不同等级并赋予不同权限。例如55bbs的管理层被分为见习版主、普通版主、分区版主、超级版主和论坛管理员等五种,而注册成员也被分为"幼稚园小朋友"至"博士"共22个等级。这些等级就是管理者和成员在虚拟社区社会分层中的位置,也代表其被尊重的程度和自我实现的程度。另外,根据德国社会学家韦伯的研究,社会地位可以凭借财富、权力或声望获得。在电子商务虚拟社区中,个人财富("虚拟币"或积分)和版主等管理职位所带来的权力和声望等级等都可以影响成员在虚拟社区中的地位。而地位的提高则有助提升成员对虚拟社区的归属感并进而产生对虚拟社区的信任。同时,虚拟社区中的个人积分若能兑换为现实的礼品(可以体现为商品或服务),则以经济理性为行动指向的网络消费者更可能对虚拟社区及网络销售商产生信任感。因此,本书提出以下研究假设:

H4.3:消费者越认可权限等级设定,则其信任度就越高。

H4.4:消费者越认可积分增减条款,则其信任度就越高。

H4.5:消费者越认可礼物兑换条款,则其信任度就越高。

总的来说,本书认为电子商务虚拟社区各种制度与信任有如下关系:

H4a:消费者对电子商务虚拟社区的制度越满意,则其信任度就越高。

## 二、技术维对电子商务信任的影响

电子商务虚拟社区所使用的技术的安全性、易用性和社会性都可能影响消费者对虚拟社区及电子商务企业的信任度。

### (一)安全性与电子商务信任

根据马斯洛的需求层次理论,安全需求是人的基本需求。电子商务消费者对网络购物安全风险的认知和态度将影响其购买态度和行为。所以,研究电子商务虚拟社区的安全性与信任的关系具有重要意义。参与电子商务虚拟社区的成员安全问题(如个人隐私不被泄露,能得到持续稳定的服务等)既可由制度加以保障,又可通过完善的技术手段加以保证。安全问题的制度保障已受到很多学者的关注。例如 Ang 和 Dubelaar 在研究消费者购买风险时,将隐私条例与卖家的践约能力和退换意愿一起作为影响信任的三个变量。[1] Lee 等人在研究符号理论在电子商务中的应用时,通过实验比较了隐私申明、退款保证与品牌等三种符号对信任的影响。研究发现,隐私申明可提高购买可能性,品牌对信任有显著影响,而无条件退货保证的作用在网络商店中要比普通商店大。[2] 可见,与隐私相关的制度或申明能在一定程度上影响信任,这一结论已经被众多研究所证实。基于此种研究现状,本书将关注点从隐私的制度层面转向技术层面,探讨电子商务虚拟社区中与隐私保护相关的技术对网络消费者信任度的影响。

Anthony 和 Ana 在美国的实证研究中发现,消费者对在线购物中的隐私和安全风险感知不同,消费者关注的问题可分为六类:隐私、系统安全、在线零售商欺骗、不方便、与在线购物无关、无法分类。这说明隐私和系统安全是消费者最为关注的两个问题。正因为如此,为保证网络消费者安全,电子商务企业不仅会在技术选择上尽量保证用户隐私不被泄露和网络服务的稳定性和持续性,而且会利用第三方安全担保的方式增加消费者对技术的信任。[3] France 等人在美国的实证研究中对比了信任的四个指标(第三方隐私标志、隐私申明、第三方安全标志、安全特征)的相对重要性,发现消费者更重视安全特征,第三方安全标志的重要性不如安全特征。这说明网络消费者对第三方安全认证不了解或不信任,而更愿意相信自身对电子商务网站安全技术和安全特征的感知。[4] Hertzum 等人在研究互联网对关系的影响时也发现,站点可访问性等消费者自身可感知的技术特征显著影响消费者对商业关系的信任,但有效信息传输可提高消费者对企业的承诺,对信任的提高只

---

[1] L. Ang, C. Dubelaar, *To Trust or Not to Trust? A Model of Internet Trust from the Customer's Point of View*, 14th Bled Electronic Commerce Conference, Bled, Slovenia. 2001.

[2] B. C. Lee, L. Ang, C. Dubelaar, "Lemons on the Web: A Signalling Approach to the Problem of Trust in Internet Commerce", *Journal of Economic Psychology*, No. 26, 2005, pp. 607 – 623.

[3] A. D. Miyazaki, A. Fernandez, "Consumer Perceptions of Privacy and Security Risks for Online Shopping", *The Journal of Consumer Affairs*, vol. 35, No. 1, 2001, pp. 27 – 44.

[4] F. Belanger, J. S. Hiller, W. J. Smith, "Trustworthiness in Electronic Commerce: The Role of Privacy, Security, and Site Attributes", *Journal of Strategic Information Systems*, No. 11, 2002, pp. 245 – 270.

有轻微影响。① 可见,技术和制度与管理一样会对消费者信任产生影响。如果网络消费者认为销售商使用的技术能保证隐私不被泄露,且电子商务网站和虚拟社区能够稳定持续地运作,则消费者的电子商务信任水平将提高。因此,本书提出以下研究假设:

H4.6:电子商务虚拟社区越能保护参与者隐私,则消费者信任度越高。

H4.7:电子商务虚拟社区系统越稳定,则消费者信任度越高。

### (二)易用性与电子商务信任

在对信息技术(IT)和信息系统(IS)接受度的最早研究中,技术接受模型(TAM)认为,有用性(PU)和易用性(PEOU)是影响技术接受程度的两个主要因素。该模型启发了很多研究者。Eyong 和 Sean 在研究网络商店用户界面的有效性时,通过主成分分析发现,界面有效性主要包括四个因子:方便性和可依赖的购物、销售商可靠性(信任)、附加信息可得性、商品可见性和多样性。② Ting-Peng 和 Hung-Jen 在研究店铺设计对消费者购买的影响时发现,促动因素(例如搜索引擎)对消费者在不同电子商店中的选择有影响,保健因素(例如安全保证)对顾客决定是否采用电子购物起作用,而媒介丰富性(例如聊天室)在总体上作用较小。搜索引擎为网络购物带来便利,可吸引消费者购买,但影响便利性的因素远不止这些。③ Hermeking 归纳总结了网站设计中 8 种影响网络消费者的因素,包括内容诉求、排版、网页长度、多媒体呈现、互动、内容结构、网站容量、导航支持的程度。④

以上对电子商务网站的研究同样适用于电子商务虚拟社区。随着电子商务虚拟社区成员参与的增加,虚拟社区中以信息、知识和情感为主要内容的帖子数量与日俱增,这为电子商务虚拟社区的版面设置、日常管理等方面都带来了困难。为了增加成员使用电子商务虚拟社区的便利性,提高其电子商务信任水平,必须从技术上优化虚拟社区,提高系统运行速度,增强虚拟社区中的搜索引擎和导航功能。因此,本书提出以下研究假设:

H4.8:电子商务虚拟社区导航系统越完善,则消费者信任度越高。

---

① M. Hertzum, H. K. Andersen, V. Andersen, C. B. Hansen, "Trust in Information Sources: Seeking Information from People, Documents and Virtual Agents", *Interacting with Computers*, No,14, 2002, pp. 575 – 599.

② E. B. Kim, S. B. Eom, "Designing Effective Cyber Store User Interface", *Industrial Management and Data Systems*, vol. 102, No. 5, 2002, pp. 241 – 251.

③ T. P. Liang, H. J. Lai, "Effect of Store Design on Consumer Purchases: An Empirical Study of On-line Bookstores", *Information & Management*, No. 39, 2002, pp. 431 – 444.

④ M. Hermeking, "Culture and Internet consumption: Contributions from Cross-cultural Marketing and Advertising Research", *Journal of Computer-Mediated Communication*, No. 11, 2005.

H4.9:电子商务虚拟社区系统运行速度越快,则消费者信任度越高。

### (三)社会性与电子商务信任

网络经济使得传统大众消费向"小众消费"转变,网络本身也成为与广播、电视、报纸等传统大众媒体相对的"分众媒体"①,定制化(Customization)成为网络时代的显著特点。Srini 等学者在对电子商务顾客忠诚度的研究中,将定制作为影响电子忠诚的八大因素之一。② Morten 等人在研究信息源的信任问题时认为,电子商务网站的个性化代理可以影响购物者对电子商务网站的信任感,个性化代理的介绍能力、解释能力、角色的主动性程度以及可裁剪性都是影响信任的因素。在电子商务虚拟社区中,成员也是个性化和定制化的追求者,他们追求的内容可能包括个性化的头像与签名、定制的个人主页和社区风格、有针对性的客户服务等。③ 这些个性化和定制化需求的满足在很大程度上依赖于虚拟社区所采用的技术。这些技术和制度、管理一样可以影响成员的电子商务信任。因此,本书提出以下研究假设:

H4.10:电子商务虚拟社区系统越支持个性化服务,则消费者信任度越高。

网络购物具有方便性和低成本等特点,但网络消费者却可能更缺乏社会体验。Mary 等学者在对传统购物与网络购物的比较研究中指出,网络购物是目标导向的,消费者追求的是效率;而传统购物则是体验导向的,消费者追求的是乐趣。④ 目标导向的网络购物可享受到快速浏览商品、方便比较商品信息等传统购物中没有的优势,但却缺少传统购物中可触摸的购物车、缺乏可牵手聊天的朋友或者与导购员砍价的乐趣。因此,网络购物进一步的发展方向之一是增加社会性和体验性。通过增加网络购物与传统购物的"拟真度",网络购物者可能会有更多的愉悦体验,从而增加电子商务信任。Hassanein 和 Head 就倡导通过社会性丰富的界面来构建网络信任,将人类热情和社会性(Social Presence)引入网站界面设计。通过设计社会性丰富的文字和图片以及漂亮的多媒体购物筐等措施提高顾客愉悦并促成

---

① 罗家德:《EC 大潮:电子商务趋势》,社会科学文献出版社 2001 年版,第 61~65 页。

② S. S. Srinivasan, R. Anderson, K. Ponnavolu, "Customer Loyalty in E-Commerce: an Exploration of Its Antecedents and Consequences", *Journal of Retailing*, No. 78, 2002, pp. 41-50.

③ M. Hertzum, H. K. Andersen, V. Andersen, C. B. Hansen, "Trust in Information Sources: Seeking Information from People, Documents, and Virtual Agents", *Interacting with Computers*, No. 14, 2002, pp. 575-599.

④ M. S. Kennedy, L. K. Ferrell, D. T. LeClair, "Consumers' Trust of Salesperson and Manufacturer: An Empirical Study", *Journal of Business Research*, No. 51, 2001, pp. 73-86.

电子商务信任。① 在电子商务虚拟社区中应用社会呈现技术,增强成员在电子商务网站购物的"拟真度",将在一定程度上提高成员的电子商务信任。因此,本书做出以下研究假设:

H4.11:电子商务虚拟社区系统的拟真度越高,则消费者信任度越高。

反馈和回应是对他人行动的反应。根据社会交换理论,他人反应是行动者采取未来行动的影响因素之一,或者说,他人反应通过影响其行为动机和态度,对行动者产生了激励或限制作用。电子商务中的反馈已引起部分学者注意。Sulin 和 Paul 通过在线实验和对 eBay 数据的分析发现,电子市场中的反馈机制能导致基于计算的信任,反馈中的正面评价和负面评价会影响对卖家的信任。反馈时间或响应速度同样会影响信任。② Soyoung 和 Leslie 在研究服装零售商网站质量时发现,信息的任务合适性、交易能力和反应时间是评价网站质量的重要维度,对消费者满意度有显著的预测能力。③ Ridings 等人在对虚拟社区中信任前因和影响的研究中也发现,意识到的他人回帖及时性(timeliness)和数量、他人分享个人信息以及行动者的信任倾向都会影响信任。④

以上研究从反馈内容和时间等方面展开,说明反馈和回应在电子商务信任生成中具有重要作用。但以上研究并没有指出反馈和回应渠道对信任的影响。正如加拿大传播学家 McLuhan "媒介即信息"的论断所指出的,每一种新媒介一旦出现,无论它传递的具体内容如何,这种媒介形式本身就会给人类社会带来信息,并引起某种社会变革。虚拟社区中的反馈渠道也是媒介,它本身也包含着虚拟社区重视成员感受和力图满足成员需求等信息。站内信件、电子邮件、站内帖子甚至电话都可以作为反馈媒介,为成员提供可信性保证。因此,本书做出以下研究假设:

H4.12:电子商务虚拟社区系统的反馈渠道越多样化,则消费者信任度越高。

总的来说,关于电子商务虚拟社区采用的技术系统与电子商务信任的关系,本书提出以下假设:

H4b:消费者对电子商务虚拟社区的技术系统越满意,则消费者信任度越高。

---

① K. S. Hassanein, M. M. Head, *Building Online Trust through Socially Rich Web Interfaces. Proceedings of the International Conference on Information Systems* (*ICIS* 2004), Washington, D. C. 2004, p. 12.

② S. Ba, P. A. Pavlou, "Evidence of the Effect of Trust Building Technology in Electronic Markets: Price Premiums and Buyer Behavior", *MIS Quarterly*, vol. 26, No. 3, 2002, pp. 243 – 268.

③ S. Kim, L. Stoel, "Apparel retailers: Website Quality Dimensions and Satisfaction", *Journal of Retailing and Consumer Services*, No. 1, 2004, pp. 109 – 117.

④ C. M. Ridings, D. Gefen, B. Arinze, "Some Antecedents and Effects of Trust in Virtual Communities", *Journal of Strategic Information Systems*, No. 11, 2002, pp. 271 – 295.

## 第六节 电子商务信任与消费者行为意向的关系

电子商务信任是网络消费者在充满风险和不确定的网络上购物时,认为互联网技术、制度、特定交易对象和产品值得信赖的社会心理状态。电子商务信任的本质是一种心理状态或主观态度,既受到消费者需求和动机的制约,又受到他人行动和社会环境的影响。关于信任和消费者行为的研究大致可以分为两类:信任导致消费者满意度、情感和忠诚等主观态度的改变;信任导致消费者行为或行为意向的改变。

### 一、信任对消费者主观态度的影响

Eyong 和 Sean 通过对美国两所大学的学生调查分析发现,销售商的可靠性和可信任程度是解释顾客满意度的重要因素[1];Margareta 等人对瑞典、澳大利亚和英国的 5 个服务型企业及其合作者和 B2B 伙伴进行的案例分析发现,信任可导致关系承诺加强并使得合作伙伴之间建立起长期关系[2];Kim 等人通过对新西兰的宾馆住房预定行业的 108 名消费者和 44 名房主进行调查发现,信任、承诺和消费者满意可经由关系质量而影响紧密关系、忠诚和经济利益[3];Harris 和 Goode 对图书和机票在线市场的研究发现,服务质量经由意识到的价值、信任和满意而影响顾客对网络销售商的忠诚度[4]。

### 二、信任对消费者行为意向或行为的影响

信任对消费者行为意向或行为的影响包括向虚拟社区和商家提供个人信息、接受虚拟社区的知识和信息、向朋友推荐网站、再次访问网站或虚拟社区甚至产生购买意向等。例如 Wu 和 Chen 在研究台湾在线税务申报接受程度的影响因素时

---

[1] E. B. Kim, S. B. Eom, "Designing Effective Cyber Store User Interface", *Industrial Management and Data Systems*, vol. 102, No. 5, 2002, pp. 241 – 251.

[2] M. Friman, T. Garling, B. Millet, J. Mattson, R. Johnston, "An Analysis of International Business-to-business Relationships Based on the Commitment-Trust Theory", *Industrial Marketing Management*, No. 31, 2002, pp. 403 – 409.

[3] S. F. Kim, T. Foscht, R. D. Collins, "Trust and the Online Relationship—an Exploratory Study From New Zealand", *Tourism Management*, No. 25, 2004, pp. 195 – 207.

[4] L. C. Harris, M. M. H. Goode, "The Four Levels of Loyalty and the Pivotal Role of Trust: A Study of Online Service Dynamics", *Journal of Retailing*, vol. 80, 2004, pp. 139 – 158.

发现,意识到的可用性、意识到的易用性、意识到的行为控制和主体规范为中间变量而影响使用意向(Intention)[1];France 等人在研究第三方隐私标志、隐私申明、第三方安全标志和安全特征等信任影响因素的相对重要性时发现,网站特征是影响可信性的主要因素,而消费者对网络销售商的信任可导致两种行为,即购买行为和提供个人信息[2];Liang 和 Lai 在考察店铺设计对消费者购买的影响时发现,在线书店设计中的保健因素、促动因素和媒介丰富性会影响信任,并进而导致三种消费者选择,即当前购买、未来访问和未来购买[3];Ridings 等学者在研究虚拟社区中的信任与知识共享的关系时发现,意识到的回应性、他人共享个人信息的意愿和信任倾向是信任的前在变量,这些变量以信任为中介,可以导致虚拟社区成员的两类行为,即提供信息的愿望和获取信息的愿望[4]。

基于以上文献分析,本书认为信任的确可以引起消费者态度和行为的改变。为了进一步厘清信任态度导致行为改变的机制,本书采用理论分析的方法,进一步将信任和行为意向按照不同标准区分为不同维度。在信任维度研究方面,Ridings 等人在研究虚拟社区中的信任和知识共享的关系时,把信任区分为两个维度,即其他成员的能力、仁爱(诚实)。[5] 这种两分法得到部分学者认同,例如 Gutierrez 等人在研究消费者关系承诺时也把厂商信任区分为两个维度,即能力和竞争力维度、意向和价值维度。[6] 信任问题研究权威 Gefen 等学者在两个维度的基础上又进一步细分出四个维度,即诚实、可预测性、能力、仁爱。[7] 根据研究需要,本书将信任区分为能力和价值两个维度,并将其细分为可信、承诺、利益、监控和能力等五个具体侧面。在行为和行为意向上,本书从内容上把消费者行为区分为推荐、接受知识和

---

[1]  I. L. Wu, J. L. Chen, "An Extension of Trust and TAM Model with TPB in the Initial Adoption of On-line Tax: An Empirical Study", *Human-Computer Studies*, vol. 62, 2005, pp. 784–808.

[2]  F. Belanger, J. S. Hiller, W. J. Smith, "Trustworthiness in Electronic Commerce: The Role of Privacy, Security, and Site Attributes", *Journal of Strategic Information Systems*, No. 11, 2002, pp. 245–270.

[3]  T. P. Liang, H. J. Lai, "Effect of Store Design on Consumer Purchases: An Empirical Study of On-line Bookstores", *Information & Management*, No. 39, 2002, pp. 431–444.

[4]  C. M. Ridings, D. Gefen, B. Arinze, "Some Antecedents and Effects of Trust in Virtual Communities", *Journal of Strategic Information Systems*, No. 11, 2002, pp. 271–295.

[5]  C. M. Ridings, D. Gefen, B. Arinze, "Some Antecedents and Effects of Trust in Virtual Communities", *Journal of Strategic Information Systems*, No. 11, 2002, pp. 271–295.

[6]  S. S. M. Gutierrez, J. G. Cillàn, C. C. Isquierdo, "The Consumer's Relational Commitment: Main Dimensions and Antecedents", *Journal of Retailing and Consumer Services*, No. 11, 2004, pp. 351–367. S. S. M. Gutierrez, J. G. Cillàn, C. C. Isquierdo, "The Consumer's Relational Commitment: Main Dimensions and Antecedents", *Journal of Retailing and Consumer Services*, No. 11, 2004, pp. 351–367.

[7]  D. Gefen, D. W. Straub, "Consumer Trust in B2C E-Commerce and the Importance of Social Presence: Experiments in E-Products and E-Services", *Omega*, No. 32, 2004, pp. 407–424.

信息、购买、再访虚拟社区和再访电子商务网站。由于问卷调查不能测量消费者的实际行为,因此以上五类实际上是消费者的行为意向。另外,考虑到这些行为和行为意向的性质和消费者采取行动可能带来的损失,本书进一步把可能的损失区分为时间上的损失(由再访网站和再访社区引起)、关系上的损失(由推荐朋友和接受虚拟社区成员的信息或知识引起)以及经济上的损失(由购买行为引起)。对电子商务消费者来说,经济损失是最需要考虑的,其次是关系上的损失和时间上的损失。而关系损失中,由推荐朋友访问电子商务虚拟社区和网站可能带来的损失又大于接受虚拟社区成员的信息或知识可能带来的损失,原因在于与虚拟社区成员间的关系强度一般会小于与现实生活中朋友的关系强度。根据以上理论分析,本书用图4-5勾勒出了电子商务信任与消费者行为意向间的关系。

在图4-5中,消费者根据对虚拟社区制度维、行动维、技术维和社区认同的评估以及对信任可能带来的损失的计算而产生某种行为意向。信任度越高并且信任损失越小,则消费者的行为意向越强烈。因此,本书提出以下研究假设:

H5:消费者的电子商务信任程度越高,则其行为意向越强烈。

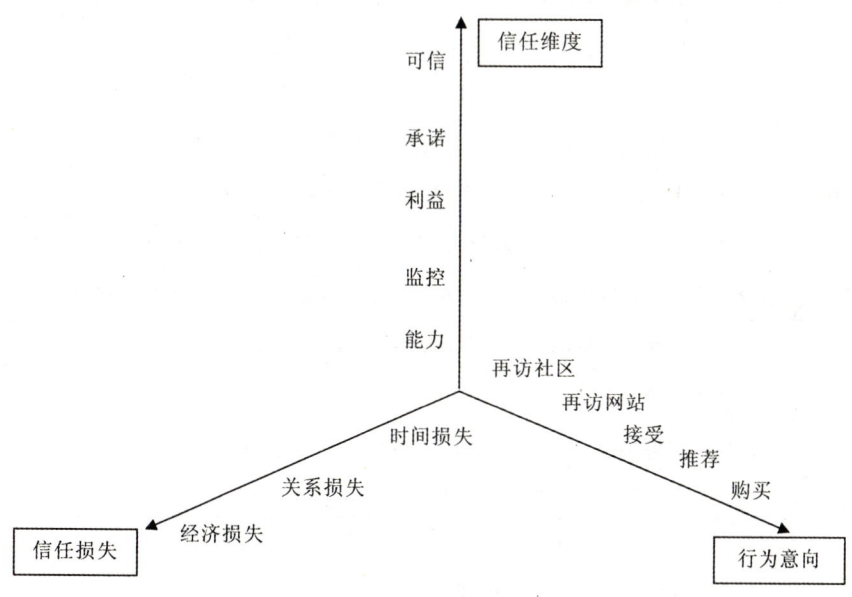

图4-5　电子商务信任与消费者行为意向的关系

## 第七节 研究假设汇总

根据以上论述,笔者将本书初步提出的51个研究假设进行汇总(见表4-4)。

表4-4 本书研究假设汇总表

| 编号 | 内容 |
|---|---|
| H1a | 消费者对电子商务虚拟社区中的知识共享越满意,则越认同虚拟社区 |
| H1.1 | 虚拟社区中共享的知识对消费者越有用,则消费者越认同虚拟社区 |
| H1.2 | 虚拟社区中共享的知识与消费者需求越相关,则消费者越认同虚拟社区 |
| H1.3 | 虚拟社区中共享的知识越充足,则消费者越认同虚拟社区 |
| H1.4 | 虚拟社区中共享的知识越具有原创性,则消费者越认同虚拟社区 |
| H1.5 | 虚拟社区中共享的知识越具有真实性,则消费者越认同虚拟社区 |
| H1.6 | 虚拟社区中所共享的知识更新速度越快,则消费者越认同虚拟社区 |
| H1b | 消费者对电子商务虚拟社区中的信息交流越满意,则越认同虚拟社区 |
| H1.7 | 虚拟社区中信息交流的商业导向越强,则消费者越不认同虚拟社区 |
| H1.8 | 虚拟社区中信息交流的意见领袖越多,则消费者越认同虚拟社区 |
| H1.9 | 虚拟社区中信息交流的真实性越大,则消费者越认同虚拟社区 |
| H1.10 | 虚拟社区中信息交流的数量越大,则消费者越认同虚拟社区 |
| H1.11 | 虚拟社区中信息交流的可理解性越强,则消费者越认同虚拟社区 |
| H1c | 消费者对电子商务虚拟社区中的情感沟通越满意,则越认同虚拟社区 |
| H1.12 | 虚拟社区中情感沟通的移情度越高,则消费者越认同虚拟社区 |
| H1.13 | 虚拟社区中情感沟通的参与面越广,则消费者越认同虚拟社区 |
| H1.14 | 虚拟社区中情感沟通的主动性越高,则消费者越认同虚拟社区 |
| H1.15 | 虚拟社区中的集群行为越多,则消费者越认同虚拟社区 |
| H2 | 消费者对电子商务虚拟社区的社区认同越强,则信任水平越高 |
| H2.1 | 电子商务虚拟社区中的小团体越多,则信任度越高 |
| H2.2 | 电子商务虚拟社区中身份认同越强烈,则信任度越高 |
| H2.3 | 电子商务虚拟社区中价值观越统一,则信任度越高 |
| H2.4 | 电子商务虚拟社区中团结程度越高,则信任度越高 |

续表

| 编号 | 内容 |
|---|---|
| H2.5 | 电子商务虚拟社区中生活方式越相似,则信任度越高 |
| H3a | 社区认同程度越高,会员越认可虚拟社区的制度 |
| H3.1 | 虚拟社区中的小团体越多,会员越认可虚拟社区的制度 |
| H3.2 | 会员越认可自己的身份,会员越认可虚拟社区的制度 |
| H3.3 | 会员间价值观越相似,会员越认可虚拟社区的制度 |
| H3.4 | 会员间越团结,会员越认可虚拟社区的制度 |
| H3.5 | 会员间生活方式越相似,会员越认可虚拟社区的制度 |
| H3b | 社区认同程度越高,会员越认可虚拟社区的技术 |
| H3.6 | 虚拟社区中的小团体越多,会员越认可虚拟社区的技术 |
| H3.7 | 会员越认可自己的身份,会员越认可虚拟社区的技术 |
| H3.8 | 会员间价值观越相似,会员越认可虚拟社区的技术 |
| H3.9 | 会员间越团结,会员越认可虚拟社区的技术 |
| H3.10 | 会员间生活方式越相似,会员越认可虚拟社区的技术 |
| H4a | 消费者对电子商务虚拟社区的制度越满意,则其信任度就越高 |
| H4.1 | 消费者对电子商务虚拟社区注册条款长度越满意,则其信任度越高 |
| H4.2 | 消费者对电子商务虚拟社区注册条款清晰度越满意,则其信任度越高 |
| H4.3 | 消费者越认可权限等级设定,则其信任度就越高 |
| H4.4 | 消费者越认可积分增减条款,则其信任度就越高 |
| H4.5 | 消费者越认可礼物兑换条款,则其信任度就越高 |
| H4b | 消费者对电子商务虚拟社区的技术系统越满意,则消费者信任度越高 |
| H4.6 | 电子商务虚拟社区越能保护参与者隐私,则消费者信任度越高 |
| H4.7 | 电子商务虚拟社区系越稳定,则消费者信任度越高 |
| H4.8 | 电子商务虚拟社区导航系统越完善,则消费者信任度越高 |
| H4.9 | 电子商务虚拟社区系统运行速度越快,则消费者信任度越高 |
| H4.10 | 电子商务虚拟社区系统越支持个性化服务,则消费者信任度越高 |
| H4.11 | 电子商务虚拟社区系统的拟真度越高,则消费者信任度越高 |
| H4.12 | 电子商务虚拟社区系统的反馈渠道越多样化,则消费者信任度越高 |
| H5 | 消费者的电子商务信任程度越高,则其行为意向越强烈 |

# 第五章 实证研究设计与初步修正

以上基于理论和经验资料分析,构建了基于社区认同的电子商务信任模型,并初步提出了研究假设。本章将系统阐述研究方法,对研究工具进行信度和效度检验,并在此基础上修正理论模型和研究假设。

## 第一节 问卷设计与资料收集方法

### 一、问卷设计过程和问卷内容

利用问卷收集资料的目的是为了检验基于文献分析和实证资料的理论模型,因此问卷内容主要围绕理论模型中的变量展开。

(一)问卷设计过程

问卷设计主要经历了以下过程:1. 对电子商务信任的相关实证研究进行归纳梳理,对目前实证研究的调查问卷中与电子商务信任相关的题项进行归类摘抄整理,为本书的问卷设计提供题项库。2. 广泛浏览电子商务网站及其附属的电子商务虚拟社区,了解目前虚拟社区在电子商务网站中的应用现状,为本书的问卷设计提供经验基础。3. 与部分研究生、教师进行座谈,利用QQ、UT、网络游戏内嵌交流系统等远程交流工具访谈部分电子商务消费者。座谈和访谈的目的是了解消费者电子商务消费过程、对电子商务信任的认知以及对电子商务虚拟社区的使用情况等,以便为概念建构提供实证基础。4. 结合以上三个步骤提供的资料和本书提出的基于社区认同的电子商务信任模型设计问卷初稿,并通过个人关系招募30名研究生进行试调查。试调查要求研究生对题项内容、题项措辞、问卷版式以及资料收集方法等方面提供建议。5. 修正问卷,形成调查问卷最终稿(见附录),并将调查问卷录入开发好的网络问卷调查系统。

(二)问卷内容

本书根据两条线索来组织问卷内容:一是本书初步提出的理论分析框架和研

究假设。将理论分析框架中的概念进行概念操作化,对研究假设进行命题操作化,并将操作化结果转换为问卷中的题项。二是风笑天所提出的社会调查的三类题材:(1)某一人群的社会背景,即有关人们各种社会特征的资料,既包括某些人口统计学方面的内容,也包括人们生活环境方面的内容;(2)某一人群的社会行为和活动,即有关人们"做了些什么"以及他们"怎样做"等方面的资料;(3)某一人群的意见和态度,即有关人们"想些什么"、"如何想的"或"有什么看法"、"持什么态度"等方面的资料。① 根据以上方法,本书将问卷内容分为以下五个部分:个人特征、网站特征、虚拟社区各维度(制度维、行动维、技术维和社区认同)、电子商务信任以及消费者未来行为取向。

## 二、电子商务虚拟社区的选择

为了搞清楚电子商务虚拟社区中的信任生成机制,本书要求被调查者体验两个电子商务网站及其附属的虚拟社区。本书选择了两个带有虚拟社区的电子商务网站,一个是集消费信息服务和广告于一体的电子商务网站"我爱打折",一个是集服装批发和零售于一体的网店"易购买"(http://www.egobuy.com)。

笔者选择电子商务网站的标准是:(1)所选电子商务网站必须具有某种形式的虚拟社区,以便考察虚拟社区中的电子商务信任生成机制。"我爱打折"电子商务网站在整体上采用虚拟社区中的电子公告牌(BBS)形式,以供网站管理人员和网友(也可称为消费者或成员)之间以及网友间的相互交流。正如其论坛主旨所说:"成员自由发布各类打折优惠信息(目前仅限北京、上海、广州地区),共享信息,并与其他成员进行交流互动。通过资源共享,努力成为生活消费信息的源泉,并为每位成员带来实惠和愉悦感受。""易购买"网店则以包括商品展示、订单服务和网络支付等功能在内的网络销售系统为主体,虚拟社区则采用了"一问一答"和留言本式的虚拟社区形式。虽然在技术手段和表现形式上有差异,但从内容上看,这两种形式的虚拟社区都能实现虚拟社区的基本功能,有助于形成 Rheingold 所界定的虚拟社区,即由一群通过电脑网络相互沟通的人,彼此之间有某种程度的认识、分享某种程度的知识与信息、相当程度如同对待友人般彼此关怀,所形成的群体。(2)所选电子商务网站应该分属于不同行业,以通过电子商务虚拟社区的多样性提高模型检验的合理性。"我爱打折"网站属于信息服务业,主要提供用于消费者互动的平台,以便交流商品信息、消费体验情感和商品知识。通过虚拟社区吸

---

① 风笑天:《现代社会调查方法》,华中科技大学出版社 2001 年版,第 9~10、103~104 页。

引消费者参与,以便吸引其他商家在网站和虚拟社区中投放广告。"易购买"则属于批发和零售业,是"定位于为18—35岁的时尚人士提供时尚服饰分销服务的专业B2C网站"。

### 三、资料收集方法

#### (一)调查对象的选择

考虑到本书的主要目的是验证理论模型中各潜在变量的内在结构以及潜在变量之间的关系模型,而不是为了论证理论模型中各变量间的关系,而且,根据中国互联网络信息中心(CNNIC)历次发布的调查数据显示,大学生在网民中所占比例较大,而且大学生思维活跃、消费意识强和勇于尝试新消费方式等特点,也使得大学生成为网络购物的主要群体之一。因此,本书选择大学生作为调查对象,对大学生进行问卷调查来收集数据,以探求网络消费者的行为和态度。鉴于此,本书在理论分析的基础上,对社区认同、电子商务信任以及其他相关变量进行了抽象定义和操作性定义,并在对多变量关系进行理论分析的基础上提出了理论框架。为了检验操作性定义的科学性并验证该理论框架,本书采用问卷调查的方法收集了网络消费者的认知、态度和行为方面的数据。需要再次强调的是,这些数据主要用于验证变量的操作性定义和理论框架的合理性,而不是用于论证根据样本数据得到的结论来推论的研究主体。

本书要求参与此次调查的大学生依次浏览"我爱打折"和"易购买"两个电子商务网站及其附属的虚拟社区,并且在浏览完某一网站和虚拟社区后立即填写相应的调查问卷。笔者共招募了220名大学生,其中,完成"我爱打折"网站和虚拟社区评价的有203人,完成"易购买"网站评价的有208人,回收率分别为92%和95%。

#### (二)网络调查系统的开发

本书所用的网络调查系统使用了微软公司的动态服务网页技术(ASP)和SQL Server数据库技术。本书还借用了黑龙江大学MPA研究中心的网站开展此次网络调查,该网站域名是http://www.china-mpa.cn/da,使用的是中国领先的企业网络化服务提供商"万网公司"(http://www.net.cn)的虚拟服务器,以保证服务的稳定性和数据安全性。

#### (三)问卷调查的组织过程

本书的资料收集地点是黑龙江大学MPA多媒体教室。教室内配备了55台连接国际互联网的电脑,电子讲台具有教师监控、师生沟通、学生屏幕切换以及PPT

演示等功能。资料收集的组织过程如图5-1所示。为了使资料收集过程更加顺利,本书专门设计了调查指南便条分发给被访者(见表5-1),调查指南上有登录调查需要用的用户名和密码、调查流程以及相应的注意事项。

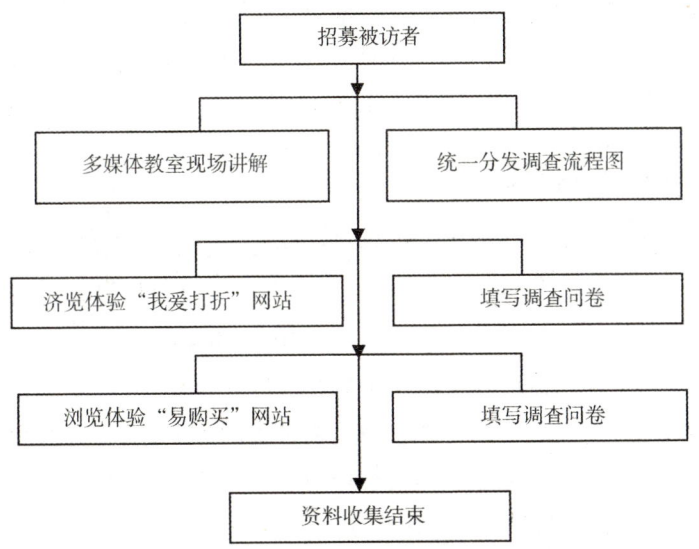

图5-1 资料收集流程

表5-1 调查指南

| 欢迎参与《基于社区认同的电子商务信任模型》的网络调查活动 |
|---|
| 被访者代码:＊＊＊ 网络调查系统登录账号:＊＊＊ 登录密码:＊＊＊<br>此次网络调查的具体流程和内容如下: |
| 1. 浏览体验第一个电子商务网站"我爱打折"(www.55bbs.com)及其附属的虚拟社区(即该网站的"社区"栏目)。浏览网站时需重点关注:网站的图片、文字、导航条、页面底部的各种说明链接。体验虚拟社区时需重点关注:注册条款、发帖回帖情况、成员间的知识/情感/信息交流、版面设计、访问速度等。 |
| 2. 登录网络调查系统(http://www.china-mpa.cn/dc)。用上面的账号和密码登录后填写评价"我爱打折"网站的调查问卷。填完后继续浏览体验第二个电子商务网站。 |
| 3. 浏览体验第二个电子商务网站"易购买"(www.egobuy.com)及其附属的虚拟社区(即该网站的"点评时尚"栏目)。注意事项同步骤1。 |
| 4. 在网络调查系统(www.china-mpa.cn/dc)中填写评价"易购买"网站的调查问卷。 |
| 注:＊＊＊部分属于个人信息,每位被访者都有独立的代码、登录账号和密码 |

## 第二节 描述性统计分析

本书将调查问卷内容分为以下五个部分：个人特征、网站特征、虚拟社区各维度（制度维、行动维、技术维和社区认同）、电子商务信任以及消费者的未来行为取向。以下将主要对这些变量进行描述性统计分析。

### 一、被访者个人特征

描述性统计分析可以分为集中趋势描述和离散趋势描述两部分，可以对被访者的个人特征、行为和态度进行总体说明。本书在收集数据时要求每位被访者浏览和体验两个不同的电子商务虚拟社区并利用同一份调查问卷对两个虚拟社区分别进行评价。由于不同被访者对不同虚拟社区的评价不一样，因此可以大致上将评价两个虚拟社区的同一个被访者看作是两个不同的人，从而将所有数据合并在一起进行分析。也就是说，以后的统计分析中除了刻意对"我爱打折"网和"易购买"网进行对比分析时将数据分为两部分外，其他统计分析均把两部分合并在一起使用。

#### （一）被访者个人基本特征

性别、专业和年龄等基本特征往往可能影响消费者的态度和行为取向。浏览并填写相应调查问卷的参与者的性别、专业和年龄分布如表 5-2 所示。

表 5-2 被访者基本特征

| | | "我爱打折"（N=203） | "易购买"（N=208） |
|---|---|---|---|
| 性别 | 男 | 64（31.5%） | 62（29.8%） |
| | 女 | 139（68.5%） | 146（70.2%） |
| 专业 | 文科 | 183（90.1%） | 185（88.9%） |
| | 理工科 | 20（9.9%） | 23（11.1%） |
| 年龄 | 18 岁 | 2（1.0%） | 2（1.0%） |
| | 19 岁 | 16（7.9%） | 16（7.7%） |
| | 20 岁 | 82（40.4%） | 85（40.9%） |
| | 21 岁 | 64（31.5%） | 61（29.3%） |
| | 22 岁 | 28（13.8%） | 34（16.3%） |
| | 23 岁 | 9（4.4%） | 7（3.3%） |
| | 24 岁 | 1（0.5%） | 2（1.0%） |
| | 25 岁 | 1（0.5%） | 1（0.5%） |

## (二)月消费额及其方差分析

经济收入是影响个人行为的重要因素。对被访者月消费额进行考察,可以反映其经济收入情况。具体来说,本书关注被访者的月平均消费额,以及不同性别、年龄和不同专业类别的被访者在月均消费额上的差异。经统计分析发现,月消费额的最小值为 200 元,最大值为 1 500 元,平均月消费额为 650.73 元,标准差为258.79。

对不同性别、年龄和不同专业类别的被访者在月消费额上的差异的分析通过方差分析来实现,分析结果分别见表 5-3、表 5-4 和表 5-5。男生月平均消费额为 726.59 元,女生月平均消费额为 616.96 元,方差分析表明男女生在 0.05 的水平上有显著差异。

表 5-3  不同性别的被访者在月消费额上的差异

|  | 平方和 | 自由度 | 平均平方和 | 方差比 F | 显著性 |
|---|---|---|---|---|---|
| 组间 | 1 047 760.839 | 1 | 1 047 760.839 | 16.229 | .000 |
| 组内 | 26 277 019.112 | 407 | 64 562.701 | — | — |
| 和 | 27 324 779.951 | 408 | — | — | — |

表 5-4  不同年龄的被访者在月消费额上的差异

|  | 平方和 | 自由度 | 平均平方和 | 方差比 F | 显著性 |
|---|---|---|---|---|---|
| 组间 | 1 047 211.873 | 7 | 149 601.696 | 2.283 | .027 |
| 组内 | 26 277 568.079 | 401 | 65 530.095 | — | — |
| 和 | 27 324 779.952 | 408 | — | — | — |

表 5-5  不同专业类别的被访者在月消费额上的差异

|  | 平方和 | 自由度 | 平均平方和 | 方差比 F | 显著性 |
|---|---|---|---|---|---|
| 组间 | 330 929.398 | 1 | 330 929.398 | 4.990 | .026 |
| 组内 | 26 993 850.553 | 407 | 66 323.957 | — | — |
| 和 | 27 324 779.951 | 408 | — | — | — |

文科学生的月平均消费额为 640.98 元,理科学生的月平均消费额为 733.72 元,方差分析表明文科生和理科生的月均消费额在 0.05 的水平上有显著差异。就

年龄来说,月消费最多的是18岁的被访者,月平均消费额为1 000元,月消费最少的是20岁的被访者,月平均消费额为400元,不同年龄的学生的月均消费额在0.05的水平上也有显著差异。

(三) 首次上网时间及其方差分析

被访者首次上网时间最早的是在10年前,最迟的是在本书开展研究的当年。对不同性别、年龄和不同专业类别的被访者在首次上网时间上的差异通过方差分析来实现,分析结果分别见表5-6、表5-7和表5-8。男生平均首次上网时间为5.92年前,女生平均首次上网时间为5.21年前,方差分析表明男女生在0.05的水平上有显著差异。文科学生的平均首次上网时间为5.42年前,理科学生的平均首次上网时间为5.50年前,方差分析表明文科生和理科生的首次上网时间在0.05的水平上无显著差异。首次上网时间最早的是年龄为25岁的被访者,首次上网时间为10年前,首次上网时间最晚的是年龄为19岁的被访者,首次上网时间为4.50年前,不同年龄的学生的首次上网时间在0.05的水平上无显著差异。

表5-6 不同性别的被访者在首次上网时间上的差异

|   | 平方和 | 自由度 | 平均平方和 | 方差比 F | 显著性 |
| --- | --- | --- | --- | --- | --- |
| 组间 | 43.178 | 1 | 43.178 | 8.967 | .003 |
| 组内 | 1 969.472 | 409 | 4.815 | — | — |
| 和 | 2 012.650 | 410 | — | — | — |

表5-7 不同年龄的被访者在首次上网时间上的差异

|   | 平方和 | 自由度 | 平均平方和 | 方差比 F | 显著性 |
| --- | --- | --- | --- | --- | --- |
| 组间 | 120.003 | 7 | 17.143 | 3.650 | .001 |
| 组内 | 1 892.647 | 403 | 4.696 | — | — |
| 和 | 2 012.650 | 410 | — | — | — |

表5-8 不同专业类别的被访者在首次上网时间上的差异

|   | 平方和 | 自由度 | 平均平方和 | 方差比 F | 显著性 |
| --- | --- | --- | --- | --- | --- |
| 组间 | .241 | 1 | .241 | .049 | .825 |
| 组内 | 2 012.409 | 409 | 4.920 | — | — |
| 和 | 2 012.650 | 410 | — | — | — |

## (四) 网络购物经历及其卡方检验

本书将网络购物经历分为"有"和"无"两类,并分析不同性别、不同专业类别和年龄的被访者在购物经历上的差异。在被访者中,有网络购物经历的有171人(约占41.6%),无网络购物经历的有240人(约占58.4%),具体见表5-9。卡方检验显示,不同性别的被访者在网络购物经历上有显著差异。不同年龄和不同专业类别的被访者在网络购物上的差异分别参见表5-10和表5-11。卡方检验显示,不同专业类别的被访者在网络购物上无显著差异,而不同年龄段的被访者在网络购物经历上则有显著差异。

表5-9 不同性别的被访者首次购物经历的差异

| $X^2=18.054$ | | 性别 | | 合计(人) |
|---|---|---|---|---|
| $P=.000$ | | 男 | 女 | |
| 网络购物经历 | 有 | 72 | 99 | 171 |
| | 无 | 54 | 186 | 240 |
| 合 计 | | 126 | 285 | 411 |

表5-10 不同年龄的被访者首次购物经历的差异

| $X^2=16.396$ | | 年龄(岁) | | | | | | | | 合计(人) |
|---|---|---|---|---|---|---|---|---|---|---|
| $P=.022$ | | 18 | 19 | 20 | 21 | 22 | 23 | 24 | 25 | |
| 网络购物经历 | 有 | 2 | 8 | 60 | 62 | 27 | 7 | 3 | 2 | 171 |
| | 无 | 2 | 24 | 107 | 63 | 35 | 9 | 0 | 0 | 240 |
| 合 计 | | 4 | 32 | 167 | 125 | 62 | 16 | 3 | 2 | 411 |

表5-11 不同专业类别的被访者首次购物经历的差异

| $X^2=0.085$ | | 专业类别 | | 合计(人) |
|---|---|---|---|---|
| $P=.771$ | | 文科 | 理科 | |
| 网络购物经历 | 有 | 154 | 17 | 171 |
| | 无 | 214 | 26 | 240 |
| 合 计 | | 368 | 43 | 411 |

此外,本书还调查了被访者在网络购物时考虑的不同因素,要求被访者对商品价格的高低、付款或送货的便捷程度、欺诈或泄露隐私等风险大小、虚拟社区或即时沟通等人性化购物环境以及商品质量优劣等五个因素进行排序。被访者考虑的因素按其重要程度(位置)分别为:欺诈或泄露隐私等风险大小(39.6%)、商品质量优劣(38.6%)、欺诈或泄露隐私等风险大小(25.5%)、付款或送货的便捷程度(44.1%)、虚拟社区或即时沟通等人性化购物环境(56.9%)。由此可以看出,"欺诈或泄露隐私等风险大小"在第一位和第三位出现的频率都比其他因素高,而"虚拟社区或即时沟通等人性化购物环境"则不被消费者重视,被56.9%的消费者排在第五位。这一方面说明被访者在网络购物时主要考虑欺诈和商品质量问题,另一方面可能说明被评价的两个电子商务网站在虚拟社区建设和运营上还不够完善。但需要注意的是,本书的被访者均为大学生,由于身份和经济条件的限制,他们对电子商务虚拟社区的参与可能比较有限。实际上,类似电子商务虚拟社区的网上社区在影响网民购买行为时居于比较重要的地位。康盛创想(Comsenz)和艾瑞(IResearch)共同发布的2007年《第三届中国网络社区研究报告》显示,影响网民购买行为的前五位因素分别为网上社区(如BBS、Blog)网友的意见(61.7%)、身边亲人或朋友的推荐(57.9%)、电视广告(57.5%)、互联网门户网站的广告(46.5%)和杂志广告(32.5%)。中国互联网络信息中心发布的《2008年中国网络购物调查研究报告》也显示(见图5-2),仅仅有10.6%的网络消费者在购物时从来不看商品评论。

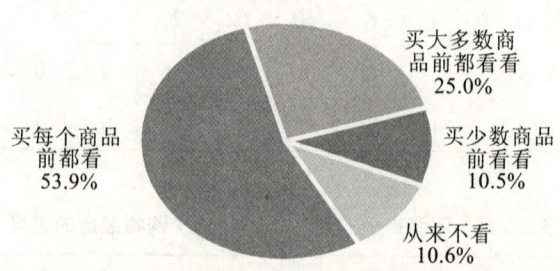

图5-2 网络消费者浏览商品评论的情况

注:图中数据来源于中国互联网络信息中心,www.cnnic.cn,2008年6月

关于商品评论出现的位置,CNNIC的调查数据也显示,在原购物网站的社区中的商品评论仅占9.8%,而在原购物网站商品下方的评论占到90.2%。这个调查数据和本书的数据相吻合,说明目前我国电子商务网站的虚拟社区建设的确比较落后。本书认为,购物网站社区和购物网站商品下方是两个社会性质不同的网络

空间。前者属于多对多的互动性很强的社会空间,而后者则大多属于一对多的互动性较弱的"准社会空间"。

## 二、被访者认知的网站特征

网站(包括整个电子商务网站及其所属的虚拟社区)特征对消费者行为意向会产生影响,这种影响因人而异,其原因在于消费者个人特征差异导致不同消费者对同一网站的特征认知可能并不相同。表5-12、表5-13、表5-14、表5-15、表5-16和表5-17分别显示了被访者对网站的熟悉程度、对网站规模的认知、对企业规模的认知、对虚拟社区规模的认知、对虚拟社区存在时间的认知以及对网站上的第三方保证的认知。

表5-12 被访者对网站的熟悉程度

| 熟悉程度 | 没听说过 | 听过但没访问过 | 听过且访问过 | 经常访问并且比较熟悉 |
|---|---|---|---|---|
| 百分比(%) | 41.1 | 31.1 | 22.6 | 5.2 |

表5-13 被访者对网站规模的认知

| 认知的网站规模 | 非常小 | 比较小 | 一般 | 比较大 | 非常大 |
|---|---|---|---|---|---|
| 百分比(%) | 6.1 | 14.1 | 43.3 | 33.3 | 3.2 |

表5-14 被访者对企业规模的认知

| 认知的企业规模 | 非常小 | 比较小 | 一般 | 比较大 | 非常大 |
|---|---|---|---|---|---|
| 百分比(%) | 6.1 | 13.9 | 48.9 | 28.5 | 2.6 |

表5-15 被访者对虚拟社区规模的认知

| 认知的虚拟社区规模 | 非常小 | 比较小 | 一般 | 比较大 | 非常大 |
|---|---|---|---|---|---|
| 百分比(%) | 5.4 | 15.5 | 43.5 | 32.4 | 3.2 |

表5-16 被访者对虚拟社区存在时间的认知

| 认知的虚拟社区存在时间 | 非常短 | 比较短 | 一般 | 比较长 | 非常长 |
|---|---|---|---|---|---|
| 百分比(%) | 5.6 | 28.5 | 27.7 | 36.5 | 1.7 |

表 5-17 被访者对网站上的第三方保证的认知

| 认知的第三方保证 | 非常少 | 比较少 | 一般 | 比较多 | 非常多 |
|---|---|---|---|---|---|
| 百分比(%) | 8.8 | 40.1 | 40.2 | 10.7 | 0.2 |

## 三、被访者的电子商务信任

本书主要关注电子商务虚拟社区(具体为社区认同)对电子商务信任的影响模式,因此,调查问卷中要求被访者从可信、承诺、利益、监控、能力和预测等六个方面,评价浏览和体验过的电子商务网站的可信任程度。描述性统计见表 5-18。

表 5-18 被访者对电子商务网站的评价

| 项目 | 非常小 | 比较小 | 一般 | 比较大 | 非常大 |
|---|---|---|---|---|---|
| 可信程度 | 4.6 | 10.9 | 42.7 | 38.9 | 2.9 |
| 信守承诺的可能性 | 7.8 | 10.2 | 40.6 | 36.5 | 4.9 |
| 将消费者利益放在心中的程度 | 6.3 | 13.6 | 43.6 | 32.1 | 4.4 |
| 在不受监控时仍正确行事的可能性 | 12.9 | 20.2 | 40.4 | 23.8 | 2.7 |
| 履行承诺的能力 | 7.1 | 11.4 | 44.8 | 32.6 | 4.1 |
| 行为可预测性程度 | 7.5 | 16.1 | 48.7 | 25.3 | 2.4 |

注:表中数据均为百分比

除此之外,本书还考察了被访者的一般信任水平和风险意识自我评价,频率分布参见表 5-19。

表 5-19 被访者的一般信任水平和风险意识自我评价

| 项目 | 非常低 | 比较低 | 一般 | 比较高 | 非常高 |
|---|---|---|---|---|---|
| 被访者的一般信任水平 | 5.4 | 7.1 | 41.1 | 42.3 | 4.1 |
| 被访者的风险意识自我评价 | 4.4 | 12.4 | 37.7 | 40.6 | 4.9 |

注:表中数据均为百分比

## 四、被访者的未来行为取向

表5-20 被访者针对体验过的网站的未来行为取向

| 项目 | 非常小 | 比较小 | 一般 | 比较大 | 非常大 |
|---|---|---|---|---|---|
| 购物的可能性 | 16.5 | 25.5 | 28.7 | 25.2 | 4.1 |
| 向朋友推荐的可能性 | 13.9 | 20.2 | 28.5 | 27.9 | 9.5 |
| 接受虚拟社区中的知识或信息的可能性 | 8.3 | 13.6 | 38.0 | 34.5 | 5.6 |
| 再次访问虚拟社区的可能性 | 12.2 | 18.9 | 26.3 | 31.9 | 10.7 |
| 再次访问电子商务网站的可能性 | 12.4 | 14.4 | 28.9 | 30.7 | 13.6 |

注：表中数据均为百分比

表5-21 被访者对互联网未来发展前景的看法

| 被访者对互联网未来发展前景的看法 | 特别差 | 比较差 | 一般 | 比较好 | 特别好 |
|---|---|---|---|---|---|
| 百分比(%) | 3.2 | 1.9 | 9.7 | 57.9 | 27.3 |

## 第三节 信度检验与效度检验

信度(reliability)即可靠性，它指的是采用同样的方法对同一对象重复进行测量时，其所得结果相一致的程度；而效度(walidity)即准确度，是指测量工具或测量手段能够准确测出所要测量的变量的程度。[①] 在对调查数据进行正式分析以用于检验理论模型之前，需要对调查问卷的信度和效度进行分析。分析的目的有两个：其一，通过定量的方法检验问卷中各初始理论建构的合理性；其二，有助于修正初始理论模型和研究假设。为了达到这两个目的，本书采用了社会科学中常用的社会科学统计软件SPSS和结构方程分析软件AMOS进行辅助分析。

### 一、信度分析

本书所用的调查问卷包括五部分内容，即被访者个人特征、电子商务网站特

---

① 风笑天：《现代社会调查方法》，华中科技大学出版社2001年版，第9~10、103~104页。

征、虚拟社区各维度(制度维、行动维、技术维和社区认同)、电子商务信任以及消费者未来行为取向。个人特征属于被访者具备的客观特点,电子商务网站特征属于被访者的主观评价,这两部分不需要进行信度分析。与此不同的是,本书构建的几个维度、电子商务信任和消费者未来行为取向则属于研究者根据经验事实和理论分析进行的主观构建,需要进行整体信度分析、因子分析和各部分信度分析。

(一)整体信度分析

在整体信度分析中,本书需要将进行信度分析的部分所对应的45个变量进行整合。由于每位被访者都利用同样的调查问卷评价了两个不同的电子商务虚拟社区,因此,本书除了需要利用所有被访者对两个电子商务虚拟社区的评价数据进行整体信度分析外,还需要进行数据分离,分别利用被访者对每个电子商务虚拟社区的评价数据进行单独的信度分析。利用 SPSS 软件计算的 Cronbach 的 $\alpha$ 信度系数大小见表5-22。由表可见,基于三类数据的信度大小都在0.95以上,远远高于学术界公认的0.7的信度临界值,说明本书所用的测量工具具有非常高的信度。

表5-22　测量工具的整体信度分析

| 信度类型 | 样本量 | 变量数量 | 信度大小 | 信度评价 |
| --- | --- | --- | --- | --- |
| 基于所有数据的整体信度 | 411 | 50 | 0.956 | 非常高 |
| 基于"我爱打折"网数据的整体信度 | 203 | 50 | 0.959 | 非常高 |
| 基于"易购买"网数据的整体信度 | 208 | 50 | 0.954 | 非常高 |

(二)因子分析

因子分析法是从研究变量内部相关的依赖关系出发,把一些具有错综复杂关系的变量归结为少数几个综合因子的一种多变量统计分析方法。它的基本思想是将观测变量进行分类,使得相关性较高变量分在同一类中,而不同类变量之间的相关性则较低。由此,每类变量代表一个基本结构,即公共因子。

在进行因子分析之前,需要通过 KMO 和 Bartlett 检验方法来考察数据是否适合做因子分析。由表5-23可知,样本充足性衡量值为0.947,说明本数据适合做因子分析;巴特勒球形检验的近似卡方值为9 180.167,显著性为0,说明本书中的初始变量不存在多重共线性,适合做因子分析。

表 5-23　因子分析适合性检验结果

| KMO 样本充足性测量 | | .947 |
|---|---|---|
| Bartlett 球形检验 | 近似卡方值 | 9 180.167 |
| | 自由度 | 946 |
| | 显著性 | .000 |

本书在对数据进行因子分析的合适性进行考察的基础上进行因子分析。首先,用 SPSS 默认的因子分析设置对包含 45 个初始变量的数据进行因子分析。由于此时因子负载并不明显集中,因此采用最大变异法(Varimax)进行旋转,力图使每个因子上具有较高载荷的变量数最少。此时的分析结果见表 5-24,其中,因子负载在 0.5 以下的已经删除。8 个因子可以解释的方差为 58.49%。

表 5-24　对初始变量采用最大变异法的因子分析结果

| | 1 | 2 | 3 | 4 | 5 | 6 | 7 | 8 |
|---|---|---|---|---|---|---|---|---|
| 再访网站 | .801 | — | — | — | — | — | — | — |
| 再访社区 | .800 | — | — | — | — | — | — | — |
| 推荐 | .750 | — | — | — | — | — | — | — |
| 购买 | .692 | — | — | — | — | — | — | — |
| 接受 | .651 | — | — | — | — | — | — | — |
| 拟真 | — | .653 | — | — | — | — | — | — |
| 导航 | — | .625 | — | — | — | — | — | — |
| 稳定 | — | .574 | — | — | — | — | — | — |
| 隐私 | — | .534 | — | — | — | — | — | — |
| 个性 | — | .527 | — | — | — | — | — | — |
| 速度 | — | .520 | — | — | — | — | — | — |
| 理解 | — | .519 | — | — | — | — | — | — |
| 真实 | | | | | | | | |
| 利益 | — | — | .686 | — | — | — | — | — |
| 能力 | — | — | .648 | — | — | — | — | — |
| 承诺 | — | — | .639 | — | — | — | — | — |
| 监控 | — | — | .618 | — | — | — | — | — |
| 可信 | | | .528 | | | | | |

续表

| | 1 | 2 | 3 | 4 | 5 | 6 | 7 | 8 |
|---|---|---|---|---|---|---|---|---|
| 预测 | — | — | — | — | — | — | — | — |
| 参与 | — | — | — | .694 | — | — | — | — |
| 移情 | — | — | — | .683 | — | — | — | — |
| 主动 | — | — | — | .598 | — | — | — | — |
| 反馈 | — | — | — | .534 | — | — | — | — |
| 团结 | — | — | — | — | — | — | — | — |
| 数量 | — | — | — | — | — | — | — | — |
| 积分 | — | — | — | — | .651 | — | — | — |
| 清晰 | — | — | — | — | .648 | — | — | — |
| 等级 | — | — | — | — | .629 | — | — | — |
| 长度 | — | — | — | — | .626 | — | — | — |
| 兑换 | — | — | — | — | .579 | — | — | — |
| 有用 | — | — | — | — | — | — | — | — |
| 善意 | — | — | — | — | — | .648 | — | — |
| 真实 | — | — | — | — | — | .533 | — | — |
| 相关 | — | — | — | — | — | .518 | — | — |
| 充足 | — | — | — | — | — | — | — | — |
| 生活 | — | — | — | — | — | — | — | — |
| 原创 | — | — | — | — | — | — | — | — |
| 速度 | — | — | — | — | — | — | — | — |
| 意见 | — | — | — | — | — | — | .764 | — |
| 丧失 | — | — | — | — | — | — | .640 | — |
| 商业 | — | — | — | — | — | — | .627 | — |
| 团体 | — | — | — | — | — | — | .624 | — |
| 集群 | — | — | — | — | — | — | .566 | — |
| 价值 | — | — | — | — | — | — | — | .596 |
| 身份 | — | — | — | — | — | — | — | — |

注：低于0.5者未标出，用"—"表示

因子分析得出的 8 个维度和通过理论分析建构出的 8 个维度中包含的题项不尽相同,个别因子不易命名,必须删除部分负载不高的题项,将某些题项从一个因子移到其他因子,并将负载不明确的题项进行单独分析。"知识共享"中去掉了"有用"、"真实"和"速度";"信息交流"中删除了"数量"、"真实"和"理解",增加了两个原来不属于该维度的"集群"和"团体";"情感沟通"中去掉了"善意"、"集群"和"丧失";"社区认同"中去掉了"团体"和"身份";"制度维"中去掉了"兑换";"技术维"中去掉了"反馈";"电子商务信任"中去掉了"预测";"消费者行为意向"的全部题项被保留。将保留的题项再次进行因子分析,得到的 6 个因子可以解释的方差为 57.618%。虽然可以解释的方差较调整前的 8 个因子可以解释的方差稍微小一点,但考虑到因子结构更加清晰,仍然可以接受。此时样本充足性检验结果如表 5-25 所示,重新进行因子分析后的结果如表 5-26 所示。

表 5-25 修正后因子分析适合性检验结果

| KMO 样本充足性测量 | | .933 |
|---|---|---|
| Bartlett 球形检验 | 近似卡方值 | 6 639.424 |
| | 自由度 | 561 |
| | 显著性 | .000 |

表 5-26 变量调整后采用最大变异法的因子分析结果

| | 1 | 2 | 3 | 4 | 5 | 6 |
|---|---|---|---|---|---|---|
| 再访社区 | .813 | — | — | — | — | — |
| 再访网站 | .811 | — | — | — | — | — |
| 推荐 | .759 | — | — | — | — | — |
| 购买 | .696 | — | — | — | — | — |
| 接受 | .647 | — | — | — | — | — |
| 利益 | — | .697 | — | — | — | — |
| 能力 | — | .661 | — | — | — | — |
| 承诺 | — | .644 | — | — | — | — |
| 监控 | — | .643 | — | — | — | — |
| 可信 | — | .589 | — | — | — | — |
| 拟真 | — | — | .701 | — | — | — |

续表

| | 1 | 2 | 3 | 4 | 5 | 6 |
|---|---|---|---|---|---|---|
| 导航 | — | — | .649 | — | — | — |
| 稳定 | — | — | .594 | — | — | — |
| 隐私 | — | — | .575 | — | — | — |
| 速度 | — | — | .558 | — | — | — |
| 个性 | — | — | .525 | — | — | — |
| 移情 | — | — | — | .720 | — | — |
| 参与 | — | — | — | .716 | — | — |
| 主动 | — | — | — | .668 | — | — |
| 团结 | — | — | — | .518 | — | — |
| 生活 | — | — | — | — | — | — |
| 价值 | — | — | — | — | — | — |
| 清晰 | — | — | — | — | .713 | — |
| 长度 | — | — | — | — | .707 | — |
| 等级 | — | — | — | — | .664 | — |
| 积分 | — | — | — | — | .567 | — |
| 原创 | — | — | — | — | — | — |
| 相关 | — | — | — | — | — | — |
| 充足 | — | — | — | — | — | — |
| 意见 | — | — | — | — | — | .749 |
| 丧失 | — | — | — | — | — | .712 |
| 团体 | — | — | — | — | — | .702 |
| 商业 | — | — | — | — | — | .575 |
| 集群 | — | — | — | — | — | .567 |

注：低于 0.5 者未标出，用"—"表示

再次因子分析表明，理论模型中有两个潜在变量负载不明，其他各维度均与理论分析结果接近。对因子负载不明的"知识共享"和"社区认同"，本书根据理论分析，仍然将它们纳入理论模型。

## (三) 各部分的信度分析

为了进一步检验测量工具的信度,本书对因子分析后确认的各维度单独进行信度分析。分析结果如表 5-27 所示。

表 5-27  变量调整后因子分析确认的各维度的信度分析结果

| 维度 | 变量 | 题项对总体相关 | α信度 | 维度 | 变量 | 题项对总体相关 | α信度 |
|---|---|---|---|---|---|---|---|
| 制度维 | 长度 | .536 | .737 | 技术维 | 隐私 | .552 | .825 |
| 制度维 | 清晰 | .642 | .737 | 技术维 | 导航 | .619 | .825 |
| 制度维 | 等级 | .509 | .737 | 技术维 | 稳定 | .631 | .825 |
| 制度维 | 积分 | .470 | .737 | 技术维 | 速度 | .562 | .825 |
| 制度维 |  |  | .737 | 技术维 | 个性 | .571 | .825 |
| 情感沟通 | 移情 | .616 | .781 | 社区认同 | 拟真 | .631 | .700 |
| 情感沟通 | 参与 | .642 | .781 | 社区认同 | 价值 | .562 | .700 |
| 情感沟通 | 主动 | .597 | .781 | 社区认同 | 团结 | .531 | .700 |
| 情感沟通 |  |  | .781 | 社区认同 | 生活 | .468 | .700 |
| 知识共享 | 原创 | .416 | .652 | 电子商务信任 | 可信 | .659 | .860 |
| 知识共享 | 相关 | .468 | .652 | 电子商务信任 | 承诺 | .712 | .860 |
| 知识共享 | 充足 | .505 | .652 | 电子商务信任 | 利益 | .698 | .860 |
| 知识共享 |  |  | .652 | 电子商务信任 | 监控 | .605 | .860 |
| 知识共享 |  |  | .652 | 电子商务信任 | 能力 | .720 | .860 |
| 信息交流 | 集群 | .471 | .728 | 消费者行为意向 | 购买 | .719 | .910 |
| 信息交流 | 商业 | .394 | .728 | 消费者行为意向 | 推荐 | .811 | .910 |
| 信息交流 | 意见 | .567 | .728 | 消费者行为意向 | 接受 | .736 | .910 |
| 信息交流 | 团体 | .509 | .728 | 消费者行为意向 | 再访社区 | .805 | .910 |
| 信息交流 | 丧失 | .502 | .728 | 消费者行为意向 | 再访网站 | .793 | .910 |

## 二、效度分析

### (一) 内容效度

本书从内容效度和构念效度两方面来衡量测量工具的效度。内容效度可以从两方面进行衡量:(1) 看所引用的其他学者的题项本身是否具有较好的效度。调查问卷中的绝大部分题项引自其他学者的相关研究,例如本书中制度维、行动维、技术维和社区认同等维度的设计得益于其他学者对电子商务信任的类型和来源的研究,具体有张喜征提出的表现的能力与善意基的信任、威吓基的信任、知识(认知)基的信任、认同与归属感信任以及规则与制度基的信任等五种信任类型;McKnight 和 Chervany 等学者提出的倾向型信任、制度型信任和人际信任等三类信任①;Wang 等人归纳的虚拟社区的功能需求(交易、信息、娱乐、方便和价值)、心理需求(认同、参与、归属、联系、创造)和社会需求(关系互动、信任、沟通、逃避)也对本书的研究有很大的启发作用。② 虚拟社区技术维受到 Davis 提出的技术接受模型(TAM)及相关模型的启发,同时参考了庞川和薛华成等学者对网站系统的稳定性、网站技术的先进性、信息下载的速度(如打开页面的速度)、网页设计的美观性和实用性以及网站有无权威的网络安全认证等的讨论。社区认同维度的建构主要得益于 Bhatt 对虚拟现实技术的互动、沉浸和联系方面的探讨,等等。由此可见,本调查问卷所采用的众多题项具有一定的效度。(2)问卷是否经过多位研究者讨论、前测和修改。本问卷在设计过程中与研究生、教师进行了面对面的座谈,利用 QQ、UT 和网络游戏内嵌交流系统等远程交流工具访谈了部分电子商务消费者,并且招募了 30 名研究生进行了试调查。这些过程都在一定程度上保证了本调查问卷的效度。

### (二)构念效度

构念效度从因子负载和分项对总项(Item to Total)的相关系数两方面进行衡量。如果因子分析中的因子负载大于 0.4,分项对总项的相关系数大于 0.5,则说明题项具有较高效度。

变量调整后采用最大变异法的因子分析结果表明,除了知识共享和社区认同两个维度外,其他维度的因子负载均在 0.5 以上。变量调整后因子分析所确认的各维度的信度分析结果表明,除了积分、原创、集群、商业和生活等几个题项对总体相关系数小于 0.5 以外,其他绝大部分的题项对总体相关系数均大于 0.5。

综上,本书所采用的调查问卷具有较好的信度和效度,所收集的数据可以用于进一步的理论模型检验。

---

① D. H. McKnight, N. L. Chervany,"What Trust Means in E-Commerce Customer Relationships: An Interdisciplinary Conceptual Typology", *International Journal of Electronic Commerce*, vol. 6, No. 2, 2001 – 2002, pp. 35 – 59.

② Y. Wang, Q. Yu, D. R. Fesenmaier, "Defining the Virtual Tourist Community: Implications for Tourism Marketing", *Tourism Management*, No. 23, 2002, pp. 407 – 417.

## 第四节 因子分析修正后的理论模型和研究假设

### 一、因子分析修正后的理论模型

经过因子分析修正,本书将信度和效度较高的34个观测变量及其对应的8个潜在变量之间的关系用图5-3表示,作为进一步检验的理论模型。

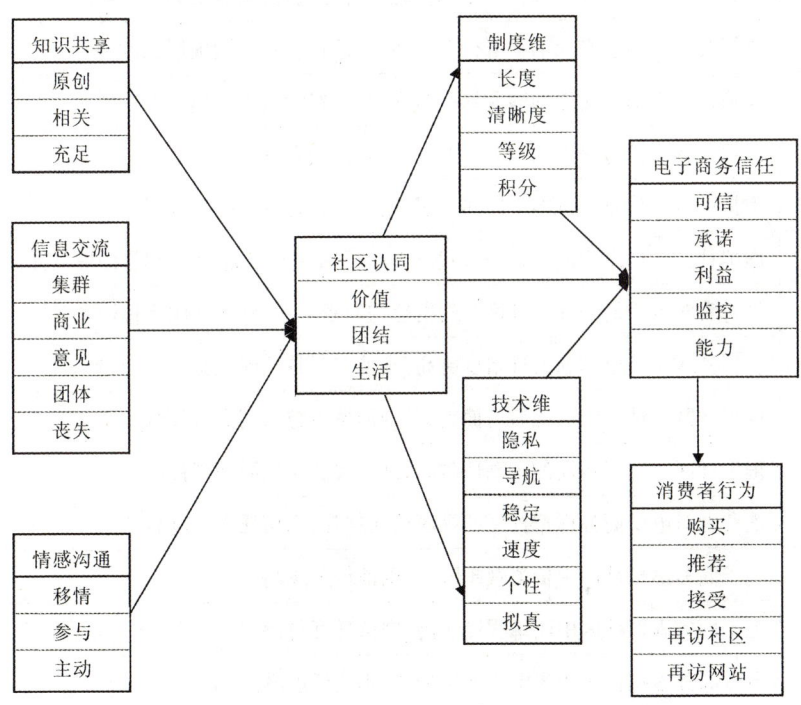

图5-3 因子分析后的理论模型

注:由于篇幅所限,研究假设没在理论模型上标出来,因子分析后的研究假设见表5-28。

### 二、因子分析修正后的研究假设

根据因子分析结果和初步修正后的理论模型,研究假设也进行了相应调整,数量由51个减少为39个(见表5-28)。

表 5-28　理论模型变量调整后的研究假设

| 编号 | 内容 |
| --- | --- |
| H1a | 消费者对电子商务虚拟社区中的知识共享越满意,则越认同虚拟社区 |
| H1.1 | 虚拟社区中共享的知识越具有原创性,则消费者越认同虚拟社区 |
| H1.2 | 虚拟社区中共享的知识与消费者需求越相关,则消费者越认同虚拟社区 |
| H1.3 | 虚拟社区中共享的知识越充足,则消费者越认同虚拟社区 |
| H1b | 消费者对电子商务虚拟社区中的信息交流越满意,则越认同虚拟社区 |
| H1.4 | 虚拟社区中信息交流的集群行为越多,则消费者越认同虚拟社区 |
| H1.5 | 虚拟社区中信息交流的商业导向越强,则消费者越不认同虚拟社区 |
| H1.6 | 虚拟社区中信息交流的意见领袖越多,则消费者越认同虚拟社区 |
| H1.7 | 虚拟社区中信息交流的小团体越多,则消费者越认同虚拟社区 |
| H1.8 | 虚拟社区中信息交流中丧失自我意识的现象越多,则消费者越认同虚拟社区 |
| H1c | 消费者对电子商务虚拟社区中的情感沟通越满意,则越认同虚拟社区 |
| H1.9 | 虚拟社区中情感沟通的移情度越高,则消费者越认同虚拟社区 |
| H1.10 | 虚拟社区中情感沟通的参与面越广,则消费者越认同虚拟社区 |
| H1.11 | 虚拟社区中情感沟通的主动性越高,则消费者越认同虚拟社区 |
| H2 | 消费者对电子商务虚拟社区的社区认同越强,则信任水平越高 |
| H2.1 | 电子商务虚拟社区中价值观越统一,则信任度越高 |
| H2.2 | 电子商务虚拟社区中团结程度越高,则信任度越高 |
| H2.3 | 电子商务虚拟社区中生活方式越相似,则信任度越高 |
| H3a | 社区认同程度越高,会员越认可虚拟社区的制度 |
| H3.1 | 会员间价值观越相似,会员越认可虚拟社区的制度 |
| H3.2 | 会员间越团结,会员越认可虚拟社区的制度 |
| H3.3 | 会员间生活方式越相似,会员越认可虚拟社区的制度 |
| H3b | 社区认同程度越高,会员越认可虚拟社区的技术 |
| H3.4 | 会员间价值观越相似,会员越认可虚拟社区的技术 |
| H3.5 | 会员间越团结,会员越认可虚拟社区的技术 |
| H3.6 | 会员间生活方式越相似,会员越认可虚拟社区的技术 |

续表

| 编号 | 内容 |
|---|---|
| H4a | 消费者对电子商务虚拟社区的制度越满意,则其信任度就越高 |
| H4.1 | 消费者对电子商务虚拟社区注册条款长度越满意,则其信任度越高 |
| H4.2 | 消费者对电子商务虚拟社区注册条款清晰度越满意,则其信任度越高 |
| H4.3 | 消费者越认可权限等级设定,则其信任度就越高 |
| H4.4 | 消费者越认可积分增减条款,则其信任度就越高 |
| H4b | 消费者对电子商务虚拟社区的技术系统越满意,则消费者信任度越高 |
| H4.5 | 电子商务虚拟社区越能保护参与者隐私,则消费者信任度越高 |
| H4.6 | 电子商务虚拟社区导航系统越完善,则消费者信任度越高 |
| H4.7 | 电子商务虚拟社区系统越稳定,则消费者信任度越高 |
| H4.8 | 电子商务虚拟社区系统运行速度越快,则消费者信任度越高 |
| H4.9 | 电子商务虚拟社区系统越支持个性化服务,则消费者信任度越高 |
| H4.10 | 电子商务虚拟社区系统的拟真度越高,则消费者信任度越高 |
| H5 | 消费者的电子商务信任程度越高,则其行为意向越强烈 |

# 第六章 研究假设与理论模型的检验与修正

## 第一节 基于相关分析的假设检验

本书关注电子商务虚拟社区的行动维、社区认同、制度维、技术维与电子商务信任和消费者行动意向之间的关系。数据分析的具体思路如下：对电子商务虚拟社区各维度所含题项与电子商务信任的关系进行相关分析，此分析中自变量数据为各题项的原始分，因变量数据为因子得分；用典型相关分析考察电子商务虚拟社区各维度与电子商务信任的关系以及电子商务信任和与消费者行为意向的相关关系，该分析采用的数据为两组变量的原始数据。

### 一、行动维对社区认同的影响

关于行动维与社区认同的关系，先用相关分析检验三个子维度中各题项与社区认同的关系，最后利用典型相关分析分别探究三个子维度与社区认同的关系。由于相关分析不能区分关系的方向，笔者通过理论分析确定关系的方向，并利用相关分析的显著性检验来确定理论分析是否正确。

#### （一）知识共享与社区认同

知识共享包括原创、相关和充足等三个题项，本书将三个题项的原始分分别与社区认同的因子得分进行相关分析，考察三个题项对社区认同的影响。同时，作为三个题项的综合的知识共享维度也会对社区认同产生影响。由于知识共享和社区认同分别包含多个观测变量，因此本书利用典型相关分析方法考察两者关系。利用统计软件 SAS 中的典型相关过程进行分析表明：(1)知识共享和社区认同的典型相关系数为 0.45，且在 0.000 1 水平上显著。(2)知识共享的第一个典型变量可以解释 58.93% 的方差，社区认同的第一个典型变量可以解释 61.58% 的方差。(3)知识共享的重叠量数为 12.07%，说明社区认同可以解释知识共享方差的 12.07%;社区认同的重叠量数为 12.61%,说明知识共享可以解释社区认同方差的 12.61%;两个重叠量数均超过 5% 的临界值。以上相关分析及其检验结果见表 6-1。

表 6-1 知识共享与社区认同的关系检验表

| 研究假设(变量关系) | 相关系数 | 显著性 | 研究假设是否支持 |
| --- | --- | --- | --- |
| H1.1 原创与社区认同 | 0.38** | 显著 | 支持 |
| H1.2 相关与社区认同 | 0.34** | 显著 | 支持 |
| H1.3 充足与社区认同 | 0.38** | 显著 | 支持 |
| H1a 知识共享与社区认同 | 0.45*** | 显著 | 支持 |

注:*** 表示 $p<0.01$,** 表示 $p<0.05$

(二)信息交流与社区认同

信息交流包括集群行为、商业导向、意见领袖、小团体和自我意识丧失等五个题项,本书利用相关分析方法分别考察了它们对社区认同的影响。同时,作为三个题项的综合的信息交流维度也会对社区认同中的各观测变量产生影响。由于信息交流和社区认同分别包含多个观测变量,本书利用典型相关分析方法考察两者关系。利用统计软件 SAS 中的典型相关过程进行分析表明:(1)信息交流和社区认同的典型相关系数为 0.44,且在 0.0001 水平上显著。(2)信息交流的第一个典型变量可以解释 45.35% 的方差,社区认同的第一个典型变量可以解释 60.47% 的方差。(3)信息交流的重叠量数为 8.7%,说明社区认同可以解释信息交流方差的 8.7%;社区认同的重叠量数为 11.6%,说明信息交流可以解释社区认同方差的 11.6%;两个重叠量数均超过 5% 的临界值。以上相关分析及其检验结果见表 6-2。

表 6-2 信息交流与社区认同的关系检验表

| 研究假设(变量关系) | 相关系数 | 显著性 | 研究假设是否支持 |
| --- | --- | --- | --- |
| H1.4 集群行为与社区认同 | 0.273** | 显著 | 支持 |
| H1.5 商业导向与社区认同 | 0.268** | 显著 | 支持 |
| H1.6 意见领袖与社区认同 | 0.272** | 显著 | 支持 |
| H1.7 小团体与社区认同 | 0.348** | 显著 | 支持 |
| H1.8 意识丧失与社区认同 | 0.292** | 显著 | 支持 |
| H1b 信息交流与社区认同 | 0.44*** | 显著 | 支持 |

注:*** 表示 $p<0.01$,** 表示 $p<0.05$

### (三)情感沟通与社区认同

情感沟通包括移情、参与和主动等三个题项,本书利用相关分析方法分别考察它们对社区认同的影响。同时,作为三个题项的综合的情感沟通维度也会对社区认同产生影响。由于情感沟通和社区认同分别包含多个观测变量,本书利用典型相关分析方法考察它们之间的关系。利用统计软件 SAS 中的典型相关过程进行分析表明:(1)情感沟通和社区认同的典型相关系数为 0.60,且在 0.000 1 水平上显著。(2)情感沟通的第一个典型变量可以解释 67.10% 的方差,社区认同的第一个典型变量可以解释 59.28% 的方差。(3)情感沟通的重叠量数为 24%,说明社区认同可以解释情感沟通方差的 24%;社区认同的重叠量数为 21.2%,说明情感沟通可以解释社区认同方差的 21.2%;两个重叠量数均超过 5% 的临界值。以上相关分析及其检验结果见表 6-3。

表 6-3 情感沟通与社区认同的关系检验表

| 研究假设(变量关系) | 相关系数 | 显著性 | 研究假设是否支持 |
| --- | --- | --- | --- |
| H1.9 移情与社区认同 | 0.44** | 显著 | 支持 |
| H1.10 参与与社区认同 | 0.44** | 显著 | 支持 |
| H1.11 主动与社区认同 | 0.53** | 显著 | 支持 |
| H1c 情感沟通与社区认同 | 0.60*** | 显著 | 支持 |

注:*** 表示 $p<0.001$,** 表示 $p<0.05$。

## 二、社区认同对电子商务信任的影响

社区认同维度包括价值、团结和生活方式等三个题项,本书利用相关分析方法分别考察了它们对电子商务信任的影响。同时,作为三个题项的综合的社区认同也会对电子商务信任产生影响。由于社区认同和电子商务信任分别包含多个观测变量,本书利用典型相关分析方法考察两者关系。利用统计软件 SAS 中的典型相关过程进行分析表明:(1)社区认同和电子商务信任的典型相关系数为 0.58,且在 0.000 1 水平上显著。(2)社区认同的第一个典型变量可以解释 61.68% 的方差,电子商务信任的第一个典型变量可以解释 62.67% 的方差。(3)社区认同的重叠量数为 20.99%,说明电子商务信任可以解释社区认同方差的 20.99%;电子商务信任的重叠量数为 21.33%,说明社区认同可以解释电子商务信任方差的 21.33%;两个重叠量数均超过 5% 的临界值。以上相关分析及其检验结果见表 6-4。

表6-4 社区认同与电子商务信任的关系检验表

| 研究假设(变量关系) | 相关系数 | 显著性 | 研究假设是否支持 |
|---|---|---|---|
| H2.1 价值观与信任 | 0.18** | 显著 | 支持 |
| H2.2 团结与信任 | 0.31** | 显著 | 支持 |
| H2.3 生活方式与信任 | 0.14** | 显著 | 支持 |
| H2 社区认同与信任 | 0.58*** | 显著 | 支持 |

注：*** 表示 $p<0.001$，** 表示 $p<0.05$

## 三、社区认同对制度维和技术维的影响

电子商务虚拟社区是特殊的网络生活空间，它以网络技术(技术维)为基础，以各种规章制度(制度维)为规范，以知识共享、信息交流和情感沟通(行动维)为主要内容。在技术维、制度维和行动维的相互作用下，电子商务虚拟社区的管理者和参与者之间以及参与者与参与者之间会形成以共同利益或共同兴趣为基础的网络社会关系。随着电子商务虚拟社区参与者价值观逐步统一、团结程度逐步提高，以及行动和生活方式逐步走向相似，参与者将可能产生某种程度的社区认同和对虚拟社区的信任。在社区认同的产生过程中，电子商务虚拟社区使用的各种网络技术，制定的各种规章制度，特别是虚拟社区参与者之间的各种社会行为都起到了重要作用。同时，社区认同形成后又会反作用于虚拟社区，使得虚拟社区成员对社区制度和技术产生正向评价。本部分将在前述理论分析的基础上，利用典型相关分析对前文提出的研究假设进行检验。

### (一)社区认同与制度维的关系

利用统计软件 SAS 中的典型相关过程对制度维和社区维的关系进行分析表明：(1)制度维和社区认同的典型相关系数为 0.37，且在 0.000 1 水平上显著。(2)制度维的第一个典型变量可以解释 56% 的方差，社区认同的第一个典型变量可以解释 62.4% 的方差。(3)制度维的重叠量数为 7.83%，说明社区认同可以解释制度维方差的 7.83%；社区认同的重叠量数为 8.72%，说明制度维可以解释社区认同方差的 8.72%；两个重叠量数均超过 5% 的临界值。

### (二)社区认同与技术维的关系

利用统计软件 SAS 中的典型相关过程对技术维和社区认同的关系进行分析表明：(1)技术维和社区认同的典型相关系数为 0.58，且在 0.000 1 水平上显著。

(2)技术维的第一个典型变量可以解释52.22%的方差,社区认同的第一个典型变量可以解释61.73%的方差。(3)技术维的重叠量数为17.66%,说明社区认同可以解释技术维方差的17.66%;社区认同的重叠量数为20.87%,说明技术维可以解释社区认同方差的20.87%;两个重叠量数均超过5%的临界值。

社区认同各题项与制度维和技术维的关系,可以用题项原始分数分别与制度维和技术维的因子得分进行相关分析。以上利用典型相关分析和简单相关分析进行的假设检验的结果可归纳如表6-5所示。

表6-5 基于典型相关分析的假设检验的结果

| 研究假设(变量关系) | (简单或典型)相关系数 | 显著性 | 研究假设是否支持 |
| --- | --- | --- | --- |
| H3a 社区认同与制度维 | 0.37*** | 显著 | 支持 |
| H3b 社区认同与技术维 | 0.58*** | 显著 | 支持 |
| H3.1 价值观与制度维 | -0.003 | 不显著 | 不支持 |
| H3.2 团结程度与制度维 | -0.030 | 不显著 | 不支持 |
| H3.3 生活方式与制度维 | -0.021 | 不显著 | 不支持 |
| H3.4 价值观与技术维 | 0.350** | 显著 | 支持 |
| H3.5 团结程度与技术维 | 0.312** | 显著 | 支持 |
| H3.6 生活方式与技术维 | 0.199** | 显著 | 支持 |

注:*** 表示 $p<0.001$,** 表示 $p<0.05$

## 四、制度维对电子商务信任的影响

虚拟社区中的各种规章制度是约束各行为主体的规范和准则,它以积分、威望和等级等为基础发挥激励和强制作用。根据因子分析结果,虚拟社区规章制度的长度、清晰度、等级设定和积分增减对电子商务信任可能有影响。本书先通过多元回归分析,考察规章制度的长度、清晰度等级设定以及积分增减等规定在整个规章制度的作用机制中所起的作用。

### (一)制度维各题项对制度维的解释力

利用SPSS统计软件进行计算,由多元回归方程分析的系数表(见表6-6)和模型摘要表(见表6-7)中的统计结果可见,多元回归方程模型为:制度维 = -4.5 + 0.396 × 长度 + 0.283 × 清晰度 + 0.457 × 等级 + 0.289 × 积分。

表6-6 多元回归方程分析的系数表

| 模型1 | 非标准化系数 | | 标准化系数 | t | Sig. | 共线性诊断 | |
|---|---|---|---|---|---|---|---|
| | B | 标准误 | Beta | | | 容忍度 | VIF |
| Constant | -4.500 | .127 | — | -35.420 | .000 | — | — |
| 长度 | .396 | .040 | .298 | 10.011 | .000 | .656 | 1.525 |
| 清晰度 | .283 | .042 | .214 | 6.691 | .000 | .565 | 1.771 |
| 等级 | .457 | .036 | .358 | 12.719 | .000 | .730 | 1.370 |
| 积分 | .289 | .027 | .292 | 10.632 | .000 | .770 | 1.298 |

表6-7 多元回归方程分析的模型摘要表

| 模型 | R | $R^2$ | 调整后$R^2$ | 估计值的标准误 | D-W值 |
|---|---|---|---|---|---|
| 1 | .875 | .765 | .762 | .487 386 56 | 1.827 |

常量和各系数在0.05的显著性水平上都显著。长度、清晰度、等级设定和积分增减可以解释制度维约76%的方差,说明这四个方面(四个题项)对消费者的影响能较好地说明制度维对消费者的影响。该回归模型是否存在多重共线性、序列相关和异方差等问题,可进行以下分析。四个题项的VIF均远远小于10;CI在1到14.782之间,均远远小于30;方差比例一项中,不存在任一列中有任两项以上的系数非常接近1的情况(见表6-8)。以上指标都说明该回归模型中不存在多重共线性问题。在序列相关方面,D-W值为1.827,靠近中间值2,说明不存在序列相关问题。在异方差方面,由标准化残差与标准化预测值的散点图(见图6-1)可知,散点图中各点基本在0上下随机分布,表示样本观察值的残差变异数具有齐一性,没有违反残差等分散性的假设或者有极端值出现。因此,总的来看,本书对电子商务虚拟社区制度维的理论分析具有较好的实证科学性,制度维因子得分可以作为后续相关分析、回归分析和方差分析的输入数据。

表6-8 多元回归方程分析的共线性诊断表

| 模型1 | 维度 | 特征值 | 条件指数(CI) | 方差比例 | | | | |
|---|---|---|---|---|---|---|---|---|
| | | | | Constant | 长度 | 清晰 | 等级 | 积分 |
| | 1 | 4.860 | 1.000 | .00 | .00 | .00 | .00 | .00 |
| | 2 | .053 | 9.531 | .03 | .06 | .01 | .05 | .96 |
| | 3 | .037 | 11.534 | .01 | .25 | .04 | .84 | .00 |
| | 4 | .028 | 13.122 | .91 | .06 | .22 | .05 | .00 |
| | 5 | .022 | 14.782 | .05 | .62 | .73 | .06 | .04 |

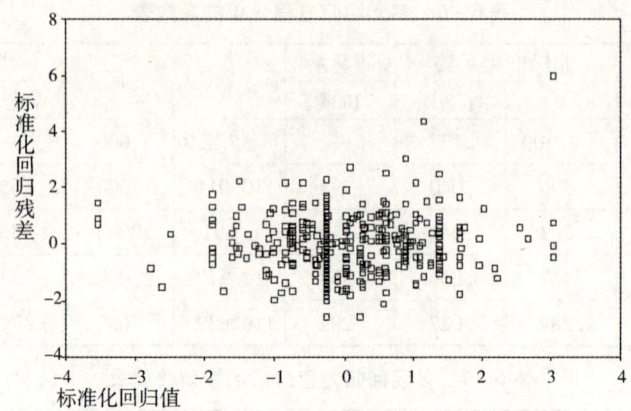

图6-1 制度维多元回归分析中标准化残差与标准化预测值的散点图

### (二)制度维与电子商务信任的关系

电子商务虚拟社区中的制度设计对电子商务信任的影响通过具体制度条款实现,本书利用相关分析方法考察了条款长度、清晰度等级设定和积分增减设定对电子商务信任的影响。同时,作为整体的制度也会对电子商务信任产生影响。由于制度维和电子商务信任分别包含多个观测变量,本书利用典型相关分析方法考察两者关系。利用统计软件 SAS 中的典型相关过程进行分析表明:(1)制度维和电子商务信任的典型相关系数为 0.49,且在 0.000 1 水平上显著。(2)制度维的第一个典型变量可以解释 55.96% 的方差,电子商务信任的第一个典型变量可以解释 61.31% 的方差。(3)制度维的重叠量数为 13.4%,说明电子商务信任可以解释制度维方差的 13.4%;电子商务信任的重叠量数为 14.68%,说明制度维可以解释电子商务信任方差的 14.68%;两个重叠量数均超过 5% 的临界值。以上相关分析及其检验结果见表 6-9。

表6-9 制度维与电子商务信任的关系检验表

| 研究假设(变量关系) | 相关系数 | 显著性 | 研究假设是否支持 |
| --- | --- | --- | --- |
| H4.1 条款长度与信任 | 0.181** | 显著 | 支持 |
| H4.2 条款清晰度与信任 | 0.168** | 显著 | 支持 |
| H4.3 等级设定与信任 | 0.155** | 显著 | 支持 |
| H4.4 积分增减与信任 | -0.034 | 不显著 | 不支持 |
| H4a 制度维与信任 | 0.49** | 显著 | 支持 |

注:*** 表示 $p<0.001$,** 表示 $p<0.05$

## 五、技术维对电子商务信任的影响

### （一）技术维各题项对技术维的解释力

利用 SPSS 统计软件对技术维进行多元回归分析，多元回归方程模型为：

技术维 = -3.818 + 0.156 × 隐私 + 0.282 × 导航 + 0.102 × 稳定 + 0.156 × 速度 + 0.110 × 个性 + 0.345 × 拟真

常量和各系数在显著性 0.05 上都显著。6 个题项可以解释技术维 62.8% 的方差，说明这些题项能较好地解释技术维对消费者的影响。关于该回归模型是否存在多重共线性、序列相关和异方差等问题，可进行下述分析。6 个题项的 VIF 均远远小于 10；CI 在 1 到 16.111 之间，均远远小于 30；方差比例一项中，不存在任一列中有任两项以上的系数非常接近 1 的情况；以上指标都说明该回归模型中不存在多重共线性问题。在序列相关方面，D-W 值为 2.014，非常靠近中间值 2，说明不存在序列相关问题。在异方差方面，由标准化残差与标准化预测值的散点图显示（图 6-1），散点图中各点基本在 0 上下随机分布，表示样本观察值在残差变异数中具有齐一性，没有违反残差等分散性的假设或者有极端值出现。

### （二）技术维与电子商务信任的关系

技术维包括隐私、导航、稳定、速度、个性和拟真等 6 个题项，本书利用相关分析方法分别考察了它们对电子商务信任的影响。同时，作为 6 个题项的综合的技术维也会对电子商务信任产生影响。由于技术维和电子商务信任分别包含多个观测变量，本书利用典型相关分析方法考察两者关系。利用统计软件 SAS 中的典型相关过程进行分析表明：(1)技术维和电子商务信任的典型相关系数为 0.7，且在 0.0001 水平上显著。(2)技术维的第一个典型变量可以解释 51.36% 的方差，电子商务信任的第一个典型变量可以解释 61.52% 的方差。(3)技术维的重叠量数为 25.23%，说明电子商务信任可以解释技术维方差的 25.23%；电子商务信任的重叠量数为 30.22%，说明技术维可以解释电子商务信任方差的 30.22%；两个重叠量数均超过 5% 的临界值。以上相关分析及其检验结果见表 6-10。

表6-10 技术维与电子商务信任的关系检验表

| 子维度 | 研究假设(变量关系) | 相关系数 | 显著性 | 研究假设是否支持 |
|---|---|---|---|---|
| 安全性 | H4.5 隐私与信任 | 0.384** | 显著 | 支持 |
| 安全性 | H4.7 稳定与信任 | 0.402** | 显著 | 支持 |
| 易用性 | H4.6 导航与信任 | 0.192** | 显著 | 支持 |
| 易用性 | H4.8 速度与信任 | 0.248** | 显著 | 支持 |
| 社会性 | H4.9 个性与信任 | 0.172** | 显著 | 支持 |
| 社会性 | H4.10 拟真与信任 | 0.088** | 不显著 | 不支持 |
|  | H4b 技术维与信任 | 0.70*** | 显著 | 支持 |

注：*** 表示 $p<0.001$，** 表示 $p<0.05$

## 六、电子商务信任对消费者行为意向的影响

根据理论分析和因子分析的结果,电子商务信任包括可信、承诺、利益、监控和能力等五个维度。消费者行为意向则包括购买、推荐、接受、再访社区和再访网站等五个维度。为了分析电子商务信任和消费者行为意向的关系,本书利用典型相关分析方法探究这两组变量间的相关关系。分析结果摘要如表6-11所示。

表6-11 电子商务信任与消费者行为意向的典型相关分析摘要表

| X变量 | 典型因素 | | | | | Y变量 | 典型因素 | | | | |
|---|---|---|---|---|---|---|---|---|---|---|---|
|  | X1 | X2 | X3 | X4 | X5 |  | $\eta1$ | $\eta2$ | $\eta3$ | $\eta4$ | $\eta5$ |
| 可信 | 0.8414 | -0.4041 | 0.2967 | 0.1171 | 0.1643 | 购买 | 0.8482 | -0.0975 | -0.4812 | 0.0160 | 0.1981 |
| 承诺 | 0.7727 | 0.0115 | 0.2821 | -0.1030 | -0.5592 | 推荐 | 0.8944 | 0.1508 | -0.0937 | 0.0605 | -0.4060 |
| 利益 | 0.7841 | 0.2750 | 0.0399 | -0.5439 | 0.1099 | 接受 | 0.8812 | 0.1209 | 0.2643 | -0.3393 | 0.1545 |
| 监控 | 0.7408 | -0.1421 | -0.6442 | -0.0664 | -0.1079 | 再社 | 0.8225 | -0.3640 | 0.2397 | 0.3653 | 0.0095 |
| 能力 | 0.8371 | 0.4349 | -0.0213 | 0.3308 | -0.0170 | 再网 | 0.7916 | 0.1852 | 0.2430 | 0.5214 | 0.0909 |
| 抽出变异量(%) | 63.39 | 8.97 | 11.69 | 8.68 | 7.27 | 抽出变异量(%) | 71.98 | 4.27 | 8.53 | 10.49 | 4.73 |
| 重叠量数 | 31.11 | 0.40 | 0.20 | 0.03 | 0.01 | 重叠量数 | 35.33 | 0.19 | 0.15 | 0.03 | 0.01 |
| $\rho^2$ | 0.490795 | | 0.045128 | | 0.017237 | | 0.003290 | | 0.001345 | | |
| 典型相关 | 0.700567 | | 0.212433 | | 0.131291 | | 0.057360 | | 0.036681 | | |
| p | 0.0001 | | 0.0354 | | 0.4455 | | 0.7582 | | 0.4605 | | |

上表说明:(1)电子商务信任的第一个典型因素中各变量的因素负载均高于0.7,可以解释的方差为63.39%。重叠量数为31.11%,说明预测变量的第一个典型相关变量可以解释准则变量的方差比例达到了31.11%,超过了5%的临界值。(2)消费者行为的第一个典型因素中各变量的因素负载也都大于0.7,可以解释的方差为71.98%。重叠量数为35.33%,说明预测变量的第一个典型相关变量可以解释准则变量的方差比例较大,已经超过了5%的临界值。(3)电子商务信任和消费者行为之间的典型相关系数为0.70(p=0.0001),说明两组变量之间显著相关。

根据以上分析,我们用两组变量各自的第一组典型变量及其所属变量的典型负载以及两个典型变量之间的关系用图形表示。参见图6-2。

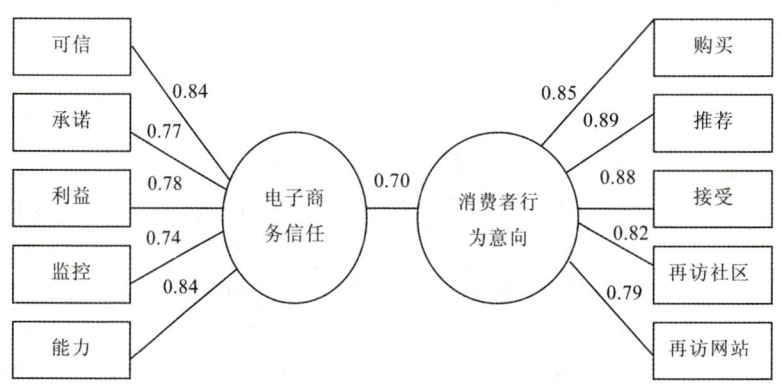

图6-2 电子商务信任和消费者行为意向关系的典型相关分析结果

以上分析结果说明,本书提出的研究假设H5得到了验证。

## 七、研究假设检验结果汇总

根据相关分析和典型相关分析结果,本书提出的研究假设的检验结果汇总如表6-12所示。

表6-12 基于相关分析和典型相关分析的假设检验结果汇总

| 编号 | 研究假设内容(变量关系) | 相关系数 | 检验结果 |
| --- | --- | --- | --- |
| H1.1 | 原创→社区认同 | 0.38** | 支持 |
| H1.2 | 相关→社区认同 | 0.34** | 支持 |
| H1.3 | 充足→社区认同 | 0.38** | 支持 |
| H1a | 知识共享→社区认同 | 0.45*** | 支持 |
| H1.4 | 集群行为→社区认同 | 0.273** | 支持 |
| H1.5 | 商业导向→社区认同 | 0.268** | 支持 |

续表

| 编号 | 研究假设内容（变量关系） | 相关系数 | 检验结果 |
| --- | --- | --- | --- |
| H1.6 | 意见领袖→社区认同 | 0.272** | 支持 |
| H1.7 | 小团体→社区认同 | 0.348** | 支持 |
| H1.8 | 意识丧失→社区认同 | 0.292** | 支持 |
| H1b | 信息交流→社区认同 | 0.44*** | 支持 |
| H1.9 | 移情→社区认同 | 0.44** | 支持 |
| H1.10 | 参与→社区认同 | 0.44** | 支持 |
| H1.11 | 主动→社区认同 | 0.53** | 支持 |
| H1c | 情感沟通→社区认同 | 0.60*** | 支持 |
| H2.1 | 价值观→信任 | 0.18** | 支持 |
| H2.2 | 团结→信任 | 0.31** | 支持 |
| H2.3 | 生活方式→信任 | 0.14** | 支持 |
| H2 | 社区认同→信任 | 0.58*** | 支持 |
| H3a | 社区认同→制度维 | 0.37*** | 支持 |
| H3b | 社区认同→技术维 | 0.58*** | 支持 |
| H3.1 | 价值观→制度维 | −0.003 | 不支持 |
| H3.2 | 团结程度→制度维 | −0.030 | 不支持 |
| H3.3 | 生活方式→制度维 | −0.021 | 不支持 |
| H3.4 | 价值观→技术维 | 0.350** | 支持 |
| H3.5 | 团结程度→技术维 | 0.312** | 支持 |
| H3.6 | 生活方式→技术维 | 0.199** | 支持 |
| H4.1 | 条款长度→信任 | 0.181** | 支持 |
| H4.2 | 条款清晰度→信任 | 0.168** | 支持 |
| H4.3 | 等级设定→信任 | 0.155** | 支持 |
| H4.4 | 积分增减→信任 | −0.034 | 不支持 |
| H4a | 制度维→信任 | 0.49** | 支持 |
| H4.5 | 隐私→信任 | 0.384** | 支持 |
| H4.6 | 导航→信任 | 0.192** | 支持 |
| H4.7 | 稳定→信任 | 0.402** | 支持 |
| H4.8 | 速度→信任 | 0.248** | 支持 |
| H4.9 | 个性→信任 | 0.172** | 支持 |
| H4.10 | 拟真→信任 | 0.088** | 不支持 |
| H4b | 技术维→信任 | 0.70*** | 支持 |
| H5 | 信任→行为意向 | 0.70*** | 支持 |

## 第二节 结构方程模型分析

### 一、结构方程模型(SEM)方法

结构方程模型是一种建立、估计和检验因果关系模型的方法。模型中既包含有可观测的显在变量,也可能包含无法直接观测的潜在变量。结构方程模型可以替代多重回归、路径分析、因子分析和协方差分析等方法,清晰分析单项指标对总体的作用和单项指标间的相互关系。简单而言,与传统的回归分析不同,结构方程分析能同时处理多个因变量,并可比较及评价不同的理论模型。与传统的探索性因子分析不同,在结构方程模型中,可以提出一个特定的因子结构,并检验它是否吻合数据。目前,已经有多种软件可以处理 SEM,包括 LISREL、AMOS、EQS、Mplus 等。本书使用 SPSS 公司的 AMOS16.0 软件进行模型检验。

评价结构方程模型的指标比较多,根据陈正昌等学者和黄芳铭的观点[1][2],本书去掉了用于比较竞争模型优劣而没有比较门槛的指标和易受样本数量和量纲影响的指标,选用了评价模型拟合(即港台学术界所说的"适配")优度的部分指标。笔者将这些指标的常用临界值进行归纳(如表 6-13 所示),并用于对本书结构方程分析的结果进行评判。

表 6-13 结构方程模型中常用拟合优度指标的判断标准

| 指标类别 | 指标名称 | 取值范围或判断标准 |
| --- | --- | --- |
| 绝对适配量测 | $X^2/df$ | $X^2/df \leq 2$,模型拟合较好;$2 < X^2/df < 5$,模型可以接受;若 $X^2/df < 3$,则对 $X^2$ 不显著的要求可忽略不计 |
| | GFI | 大于 0.9 说明模型良好拟合 |
| | RMSEA | 小于或等于 0.05 说明良好拟合;大于 0.10 说明不良拟合 |
| 增值适配量测 | NFI | 大于或等于 0.9 说明模型可接受 |
| | CFI | 取值在 0 和 1 之间;越大越好,大于 0.9 说明模型可接受 |
| | IFI | 取值在 0 和 1 之间;越大越好,大于 0.9 说明模型可接受 |
| | RFI | 取值在 0 和 1 之间;越大越好,大于 0.9 说明模型可接受 |
| 简效适配量测 | PGFI | 取值在 0 和 1 之间;越大越好,大于 0.5 说明模型简效 |
| | PNFI | 越大越好,大于 0.5 说明模型好 |
| | CN | 大于或等于 200 则模型可接受 |

---

[1] 陈正昌、程炳林、陈新丰等:《多变量分析方法:统计软件应用》,中国税务出版社 2005 年版,第 349 页。
[2] 黄芳铭:《结构方程模式:理论与应用》,中国税务出版社 2005 年版,第 145~166 页。

## 二、结构模型检验与修正过程

结构方程一般可分三类分析:纯粹验证、选择模型和产生模型。[①] 纯粹验证分析指用已建立的模型拟合样本数据,其分析目的在于通过验证模型是否拟合样本数据,从而决定接受还是拒绝该模型;选择模型分析指事先建立多个不同的可能模型,依据各模型拟合样本数据的优劣情况进行模型的选择;产生模型分析指事先建构一个或多个基本模型,检查这些模型是否拟合数据,基于理论或样本数据分析,针对模型中拟合欠佳的部分进行调整并修正,并通过同一数据或其他样本数据检查修正模型的拟合程度,其分析的目的在于通过不断的调整与修正进而产生一个最佳模型。本书属于产生模型分析,即通过基于前述理论概念模型以及多元回归分析结果,构建结构方程模型,然后通过理论或数据分析对其进行修正,从而产生一个既符合理论推导又符合实证数据的最佳模型。

使用极大似然法(ML)进行结构方程模型估计时,要求观测变量服从多元正态分布,因此首先需要对各变量进行正态性检验。变量的正态性通常可简单地采用偏度(skewness)和峰度(kurtosis)分析进行检验。一般地,偏度小于2并且峰度小于5时即可认为模型变量服从正态分布。AMOS进行模型检验时输出了观测变量的偏度和峰度,因子分析后修正的理论模型中34个观测变量的峰度和偏度的基本信息如表6-14所示。数据表明,本书模型的变量符合正态分布要求。

表6-14 观测变量的偏度和峰度信息

|    | 最小值   | 最大值  | 均值    | 均值标准误 | 标准差 |
|----|---------|--------|--------|----------|-------|
| 偏度 | -.857   | .372   | -.353  | .049     | .288  |
| 峰度 | -0.945  | 1.422  | .0446  | .104     | .613  |

将前文经因子分析初步修正后的理论模型,按照AMOS分析软件的要求绘制模型图。然后对初始理论模型进行拟合,衡量拟合程度的主要指标见表6-15。

表6-15 对理论模型进行初步拟合的结果

| 绝对适配量测 | | | 增值适配量测 | | | | 简效适配量测 | | |
|---|---|---|---|---|---|---|---|---|---|
| $X^2/df$ | GFI | RMSEA | NFI | CFI | IFI | RFI | PGFI | PNFI | CN |
| 2.207(p=.000) | .851 | .054 | .832 | .900 | .901 | .817 | .739 | .765 | 205 |

---

[①] 侯杰泰、温忠麟、成子娟:《结构方程模型及其应用》,教育科学出版社2004年版,第112~121页。

利用 AMOS 统计进行计算,模型中主要变量间的路径系数(标准化直接效果)如表 6-16 所示。

表 6-16 原始理论模型中的路径系数

| 路径 | 标准化路径系数 | 路径系数 | C.R. | p |
|---|---|---|---|---|
| 知识共享→社区认同 | 0.573 | 0.673 | 4.206 | *** |
| 信息交流→社区认同 | 0.091 | 0.081 | 1.607 | 0.108 |
| 情感沟通→社区认同 | 0.356 | 0.309 | 3.147 | *** |
| 社区认同→技术维 | 0.864 | 0.999 | 10.045 | *** |
| 社区认同→制度维 | 0.676 | 0.634 | 8.473 | *** |
| 社区认同→信任 | 0.614 | 0.754 | 1.870 | 0.062 |
| 制度维→信任 | 0.010 | 0.013 | 0.152 | 0.879 |
| 技术维→信任 | 0.270 | 0.288 | 2.118 | 0.034 |
| 信任→行为意向 | 0.781 | 1.025 | 11.257 | *** |

由原始模型的各主要拟合指标来看,原始模型与数据的拟合尚可。但由标准化直接效果可以看出,多条路径不显著。为了保护本书在社区认同与电子商务信任之间的核心假设,在模型修正时首先删除信息交流和社区认同间的路径,同时,对修正指数(MI)的分析发现,变量"再访社区"的误差与变量"再访网站"的误差之间的协方差(99.795)过大,而且变量"再访网站"和"再访社区"之间回归系数的修正指数(23.546)也过大。考虑到再次访问网站和再次访问虚拟社区具有一定的一致性,再次访问虚拟社区的前提是要登录到网站上,因此笔者决定删除"再访网站"这一观测变量。

模型经过修正后,再次用数据进行拟合发现,制度维与信任之间的路径系数不显著。考虑到消费者对虚拟社区制度的态度与消费者对虚拟社区技术的态度之间可能会相互影响,本书在删除制度维与信任之间的路径后,分别增加制度维对技术维的影响以及技术维对制度维的影响等两条路径。检验结果发现,技术维对制度维的影响并不显著。因此,在修正后的理论模型中保留了制度维对技术的影响路径。修正模型与和原始模型的拟合指标对比见表 6-17。可看出修正模型和最终模型均比原始模型拟合程度高,并且最终模型比修正模型的拟合程度好。为了进一步判断两个模型的优劣,本书进一步考察了比较模型优劣的指标(见表 6-18)。比较模型优劣的指标说明,修正模型比原始模型要好。

表6-17 原始模型和修正模型的拟合指标对比

| | 绝对适配量测 | | | 增值适配量测 | | | | 简效适配量测 | | |
|---|---|---|---|---|---|---|---|---|---|---|
| | $X^2/df$ | GFI | RMSEA | NFI | CFI | IFI | RFI | PGFI | PNFI | CN |
| 原始模型 | 2.207 | .851 | .054 | .832 | .900 | .901 | .817 | .739 | .765 | 205 |
| 修正模型 | 1.872 | .878 | .046 | .854 | .925 | .926 | .841 | .761 | .785 | 242 |

表6-18 修正模型和原始模型的优劣比较

| 指标名称 | RMR | RMSEA | ECVI | PNFI | AIC |
|---|---|---|---|---|---|
| 原始模型 | .052 | .054 | 3.350 | .765 | 1373.363 |
| 修正模型 | .046 | .046 | 2.742 | .785 | 1124.023 |
| 评判标准 | 越小越好 | 越小越好 | 越小越好 | 模型间差0.6至0.9较好 | 越小越好 |
| 评判结果 | 修正模型好 | 修正模型好 | 修正模型好 | 两个模型差不多 | 修正模型好 |

## 三、最终确定的理论模型

为了更清楚地展现变量之间的关系,本书将最终模型中标准化直接效果(路径系数)、标准化总效果和标准化间接效果用表格显示(见表6-19、表6-20和表6-21),并根据AMOS输出结果将潜在变量间的关系作图表示(见图6-3)。

表6-19 最终理论模型中的路径系数

| 路径(变量关系) | 标准化路径系数 | 路径系数 | C.R. | p |
|---|---|---|---|---|
| 知识共享→社区认同 | .509 | .591 | 4.638 | *** |
| 情感沟通→社区认同 | .474 | .409 | 4.610 | *** |
| 社区认同→制度维 | .659 | .616 | 8.249 | *** |
| 社区认同→技术维 | .731 | .844 | 7.893 | *** |
| 社区认同→信任 | .486 | .603 | 4.125 | *** |
| 技术维→信任 | .394 | .423 | 3.524 | *** |
| 制度维→技术维 | .185 | .228 | 2.679 | ** |
| 信任→行为意向 | .804 | 1.099 | 11.981 | *** |

注:*** 表示 $p<0.001$,** 表示 $p<0.05$

表6-20　最终理论模型中的标准化间接效果

|  | 知识共享 | 情感沟通 | 社区认同 | 技术维 | 制度维 |
|---|---|---|---|---|---|
| 社区认同 | — | — | — | — | — |
| 技术维 | .434 | .404 | .122 | — | — |
| 制度维 | .335 | .312 | — | — | — |
| 电子商务信任 | .419 | .390 | .336 | — | .073 |
| 行为意向 | .336 | .313 | .661 | .317 | .059 |

表6-21　最终理论模型中的标准化总效果

|  | 知识共享 | 情感沟通 | 社区认同 | 技术维 | 制度维 | 信任 |
|---|---|---|---|---|---|---|
| 社区认同 | .509 | .474 | — | — | — | — |
| 技术维 | .434 | .404 | .853 | — | .185 | — |
| 制度维 | .335 | .312 | .659 | — | — | — |
| 电子商务信任 | .419 | .390 | .822 | .394 | .073 | — |
| 行为意向 | .336 | .313 | .661 | .317 | .059 | .804 |

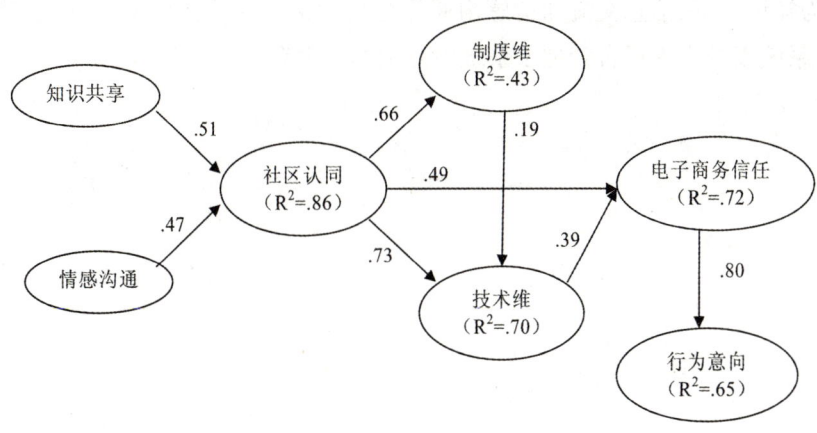

图6-3　修正后的最终理论模型

注：路径上的数据为标准化系数

从修正后的理论模型可以看出：(1) 社区认同受到知识共享和情感沟通的直接影响，其中知识共享对社区认同的影响大于情感沟通对社区认同的影响。知识共享和情感沟通可解释社区认同86%的方差。(2) 社区认同不仅直接影响电子商务信任,而且还通过制度维和技术维间接影响电子商务信任。社区认同对技术维的影响大于社区认同对制度维的影响。(3)制度维和技术维都是社区认同与电子商务信任间关系的中间变量,但制度维对电子商务信任无直接影响,而是通过技术维对电子商务信任产生间接影响,技术维对电子商务信任有直接影响。(4)电子商务信任对消费者行为意向有直接影响。电子商务信任中72%的方差可以由行动维、社区认同、制度维和技术维解释;消费者行为意向可被电子商务信任解释掉的方差则为65%。(5)所有路径系数均显著,而且所有判定系数均远远超过学术界认定的10%临界值,说明本理论模型中的变量的确存在较为显著的关系。结合结构方程分析中各拟合指数,可以判定本理论模型可以较好地解释电子商务虚拟社区中消费者行为、社区认同、制度维、技术维和电子商务信任以及消费者行为意向之间的关系。

在假设检验和理论模型检验中需要注意的一个问题是,制度维对电子商务信任无直接影响,制度维通过技术维对电子商务信任的间接影响仅为0.073。这从宏观上说明我国当前电子商务相关的制度建设并不完善,也从微观上说明虚拟社区的制度设计并不完善或用户并不在意社区制度。假设检验中社区认同各子维度与制度维的路径系数并不明显,也进一步揭示了理论模型中制度维对电子商务信任无直接影响的原因。与对制度的态度不同,虚拟社区使用者更关注社区使用的技术,因为知识共享、信息交流和情感沟通等行动直接与注册注销子系统、公共平台交流子系统以及个人后台管理子系统中使用的技术有关。

# 第七章 基于实证结果的对策分析

以上通过相关分析、典型相关分析、回归分析和结构方程分析等方法,笔者对本书提出的研究假设进行了检验;并利用结构方程分析方法,对本书提出的理论模型进行了检验和修正,最终得到了一个可以解释电子商务虚拟社区中社会行动、社区认同和电子商务信任以及消费者行为意向之间关系的理论模型。本书将电子商务虚拟社区的社会行动分为三类,即知识共享、信息交流和情感沟通。结构方程分析显示,知识共享对社区认同有直接影响;信息交流对社区认同的影响不显著;情感沟通能显著影响社区认同。以下将基于研究假设检验结果和最终理论模型,为企业如何利用虚拟社区提高社区认同,并为提升电子商务信任提供对策。

## 第一节 基于知识共享的社区认同对策

电子商务虚拟社区中的知识共享能在一定程度上促进社区认同,结构方程分析显示的路径系数为 0.51 且显著。电子商务虚拟社区中知识共享的内容主要针对产品与服务,以满足哈格尔三世提出的成员的兴趣和交易需求。典型相关分析结果显示,知识共享满意度与电子商务信任的相关系数为 0.63,而且在 0.000 1 水平上显著。这说明网络销售商应注重电子商务虚拟社区中的知识共享活动。根据有关知识共享与社区认同的假设检验结果以及其他学者的理论和实证研究,本书提出利用知识共享提高社区认同的对策。

### 一、基于社区成员知识共享动机的分类激励

需求和动机是行为的基础,提升电子商务商务虚拟社区中成员知识共享的前提就是搞清社区成员在知识共享方面的需求和动机。目前的绝大部分研究都认为,知识共享是一种社会交换行为,共享知识是为了得到有形或无形的回报,比如金钱回报、获得名誉和期望的社会交换。Chan 等人通过对虚拟社区的认可和参与

进行研究发现,虚拟社区成员期望获得的认可有三种:身份认可、专家技能认可和实质有形的认可。① Hall 分析了雅虎电子团队中个体参与社区活动的动机,发现作为社区成员的客户参与虚拟社区的最初始的动力是根据个人利益获取自己需要的信息和知识,但随着时间的推移,个体期望通过社区交互建立起来的团队的帮助,向社区贡献自己的知识。同时在社区中,也有一些社区成员愿意帮助他人却不为得到任何回报,仅是为了保持社区的整体性。可见,社区成员参与社区知识共享活动的动机并不相同,而且随着时间推移,社区成员的知识共享动机还会有所改变。② 因此,要促进虚拟社区知识共享活动,必须根据不同的知识共享动机采取不同的激励措施。

有些社区成员参与知识共享的目的是为了获取实质性的有形回报。电子商务企业可以直接采用商品价格折扣、社区积分换礼品等措施。但采取直接奖励时应该注意,商品价格折扣和社区积分换礼品的幅度不能太大,奖励幅度应该随着时间慢慢提高。原因在于,社会交换存在边际效用递减现象,当社区成员提供知识得到报酬越多,他们提供相同知识的动力就会递减。③

有些社区成员则期望通过知识共享活动获得某种身份认可和社会认可。基于知识共享的认可在根本上取决于知识帖的客观质量以及其他社区成员对帖子质量的主观评价,社会认可的表现形式则往往是社区成员在社区中所获得称号或者拥有其他成员没有的系统权限。

基于以上两个原因,电子商务虚拟社区可以采取以下措施:(1)使社区成员帖子质量的主观评价显性化,并将评价分纳入到知识共享方和评价方的社区总积分中。知识帖的主观评价可以促进社区成员的团结,提高虚拟社区凝聚力,还可通过积分增减改变社区成员在社区中的身份,有助于提高社区成员对电子商务虚拟社区的认同。知识帖的客观质量取决于知识共享者的知识背景,社区管理方不太容易控制,但知识帖的主观评价却很容易控制。帖子质量的主观评价显性化设计指的是,通过制度设计和技术设计,使社区成员对知识帖的主观评价以其他社区成员可见的形式得以展现。例如目前虚拟社区常用的方法是,在帖子后面紧跟评价的选项,包括送鲜花、扔鸡蛋等。这种设计使评价方和被评价方的观点都处于社区公

---

① M. L. Chan, M. Bhandar, L. B. Oh, H. C. Chan, *Recognition and Participation in a Virtual Community*, Proceedings of the 37th Hawaii International Conference on System Sciences, 2004.

② H. Hall, D. Graham, "Creation and Recreation: Motivating Collaboration to Generate Knowledge Capital in Online Communities", *International Journal of Information Management*, No. 24, 2004, pp. 235 – 246.

③ 徐小龙、王方华:《虚拟社区的知识共享机制研究》,载《自然辩证法研究》2007 年第 8 期。

共空间,有助于激励知识共享并增强社区成员间的互动。但需要注意的是,这种评价可以采取匿名评价和实名评价两种方式。匿名评价有助于保护评价者的隐私,并使评价者表达真实想法,但可能带来恶意评价等问题;实名评价则有助于增强社区成员熟悉性和社会互动,但负面评价可能会影响社区成员关系。因此,电子商务企业应该权衡利弊,最好在主观评价上由社区成员自行选择;同时,社区管理员对评价帖也应该保留一定的修改甚至删除权。(2)电子商务虚拟社区应该在荣誉称号的设计上进行创新,创新既要体现出本社区与其他虚拟社区的不同点,围绕自己的核心产品和服务来设计,同时也要为具有不同社会经济背景的社区成员提供多样化选择。例如百度"知道"中的每个用户都会有一套属于自己的积分、等级和头衔,而且百度为社区用户提供了五套不同的选择。喜欢商业和经济的社区成员可以选择"公司白领"系列,该系列提供了从试用期、经理、高级经理直到董事长和商界领袖等18个不同等级的称号;喜欢魔法和幻想的社区用户则可以选择"魔法师"系列的称号,该系列提供了从魔法学徒、见习魔法师、魔法师直到护国法师、魔神和魔界至尊等18个不同等级的称号;喜欢江湖历险的社区成员则可以选择"江湖奇侠"系列,该系列提供了从初学弟子、初入江湖、江湖新秀直到一代宗师、武林盟主和孤独求败等18个不同等级的称号。

## 二、虚拟社区知识共享的质量管理

电子商务虚拟社区中所共享的知识质量直接影响到社区成员利益,并影响社区成员的社区认同。假设检验结果显示,电子商务虚拟社区中所共享知识的原创性、相关性和充足性与社区成员的社区认同显著相关。实证结果提示,促进虚拟社区知识共享的方法可以从原创性、相关性和充足性等三方面着手。

(一)促进知识共享的原创性

知识原创性是知识共享者的能力体现,也可以使知识使用者的利益得到保证。Nonaka等提出的知识共享模式SECI为提高虚拟社区知识共享的原创性提供了理论指导。[①] 他们将知识分为显性知识和隐性知识,并指出通过显性知识和隐性知识彼此间交互作用来创造知识。根据知识类型的不同,他们将知识转换分为四种模式:社会化(Socialization)、外化(Externalization)、综合化(Combination)、内化(Internalization)。电子商务虚拟社区独有的特点使其中的知识共享不同于普通知识

---

① I. Nonaka, "A Dynamic Theory of Organizational Knowledge Creating", *Organization Science*, vol. 5, No. 1, 1994, pp. 14 – 37.

共享,但该模型可以作为研究虚拟社区中促进知识共享原创性的指南。本书以社会化过程为例,说明隐形知识在社区内的转换和创新。

社会化模式使隐性知识在成员间发生转移,并最终为成员所共享。虚拟社区环境下的社会化过程是基于网络社区成员的互动,虽然由于虚拟社区的非面对面性、人员的松散性使得虚拟社区的社会化在模拟、实践、观察上有一定局限性,但其不受时间、空间限制和手段的独特性,使社会化具有不可比拟的优越性。① 从知识共享的主体来看,社会化模式又可以根据不同主体之间的转化为标准分为学徒模式、权威模式、感觉模式和伙伴模式。学徒模式在电子商务虚拟社区中的具体应用从技术和制度两方面为社区成员之间结成师徒关系提供支持。师徒之间除了在公共交流平台可以进行交流外,还可以利用"一对一"的交流方式进行隐性知识传递。

权威模式指的是通过权威将隐性知识传递到整个虚拟社区。电子商务虚拟社区中的权威往往是那些经常参与社区互动的社区成员,例如哈格尔三世和阿姆斯特朗所区分的贡献者和购买者,Adle 和 Christopher 所指出的主动者和发起者②,或者彭小川和毛晓丹区分的"精英型"成员和"实力型"成员。③ 通过赋予特殊的虚拟头像、特殊称号等身份展示方式,虚拟社区管理者可以鼓励这些"意见领袖"积极参与虚拟社区知识共享。感觉模式是"一对多"的学习模式,指的是虚拟社区成员在整个虚拟社区中的知识库中进行知识学习。

伙伴模式指的是虚拟社区中不同小团体之间的知识共享方式。在电子商务虚拟社区中,不同版面往往聚集了具有不同兴趣和不同专业知识的社区用户,社区管理员可以定期组织不同版面间的知识竞赛活动,以促进知识转移和创新。知识共享可以促进隐形知识在不同社区成员之间的传递,为知识共享中的知识创新奠定基础。社区成员参与的知识共享活动特别是原创性的知识共享活动越多,则越容易对虚拟社区产生社区认同。

### (二)促进知识共享的相关性

相关性指的是所共享的知识与社区成员需求的契合性,高相关性将带来高社区认同。为保证知识共享的相关性,虚拟社区管理可以考虑采取以下两个措施。

---

① 王飞绒、柴晋颖、龚建立:《虚拟社区知识共享影响因素的实证研究》,载《浙江工业大学学报》(社会科学版) 2008 年第 3 期。

② P. R. Adler, J. A. Christopher, *Internet Community Primer Overview and Business Opportunities*, Harper Collins Publishing Inc, 1999.

③ 彭小川、毛晓丹:《BBS 群体特征的社会网络分析》,载《青年研究》2004 年第 4 期。

1. 合理设置版面

电子商务虚拟社区的版面设置要以企业产品和服务为中心,并要考虑社区参与者多样化的需求。在社区参与者需求上,可以借鉴 Hagel 提出的四类需求:兴趣、幻想、人际关系和交易。与企业产品和服务高度相关的版面可以满足社区参与者的兴趣需求,这是电子商务虚拟社区中参与度最高和吸引力最大的版面。企业可以围绕产品线或职能部门进行版面设置,以方便社区参与者很方便地定位知识共享的版面,避免随便发帖导致的低知识相关性。与兴趣需求紧密相关的是交易需求,这是由电子商务虚拟社区的特点决定的。虚拟社区应该设置专门的交易版,以供社区成员发布广告或直接交易二手产品。社区成员的幻想需求和人际关系需求也值得关注。社会学研究表明,消费者不仅关注所消费产品的物质效用,还关注产品的符号效用。商品是身份的象征,具有符号意义。① 因此,电子商务虚拟社区参与者必然产生与产品相关的幻想,并渴望与人沟通以建立用于彰显身份和倾泻情感的人际关系网络。在版面设置上应该注意的问题是,尽管版面细分有助于增强知识相关性,但过细过多的版面可能为社区参与者带来负面作用。为了使版面设置更具柔性,可以考虑设置专门的"灌水区",一切与其他版面的主题不相符的帖子都可以发在"灌水区"。

2. 及时整理知识帖

不管版面设置多么科学,虚拟社区的匿名性都会导致社区成员不在规定版面发帖的情况。因此,需要版面管理员("版主"或"斑竹")增强责任意识,认真扮演信息"把门人"的角色。根据虚拟社区的版规和惯例,对不相关的帖子进行版面转移或者直接删除的处理,对于原创性的知识帖则要及时加入到精华区或者进行"置顶"操作。

(三) 有效管理知识贡献中的"知识过载"

充足性与社区认同的显著关系可能有两个原因:虚拟社区中所共享的知识不够多或太多。前者可以通过鼓励原创帖或社区管理员及时补充完善社区知识库来解决;后者则需要虚拟社区管理员做好知识整理工作,以避免社区成员陷入"知识海洋"甚至产生"知识过载"。

为了避免知识过多导致的使用困难,电子商务虚拟社区可以建立社区知识专业目录。分类和目录检索不但有助于社区成员快速查寻,而且方便成员间的知识

---

① [美]凡勃伦:《有闲阶级论——关于制度的经济研究》,蔡受百译,商务印书馆 1964 年版,第 53~75 页。

共享。目前比较先进的技术是采用知识地图,采用智能化的向导代理,通过分析用户的行为模式,智能化地引导用户摆脱寻找知识过程中的混乱状态,顺利获得目标知识。电子商务虚拟社区建立知识地图时应包括两方面内容:一是通过知识资源调查所获取的知识资源目录;二是目录内各款目之间的关系。此外,社区的知识地图还必须清楚地揭示社区内部与外部相关知识资源的类型、特征及知识之间的相互关系。①

### 三、虚拟社区线上活动与线下活动的配合

虚拟社区的匿名性是互联网早期研究者们经常关注的问题。在电子商务虚拟社区中,匿名消费者间通过各种线上互动,可能建立较深厚的关系。若电子商务企业能够适时组织社区成员参加线下活动,则可能由于为社区成员提供了见面机会,而在社区成员中建立"红娘"的形象。必要的线下活动可以使线上的"社区管理员"和"社区成员"身份转化为企业和消费者关系,进一步增强消费者的自我身份认知,增加对虚拟社区和电子商务企业的正面评价。

在组织线下活动时应该注意两点:(1)线下活动应该与企业产品和服务相一致。例如网络游戏公司可以举行玩家见面会、网吧冲级大赛、PK 大赛和城市网吧巡演活动等,利用各式各样精彩活动来吸引虚拟社区成员在现实中"露脸"。而经营旅游产品的公司则可以借助类似"第 24 届世界大学生运动会"的热门体育赛事,由企业拿出部分资金,组织社区成员到比赛地或赛事周边地区进行滑雪比赛,开展冬季运动研讨会等。(2)线下活动应该兼顾知识共享和情感沟通。虚拟社区中的"意见领袖"和高声望的社区成员在线下活动中可以继续扮演知识传播者角色,而平时在虚拟社区中的"潜水者"此时也可以当面向以往只熟悉网络 ID 的"知识达人"当面请教。面对面的知识共享不是线下活动的主要目的,情感沟通才是电子商务企业在组织线下活动时应该关注的核心问题。通过对企业产品和服务做出评价、相互倾诉消费体验、畅谈生活或工作趣闻,平时在虚拟社区中以虚拟 ID 呈现的社区成员们可以进一步加深感情。面对面互动的消费者不会忘记为自己创造网络沟通环境的电子商务企业,虚拟社区认同感和电子商务信任感也会在面对面互动中进一步得到提升。

---

① 李志刚:《电子商务中虚拟社区知识共享的作用及对策研究》,载《情报杂志》2006 年第 10 期。

## 第二节 基于情感沟通的社区认同对策

情感沟通是产生情感信任的基础,但它对电子商务信任的作用是以社区认同为中介而实现的。结构方程分析显示,情感沟通对社区认同的影响路径系数为 0.47;同时,典型相关分析也显示,情感沟通与信任的典型相关系数为 0.386 且显著。相关分析法对研究假设的检验结果显示:情感沟通中的移情度、参与面和主动性与社区认同的关系显著。

### 一、通过虚拟社区进行社会事件营销和增强社区凝聚力

虚拟社区是网络上的人群聚集地,也是各种社会事件的集散地。"好事不出门,坏事传千里"在网络上已经变成了"好事飞出门,坏事传万里"。电子商务企业可以利用互联网和虚拟社区在事件传播上的特性,通过制造"社会事件"进行事件营销,以增强社区凝聚力和社区认同。

事件营销(Events Marketing)指的是,营销者在真实和不损害公众利益的前提下,有计划的策划、组织和利用具有新闻价值的活动,通过制造"热点新闻效应"的事件,引起媒体和社会公众的注意和兴趣,以达到提高社会知名度、塑造企业良好形象和最终促进产品(服务)销售的目的。[①] 事件营销具有以下几个特征:(1)有高频率的大众媒体作传播支持,有广泛的消费者受众面。(2)利用具有轰动效应的传播话题,借用或者策划密切相关的事件。(3)事件作为营销传播的核心,贯穿于过程的始终。(4)投资回报率高,是建立企业知名度与接触媒体较为廉价的工具。[②] 虚拟社区为事件营销提供了低成本、高效率的渠道。2008 年"五一"前后,联想公司借助 SOHU 公司的 IT 虚拟社区进行的事件营销就是很好的例子。2008 年 4 月 24 日,搜狐数码公社的"人体摄像"版面中一个叫"京城第一剑"的网友了发布了题为《七天七夜不吃不喝,网络追踪红本女事件》的帖子,说自己暗地里七天七夜跟踪拍摄一个漂亮姑娘。这个姑娘特征是:有车有房有助理,还有台红色联想 IdeaPad U110 笔记本电脑,被称"红本女"。"美女+偷拍"的题材借助搜狐公司的虚拟社区,一下使得"红本女"走红网络。当然,照片中惹眼的 IdeaPad U110 笔记本也同时走红。

---

① 廖以臣:《论事件营销及其流程再造》,载《求索》2004 年第 2 期。
② 张晓英:《企业事件营销传播策略探讨》,载《企业经济》2008 年第 12 期。

这一成功的事件营销案例为企业利用自己的虚拟社区进行事件营销提供了很好的借鉴。电子商务企业进行市场营销时非常重要的两个步骤是：第一，选择合适的社会事件，该事件必须是真实的、不损害公众利益并且能激发公众兴趣的"热点新闻效应"事件。而且，该社会事件不仅应该能向消费者传递产品和品牌信息，最好还能向消费者传递企业的价值观。第二，选择合适渠道向消费者传递事件，并进行必要的追踪和控制。

本书以杜撰的某家庭装饰和建材类公司（网站名为"ABC家装建材网"）为例，说明利用虚拟社区开展社会事件营销的主要环节。企业在选择社会事件时可以跟汶川大地震的震后建筑和装修市场相联系。为了传递企业价值观，并使事件营销最大限度地减少"策划性"，在设计社会事件时要把握"爱心"、"公益"、"大众"和"好奇心"等原则。具体来说，可以借电子商务虚拟社区中一个普通社区用户（例如用户名为"你装啥呀"）的名义，在虚拟社区中发布一个号召网友向汶川受灾群众捐赠防盗门的帖子。号召社区成员在自家防盗门更新换代时，把还可使用的防盗门捐赠给灾区群众。当帖子的浏览和回复量达到一定程度时，由虚拟社区管理员将该帖置顶，并以社区管理员身份另起新帖，该帖大致内容为：公司受网友"你装啥呀"的启发和感染，决定以公司名义发起捐赠活动，捐赠防盗门的网友可以凭防盗门购买发票，获取该防盗门原价值50%的现金返还。而且，企业将组织车队将"ABC家装建材网"社区成员以及社区成员发动的其他朋友捐赠的防盗门免费送往灾区。当此帖的回复数量达到一定程度时，社区管理员就必须考虑与其他虚拟社区联合，以进一步将此活动传递给其他消费者。出于成本考虑，该电子商务公司可以在某公益性家装建材垂直社区或者类似新浪和搜狐等大型门户网站社区中的家装建材版面转载自己社区中的帖子。为了利用人们的好奇心以产生轰动效应，可以将转载帖的题目定为"防盗门事件：ABC家装建材网的疯狂举动"，并在帖子后面署上公司网站以及相应的照片。借助汶川大地震给人们带来的情感牵挂，以及"防盗门事件"的创意，接下来的帖子评论和转载量可能迅速飙升。此时搜狐和新浪等门户网站就可能在自己的虚拟社区中建立专题讨论，再次进行传播。以上列举的社会事件营销采用"自下而上"和"自上而下"相结合的传播方式，这和我国民间网络口碑营销研究者Sonia的观点大致相同。Sonia认为，网络口碑传播的方式大致有三种：(1)"自上而下"。由"中心"发起，然后各方"碎片"响应。比较常见的是活动类的、专题类的推广方式，在门户网站建一个平台，然后吸引网民来参与，然后网民再去帮助传播。比如"肯德基胜利之翼"活动。(2)"自下而上"。由"碎片"发起，大量的"碎片"汇聚，形成多个"微中心"，逐步扩大影响，逐渐到达"中心"位置,然后形成话题效应。比较经典的案例就是"封杀王老吉"。(3)"上下其手"。上面两种方式的组合交叉运用。①

以上杜撰的社会事件营销案例中,以普通社区成员"你装啥呀"的名义发布的帖子在虚拟社区内引起了成员的热烈讨论,加强了社区成员之间的团结,改善了社区成员对虚拟社区这一沟通环境的社区认同。同时,作为官方的"ABC 家装建材网"将成员帖置顶并开新帖号召所有社区成员捐赠防盗门,此举动必将在社区成员中树立企业"有爱心和有社会责任感"的形象,也能在一定程度上增加社区成员对企业的信任。

## 二、通过虚拟社区开展情感营销和改善客户关系

情感营销是把消费者个人情感需求差异作为企业品牌营销战略的核心,借助情感设计、情感包装、情感分销、情感促销、情感广告等策略来实现企业的经营目标。在传统市场营销的4PS中,企业可以采取的情感促销方式有四类:(1)制作情感广告。如能充分考虑目标消费者的特定心态,强化渲染品牌特有的情感色彩,便能迅速切入消费者的心扉。(2)运用情感公关。要求企业加强与顾客的感情交流,通过调查问卷等形式,让消费者参与企业的营销活动,升华对企业及其产品的感知,即从认识阶段升华到情感阶段。(3)坚持情感服务。(4)营造情感环境。营造舒适、幽雅的营销环境,能给消费者带来感观享受和愉悦心情。②

电子商务虚拟社区为情感营销理念的实施提供了良好的条件,为通过情感沟通改善客户关系,增强社区认同、产品和服务认同以及电子商务信任营造了绝佳环境。企业可以利用虚拟社区进行的情感营销方式包括:(1)利用情感广告传递企业价值观。作为计算机技术和网络技术综合体的虚拟社区能充分利用 Flash 等多媒体技术,以很低的成本制作和发布情感广告。在多种类型的广告中,公益类广告最能体现企业的社会责任感,改善企业在消费者心目中的形象。例如经营旅游用品的公司可制作以"保护藏羚羊、亲近大自然"为主题的系列公益类广告,通过将系列广告高密度地插入在虚拟社区的各页面中,逐步将企业的生态保护理念和社会责任心等价值观渗透给消费者。借助计算机和多媒体技术,此类广告在表现形式、发布方式、成本和穿透力等方面都要优于传统的平面广告和媒体广告。更重要的是,作为"自媒体"和社会性网络(SNS)的互联网可以很方便地将此类广告传播

---

① http://www.siwom.com.
② 章莉:《情感营销的4PS策略及其注意点》,载《北方经贸》2005年第9期。

到其他各类虚拟社区中,在更大范围内提高企业知名度和美誉度。(2)通过虚拟社区收集消费者意见和建议,以体现"以消费者为中心"的理念并提高产品和服务的质量。虚拟社区的本质是分享、交流和沟通,为企业和消费者提供了便捷的互动渠道。电子商务企业可以利用虚拟社区中的投票和调查系统,进行针对产品、服务、企业和市场的问卷调查,收集消费者有关的意见和建议。此类投票活动和问卷调查不仅有助于提高企业产品和服务的质量,更重要的是,它向消费者传递了企业"以消费者为中心"的理念,有助于改善消费者对虚拟社区和企业本身的认知,增加消费者的社区认同和电子商务信任。

## 第三节 电子商务虚拟社区的制度建设与技术选择

结构方程检验显示,社区认同可以影响社区成员对社区制度和技术的评价,影响的路径系数分别为0.66和0.73。虚拟社区成员对技术的态度对电子商务信任具有直接影响(路径系数为0.39),但社区成员对制度的认知则对电子商务信任没有直接影响,而是通过技术维对电子商务信任产生间接影响。但从研究假设检验结果看,制度维的各题项中除了积分增减条款对信任无显著影响外,其他三个题项均对电子商务信任有显著影响。另外,由于虚拟社区制度和技术在一定程度上会影响社区中的知识共享、信息交流和情感沟通,因此,电子商务虚拟社区应该重视制度建设和技术选择。

### 一、电子商务虚拟社区的制度建设

制度是行为准则的集合,是规范社会互动和维持社会秩序的保障。本书从形式和内容上考察电子商务虚拟社区中的注册条款对消费者行为意向的影响。利用相关分析进行的假设检验显示:以注册条款为主要载体的虚拟社区制度的确会影响电子商务信任;从形式上看,注册条款的长度和清晰度会显著影响消费者对网络销售商的信任;从内容上看,有关权限等设定的制度会显著影响信任,但有关积分增减的条款与信任的关系则很小(-0.023)并且不显著。与假设检验结果相对应的是,结构方程分析的结果中排除了制度维对电子商务信任的直接影响,但通过技术维对电子商务信任能够产生一定的间接影响。这一看似矛盾的结论却说明,电子商务虚拟社区的制度对电子商务信任的影响是在虚拟社区其他维度的复杂背景下发生的,制度维对信任的作用有赖于制度维与其他维度的交互作用。

虚拟社区管理者应该兼顾注重制度的表现形式和内容,原因在于虚拟社区注册条款的长度和清晰度都会显著影响电子商务信任。目前,很多虚拟社区的注册条款具有很大重复性。例如有关注册成员个人资料的保护、帖子内容的合法性规定以及网络服务中断的免责条款等部分内容往往占据了注册条款大部分内容,而且由于虚拟社区系统开发人员往往注重技术面而忽略了内容,而网络销售商搭建虚拟社区时又不太懂技术,这导致很多虚拟社区注册条款在内容上大同小异。这种现状使得绝大部分电子商务虚拟社区的注册条款既不能体现出自身特色,又不能有重点地表明消费者成为虚拟社区成员后的权利和义务。针对以上问题,本书认为,应该从企业微观制度建设和国家电子商务和虚拟社区的宏观制度两方面采取对策。

**(一) 企业微观层面的制度改进**

从企业的微观层面看,应该采取的具体改进思路有:

1. 优化注册条款的长度,提高注册条款的清晰度

除了用传统的带序号的大段文字外,还可考虑引入流程图和交互式 Flash 动画等形式。这样不仅使注册条款更加清晰,还可以增加注册过程的趣味性。在注册条款的措辞上,应该注意声明、数据与支持证据的完整性。Kim 和 Benbasat 基于图尔敏推论模型(Toulmin's Model of Argumentation)对网络商店的实验研究表明,同时具有声明和数据的条款,以及同时具有声明、数据和支持证据的条款都比只有声明的条款更容易提高消费者信任。[①] 因此,注册条款的长度和内容设计应该综合考虑,提高条款中各种安全声明背后的数据支持和其他证据。应该注意的是,过长的注册条款并不可取,因为它可能影响潜在注册用户的注册意向。如果注册条款必须包括很多内容,则必须通过形式优化来弥补内容冗长。

2. 注册条款的内容应突出网络销售商的特色

除了与其他虚拟社区一样的有关网络安全的条款内容外,还应该将自身能提供的特色服务展现在注册条款中。虽然由于目前很多虚拟社区注册条款在内容上千篇一律,大多数注册用户不会仔细阅读,但精心设计的注册条款(特别是能够突出网络销售商特色的注册条款)仍然具有很大好处。除了能向消费者传达企业认真负责的态度之外,还可以通过在注册条款中强调本企业的特色,增强消费者对企业的品牌认知。可见,具有特色的注册条款可能会提升基于认知的信任和基于善

---

[①] Dongmin Kim, Izak Benbasat, "The Effects of Trust Assuring Arguments on Consumer Trust in Internet Stores: Application of Toulmin's Model of Argumentation", *Information Systems Research*, vol. 17, No. 3, 2006, pp. 286 –300.

意的信任。

### 3. 增强虚拟社区积分的经济转换性

本书研究认为,积分增减和兑换礼品条款与信任的关系很小且不显著,这可能说明被访者认为积分的经济作用太小。积分的基本作用有两个:第一,在虚拟社区中以数字或图像的方式呈现,以区分不同社区用户的等级,满足虚拟社区成员的自尊和自我实现等社会需求;第二,通过兑换礼品、抵销价格等方式为成员带来现实经济效益,以满足虚拟社区成员的经济需求。在目前的绝大多数电子商务虚拟社区中,积分在满足社会需求上的作用要远远大于其对经济需求的满足。例如在"百度知道"(http://zhidao.baidu.com/)中,有关虚拟积分的制度规定很详细。但深究其积分制度则会发现,虽然其中有关积分增加和减少以及有关注册用户头衔的制度规定极其详细,但却缺少积分转换为现实经济收益的规定。用户可以在"百度知道"上获得很高的积分和很酷的头衔,并且在"本周知识之星"、"步步高升"和"积分排行榜"等栏目中居于前位,通过增加曝光率获得其他注册用户的认可,但这些积分的作用仅限于在虚拟社区中使用,缺少现实的经济转换性。为了进一步鼓励社区成员的参与,企业可以考虑在积分换礼品和抵扣商品价格等方面,扩大积分的使用范围。

### 4. 拟社区的制度设计应与虚拟社区中的其他因素相配合

等级和积分规则就应和技术维紧密结合,使注册成员甚至游客能很清晰很便利地观察到自己和他人的等级和积分,以通过相互模仿和竞争提高虚拟社区各种活动参与率。同时,虚拟社区的制度还应成为成员讨论的对象,融入到虚拟社区的知识共享、信息交流甚至情感交流中。原因在于,虚拟社区规范不仅仅是由社区管理者单方面制定的,还可以通过社区成员共同参与在社区发展中逐渐形成。以制度为内容的频繁社会互动可能增强成员对虚拟社区制度和虚拟社区的认同,并最终可能提高电子商务信任。

## (二)国家宏观层面的制度优化

政府是企业发展电子商务的外在环境,也是市场这只"看不见的手"之外的"看见的手"。因此,政府必须在电子商务发展中承担宏观制度供给者的角色。从1994年中华人民共和国颁布《中华人民共和国计算机信息系统安全保护条例》以来,有关互联网发展的政策、法规和条例数量日益增多。但互联网技术及其社会经济应用的多样化要求政策法规必须不断更新。

在电子商务虚拟社区的规制方面,中华人民共和国原信息产业部在2000年颁布了第 3 号命令,即《互联网电子公告服务管理规定》。该规定包括 22 条,明确指出其目的是:规范电子公告信息发布行为,维护国家安全和社会稳定,保障公民、法人和其他组织的合法权益。本书中的虚拟社区属于该规定中的"电子公告服务",是指在互联网上以电子布告牌、电子白板、电子论坛、网络聊天室、留言板等交互形式为上网用户提供信息发布条件的行为。要求开展电子公告服务的单位必须具备下列条件:有确定的电子公告服务类别和栏目;有完善的电子公告服务规则;有电子公告服务安全保障措施,包括上网用户登记程序、上网用户信息安全管理制度、技术保障设施;有相应的专业管理人员和技术人员,能够对电子公告服务实施有效管理。但由于该规定是在 2000 年发布的,而且并不专门针对电子商务虚拟社区,因此,对电子商务企业虚拟社区的发展并不能起到很好的约束作用。例如:很多中小企业建立了电子商务虚拟社区,但出于成本考虑却采用了安全性不高的虚拟社区系统,甚至有些中小企业直接使用开放源代码的虚拟社区系统。由于互联网发展迅速,域名、网站和提供电子公告服务的企业数量越来越多,对此类服务的监管越来越不力。监管不力的重要原因是,缺乏相应的制度特别是制度的实施细则。

本书认为,对电子商务虚拟社区的监管特别是制度设计应该充分考虑电子商务的商业性特点,将商业性虚拟社区和公益性虚拟社区严格进行区分。对电子商务虚拟社区来说,应该考虑到社区用户的消费者身份和企业逐利性的特点,在商业性虚拟社区的安全性上进行严格监管。从虚拟社区系统建设上看,必须要求电子商务企业购买经过安全认证的社区系统,以避免消费者信息通过虚拟社区的技术漏洞而被泄露;从虚拟社区的运营上看,必须要求电子商务企业建立完善的微观制度,特别是要有完善的组织机构专门负责商业性虚拟社区的运作;从电子商务企业的行为规范上看,必须明确对企业通过虚拟社区收集和使用消费者(注册用户)的行为进行严格规范,对滥用消费者信息的行为进行界定,并通过制度条款规定和组织机构建设等进行严格监管。

## 二、电子商务虚拟社区的技术选择

虚拟社区建构于无边弗界的互联网上,互联网匿名性和流动性等特点使得电子商务信任水平不高,也使得虚拟社区在提升电子商务信任时面临困难。虚拟社区的技术选择有助于改变消费者对网络销售商的信任。在本书考察的隐私保护、系统稳定性、导航系统、系统速度、系统对个性化服务的支持以及系统拟真度等六个虚拟社区的技术特点中,除了拟真性与电子商务信任间的关系不显著外,其他技术特征均能显著影响电子商务信任。而且,典型相关分析表明,消费者对虚拟社区技术系统的满意度与电子商务信任的典型相关系数为0.7。结构方程分析表明，技术维既能直接影响电子商务信任，又可以作为制度维与电子商务信任的中介。基于以上分析，本书对电子商务虚拟社区的技术选择提出了几点对策。

### （一）技术选择中的社会性考量

电子商务交易建构于虚拟的互联网上，购物环境缺少现实商店中的社会性因素。因此，电子商务企业应该充分认识到Web2.0时代网络发展的特点，在营造电子商务购物环境的社会性上有所作为。社会性考量的理论基础是社会化网络（SNS），其依据是"六度分割理论"（一个人和陌生人之间的间隔不会超过6个人）和"150法则"（我们可以与之保持社交关系的人数的最大值是150人）。社会化网络（SNS）包括社会性网络服务、社交网站和社交软件等三层含义，目前国外已有不少相关研究。例如Cyr等人认为网络服务具有非个人化、匿名性、自动化和面对面互动缺失等特点，探讨了社会呈现在构建电子服务环境中的忠诚中的角色。通过对加拿大两所大学师生员工的实验研究发现，包括人际联系、个性化、社会性、热情和人类情感在内的信息丰裕型社会呈现有助于提升被访者对网站的忠诚和认同。[1] Fogel和Nehmad探讨了社会性网络服务中的风险、信任和隐私等问题。通过对205名大学生的调查研究发现，在社交网站上有自我介绍的人和男生具有更大的风险承担意识，女生更关注隐私和身份信息泄露等问题。[2] Dolen等人从结构理论出发，探讨了用户对商业性群聊网站的满意度和认同。实验研究发现，意识到的技术特点（控制、乐趣、可靠、速度和易用）和网聊群体特点（群体涉入、相似性和接受能力）能显著影响满意度；而且，群体认知能显著影响个人认知。[3] 可见，社会性网络在改变网络消费者行为和态度方面具有巨大潜力，可以被电子商务企业用于提升电子商务信任。

在具体措施上，电子商务企业可以采取三类措施：第一，结合博客（Blog）和播客（Podcast）等技术，使冷冰冰的社区成员ID具有丰富的社会性。但此类技术的引入，可能需要彻底颠覆企业现有的虚拟社区系统，大大增加企业在虚拟社区方面的

---

[1] D. Cyr, K. Hassanein, M. Head, Alex Ivanov, "The Role of Social Presence in Establishing Loyalty in E-Service Environments", *Interacting with Computers*, vol. 19, No. 1, 2007, pp. 43–56.

[2] J. Fogel, E. Nehmad, "Internet Social Network Communities: Risk Taking, Trust, and Privacy Concerns", *Computers in Human Behavior*, vol. 25, No. 1, 2009, pp. 153–160.

[3] W. M. V. Dolen, P. A. Dabholkar, K. D. Ruyter, "Satisfaction with Online Commercial Group Chat: The Influence of Perceived Technology Attributes, Chat Group Characteristics, and Advisor Communication Style", *Journal of Retailing*, vol. 83, No. 3, 2007, pp. 339–358.

经济、组织和管理投入。第二,通过技术选择实现个性化服务。例如,利用 cookie 或 session 技术记忆消费者的部分个人信息,以便有针对性发送问候语或者推荐消费者需求的商品信息。此类措施仅仅需要企业对现有虚拟社区系统进行微调,成本较低。第三,可以通过采用虚拟现实(VR)技术,为虚拟社区成员(消费者或潜在消费者)打造形象化高拟真性的社区互动空间。本书中系统拟真度与电子商务信任的关系并不显著,原因之一可能是本书的两个虚拟社区采用的是传统的 BBS 和留言本形式,并没有注意拟真性问题。此类措施的成本基于第一类和第二类之间,因为虚拟现实技术可以作为一个模块嵌入在现有的虚拟社区中,而不必推翻现有虚拟社区的全盘架构。

### (二) 技术选择中的安全性考量

安全需求是人的基本需求,也是消费者在网络虚拟购物环境中的基本需求。电子商务虚拟社区的安全性既可以从技术层面考量,也可以从社会和道德伦理层面考量。从技术层面看,虚拟社区一方面应注意采用保密性好的技术,避免消费者个人信息泄漏;另一方面应该保证虚拟社区采用的技术的稳定性,以保证虚拟社区的服务持续性。网络销售商不能为了节省成本而采用具有开放源代码的虚拟社区系统,而应该根据自身特点,有针对性地开发具有自主知识产权的虚拟社区系统。另外,应该密切关注服务器厂商和操作系统厂商发布的各种补丁,有针对性地加强服务器的安全管理和虚拟社区系统的代码更新和维护。从社会和道德层面看,企业应该承担"社会公民"的责任,而不仅仅是追求利益的法人。企业应该将诚信和责任心内化到企业精神中,并使其在虚拟的网络空间中也得到切实履行,特别是在虚拟社区系统的技术选择中被充分考虑。

### (三) 技术选择中的易用性考量

网络消费者除了考虑虚拟社区系统的社会性和安全性之外,还比较关注技术系统的易用性。根据技术接受模型(Davis),用户选择是否接受信息系统时会同时关注系统的有用性和易用性。因此,网络销售商应注重虚拟社区系统的易用性建设。

企业可以采取的具体措施有:第一,通过虚拟社区服务器的硬件更新和社区软件代码优化,提升虚拟社区运行的速度。这类措施的好处有:通过减少网络延迟为用户节约使用成本;通过减少网络延迟提升用户使用虚拟社区的"畅"体验的感受,通过畅体验提高社区认同,促使社区用户改变对虚拟社区相关的制度和技术的态度,并最终促进电子商务信任的形成。第二,注重虚拟社区系统的导航系统建设和知识库的优化工作,以方便虚拟社区成员在海量信息和知识中方便地找到自己所需求的信息和知识。对大型企业的大型电子商务虚拟社区来说,此类措施尤其必要,原因在于,企业有关产品和服务的信息以及作为社区成员的消费者社会互动产生的各类信息使得虚拟社区成为知识海洋,"信息超载"很容易给虚拟社区使用者带来认知负担和搜寻障碍。在具体措施上,除了按主题不同设置不同版面、采用多重检索技术以及及时更新和整理知识库之外,还可以考虑采用主动式的信息"推送"(Push)技术,根据事先收集的有关消费者个人特征信息,预测消费者未来潜在需求,并将相应的知识和信息主动"推"给消费者。当然,"推送"的知识和信息应尽量避免强烈的商业性,而应该采取较为客观和中立的态度,通过逐渐改变消费者的信息量和知识结构,对消费者产生潜移默化的影响。

# 结　　语

　　电子商务是网络经济的重要组成部分,但电子商务中消费者对产品、技术和销售商的信任却是阻碍电子商务发展的重要因素。国内外部分学者从电子网站特征、网络销售主体的特征、消费者个人特征以及电子商务宏观环境等角度探讨了电子商务信任的影响因素和生成机制问题,但几乎没有学者系统关注作为网络消费者网络生活空间的虚拟社区在电子商务信任生成中的作用。本书以社区认同为切入点,通过分析电子商务虚拟中社区认同的影响因素和生成过程,构建了基于社区认同的电子商务信任模型,试图对电子商务虚拟社区中电子商务信任的生成机制做出系统阐释。本书的主要成果和结论如下:

　　1. 构建了基于社区认同的电子商务信任模型,用于解释电子商务虚拟社区中社会行动、社区认同、制度维、技术维和电子商务信任之间的复杂关系。该理论模型将知识共享、信息交流和情感沟通等社会行动作为影响社区认同的潜在变量,认为社区认同既直接影响电子商务信任,又可以通过影响社区成员对社区制度和社区技术的态度,对电子商务信任产生影响。实证研究显示,知识共享和情感沟通对社区认同的影响路径系数分别为 0.51 和 0.47,两者共可以解释社区认同 86% 的方差;社区认同对制度维和技术维的影响系数分别为 0.66 和 0.73,社区认同对电子商务信任的直接影响系数则为 0.49,总影响系数为 0.82。制度维对电子商务信任无直接影响,但通过技术维对电子商务信任产生间接影响,总影响系数仅为 0.073。技术维对电子商务信任的直接影响系数为 0.39。实证研究证实了社区认同在电子商务信任生成中的核心作用,也证实了制度维和技术维的复杂中间作用。该理论模型是本书的重点和核心创新点。

　　2. 揭示了电子商务背景下"社区认同"的本质、结构及其形成机制,认为电子商务虚拟社区中社区认同是虚拟社区成员基于知识共享、信息交流和情感沟通等社会行动而形成的对自我、社区成员和社区的认可和接纳。在此基础上,将社区认同分解为身份认同、凝聚力和相似性等三个维度。其中,身份认同可以从社区成员的个人身份认知和他人身份认知两方面进行衡量;凝聚力可以从电子商务虚拟社区中社区成员的团结状况以及小团体数量上进行衡量;相似性可以从社区成员在价值观和生活方式上的一致性进行衡量。对社区认同内涵的界定和测量有助于从微观角度对电子商务虚拟社区进行研究,也为研究社区认同的影响因素以及社区认同对电子商务信任的影响奠定了基础。

3. 从系统论角度揭示了电子商务虚拟社区的结构和运作机制,将电子商务虚拟社区分解为行动维、社区认同、制度维和技术维。认为电子商务虚拟社区中的社会行动可以区分为知识共享、信息交流和情感沟通等三种;社区认同可分解为身份认同、凝聚力和相似性等三个子维度;电子商务虚拟社区中有关社区成员等级、积分和声望等的制度通过信息、影响和强制等机制为消费者带来经济价值和符号价值;电子商务虚拟社区的技术系统可分为注册注销子系统、公共平台交流子系统和个人后台管理子系统,并可以从安全性、社会性和易用性等三个角度进行评价。以上对虚拟社区的系统解析具有一定创新性,是基于社区认同的电子商务信任模型构建的理论基础。

4. 提出了企业通过构建社区认同来提升电子商务信任的对策。基于研究假设的检验结果和理论模型的修正结果,从电子商务虚拟社区中知识共享、情感沟通、制度设计和技术选择等方面,为企业构建成功的电子商务虚拟社区提出了对策。在知识共享层面,应该基于社区成员知识共享的动机实施分类激励,从知识原创性、相关性和充足性等方面进行质量管理,虚拟社区线上活动与线下活动应该相互配合;在情感沟通层面,应该通过虚拟社区进行社会事件营销和增强社区凝聚力,并通过虚拟社区开展情感营销和改善客户关系;在制度设计层面,应该优化注册条款的长度,提高注册条款的清晰度,注册条款的内容应突出网络销售商的特色,增强虚拟社区积分的经济转换性,制度设计应与虚拟社区中的其他因素相配合;在技术选择层面,应该从技术的社会性、安全性和易用性等三个方面采取相应对策。这些对策和建议对电子商务企业的发展具有较大意义。

电子商务信任是一种复杂的社会心理状态,受到多种因素的复杂影响。本书从社区认同的角度构建了电子商务信任模型,仅仅是对电子商务信任生成机制的一种尝试,本书在研究内容和研究方法上都还存在一些问题,需要在未来研究中进一步探讨和研究。

1. 实务界和部分学者将电子商务区分为 B2C、B2B 和 C2C 等类型,不同电子商务中的信任生成机制可能存在较大差别。本书仅仅考察了 B2C 型电子商务虚拟社区中社区认同对信任的影响机制。基于社区认同的电子商务模型在解释其他类型的电子商务中的信任生成机制时可能并不适用。未来研究可以在其他类型电子商务中进一步考察社区认同与电子商务信任的关系,并通过对比研究,进一步深化有关社区认同的研究和有关电子商务信任生成的研究。

2. 本书虽然描述了被访者在性别、专业、年龄、风险意识以及一般信任倾向上的状况,但在理论模型中并没有将它们作为控制变量进行分析。实际上,这些因素的引入可能会影响现有的理论模型。这需要在未来研究中采用多层回归甚至神经网络等方法进行更加深入的分析。

# 附 录

## 《基于社区认同的电子商务信任模型》调查问卷

1. (单项选择题)您的性别： A. 男 B. 女
2. (填空题)您的年龄(请填写周岁)：
3. (单项选择题)您的职业：
   A. 文科专业学生 B. 理工科专业学生 C. 各类企业人员
   D. 各类事业单位人员 E. 自由职业者 F. 离退休人员
4. (填空题)您的平均月收入是 元(学生填写月消费额)：
5. (填空题)您第一次上网是 年前(请填阿拉伯数字,如 5 或 1.5、2.2 等)
6. (单项选择题)您是否有网络购物经历： A. 有 B. 没有
7. (多项排序题)请对您在网络购物时经常考虑的几个因素按重要性由大到小排序(说明:请用鼠标选中某一因素后点右边的上下箭头移动其位置)：
   A. 商品价格高低 B. 付款或送货的便捷程度
   C. 欺诈或泄露隐私等风险大小 D. 虚拟社区或即时沟通等人性化购物环境
   E. 商品质量高低
8. (单项选择题)您对互联网未来发展前景的看法：
   A. 特别差 B. 比较差 C. 一般 D. 比较好 E. 特别好
9. (单项选择题)您认为自己对身边的人、物或事情的信任水平：
   A. 非常低 B. 比较低 C. 一般 D. 比较高 E. 非常高
10. (单项选择题)您认为自己的风险意识：
    A. 非常低 B. 比较低 C. 一般 D. 比较高 E. 非常高
11. (单项选择题)您在参加此次调查之前是否听说过甚至很熟悉刚才体验过的网站及其附属的虚拟社区：
    A. 没听说过 B. 仅听说过但没访问过 C. 听说过并且访问过
    D. 经常访问并且比较熟悉

12. (单项选择题)您认为刚才访问的网站规模(例如网页数量和网站内容):
    A．规模非常小　　B．比较小　　C．一般　　　　D．比较大　　E．非常大
13. (单项选择题)您认为刚才访问的网站所依托的企业规模(例如人数和注册资金):
    A．非常小　　　　B．比较小　　C．一般　　　　D．比较大　　E．非常大
14. (单项选择题)您认为刚才体验的虚拟社区的规模(例如注册人数和发帖量):
    A．非常小　　　　B．比较小　　C．一般　　　　D．比较大　　E．非常大
15. (单项选择题)您估计刚才体验的虚拟社区已经存在多长时间了:
    A．时间非常短　　B．时间比较短　C．一般　　　D．时间较长　E．时间非常长
16. (单项选择题)您刚才所浏览的网站上的第三方保证(例如营业执照、公安部网站备案、信任等级认证等)数量:
    A．非常少　　　　B．比较少　　C．比较多　　　D．多　　　　E．非常多
17. (单项选择题)您对刚刚体验过的虚拟社区的注册条款的长度的满意程度:
    A．非常不满意　　B．不满意　　C．比较满意　　D．满意　　　E．非常满意
18. (单项选择题)您对刚刚体验过的虚拟社区的注册条款清晰度满意程度:
    A．非常不满意　　B．不满意　　C．比较满意　　D．满意　　　E．非常满意
19. (单项选择题)您对刚刚体验过的虚拟社区的注册条款的内容:
    A．非常不感兴趣　B．不感兴趣　C．比较感兴趣　D．感兴趣　　E．非常感兴趣
20. (单项选择题)您对刚刚体验过的虚拟社区的权限等级划分的满意程度:
    A．非常不满意　　B．不满意　　C．比较满意　　D．满意　　　E．非常满意
21. (单项选择题)您对刚刚体验过的虚拟社区的成员积分条例:
    A．非常不满意　　B．不满意　　C．比较满意　　D．满意
    E．非常满意　　　F．没有成员积分条例
22. (单项选择题)您对刚刚体验过的虚拟社区的积分换礼品规定:
    A．非常不满意　　B．不满意　　C．比较满意　　D．满意
    E．非常满意　　　F．没有积分换礼品规定
23. (单项选择题)您对刚刚体验过的虚拟社区的注册成员的程序或步骤:
    A．非常不满意　　B．不满意　　C．比较满意　　D．满意　　　E．非常满意
24. (单项选择题)总的来说,您对刚才体验过的虚拟社区的各项制度:
    A．非常不满意　　B．不满意　　C．比较满意　　D．满意　　　E．非常满意
25. (单项选择题)您认为刚才体验过的虚拟社区中的知识(例如:服装的清洗常识和护肤品的选择标准等)对消费者的用处有多大:

A. 一点用也没有　B. 没用　　　　C. 比较有用　　D. 有用　　　E. 非常有用

26. (单项选择题)您认为刚才体验过的虚拟社区中的知识原创性程度:

    A. 非常低　　　B. 比较低　　C. 一般　　　　D. 比较高　　E. 非常高

27. (单项选择题)您认为刚才体验过的虚拟社区中的知识与该网站出售的产品的相关性:

    A. 非常小　　　B. 小　　　　C. 一般　　　　D. 比较大　　E. 非常大

28. (单项选择题)如果您在该虚拟社区中发布原创或转帖的知识帖子,您的成就感:

    A. 非常低　　　B. 比较低　　C. 一般　　　　D. 比较高　　E. 非常高

29. (单项选择题)您认为刚才体验过的虚拟社区中的知识对消费者的充足程度:

    A. 非常低　　　B. 比较低　　C. 一般　　　　D. 比较高　　E. 非常高

30. (单项选择题)您认为刚才体验过的虚拟社区中的知识的真实性程度:

    A. 非常低　　　B. 比较低　　C. 一般　　　　D. 比较高　　E. 非常高

31. (单项选择题)您对刚才体验过的虚拟社区中的知识发布速度的满意度:

    A. 非常低　　　B. 比较低　　C. 一般　　　　D. 比较高　　E. 非常高

32. (单项选择题)您认为刚才体验过的虚拟社区中注册成员在知识发布上的参与程度:

    A. 非常低　　　B. 比较低　　C. 一般　　　　D. 比较高　　E. 非常高

33. (单项选择题)总的来说,您对刚才体验过的虚拟社区中的知识共享的满意程度:

    A. 非常低　　　B. 比较低　　C. 一般　　　　D. 比较高　　E. 非常高

34. (单项选择题)您认为刚才体验过的虚拟社区中的注册成员在情感沟通(例如对某产品的使用体验甚至家庭纠纷倾诉)上的投入程度:

    A. 非常低　　　B. 比较低　　C. 一般　　　　D. 比较高　　E. 非常高

35. (单项选择题)您认为刚才体验过的虚拟社区中的注册成员在情感沟通上的参与数量:

    A. 非常少　　　B. 比较少　　C. 一般　　　　D. 多　　　　E. 非常多

36. (单项选择题)您认为刚才体验过的虚拟社区中的注册成员在情感沟通上的善意程度(例如是真心回复还是讽刺挖苦):

    A. 非常低　　　B. 比较低　　C. 一般　　　　D. 比较高　　E. 非常高

37. (单项选择题)您认为刚才体验过的虚拟社区中的注册成员在情感沟通上的主动性:

A. 非常低　　　B. 比较低　　　C. 一般　D. 比较高　E. 非常高

38. (单项选择题)您认为刚才体验过的虚拟社区中注册成员在情感沟通上存在集体失控的狂热现象的程度(例如因某成员批评某产品而导致大量成员群起攻击该产品及其生产商或销售商):

  A. 非常低　　　B. 比较低　　　C. 一般　　　D. 比较高　E. 非常高

39. (单项选择题)总的来说,您对刚才体验过的虚拟社区中的情感沟通的满意程度:

  A. 非常低　　　B. 比较低　　　C. 一般　　　D. 比较高　E. 非常高

40. (单项选择题)您认为刚才体验过的虚拟社区中注册成员之间交流的信息(例如产品打折和新产品上市等等)的数量:

  A. 非常少　　　B. 比较少　　　C. 一般　　　D. 比较多　E. 非常多

41. (单项选择题)您认为刚才体验过的虚拟社区中注册成员之间交流的信息的真实程度:

  A. 非常低　　　B. 比较低　　　C. 一般　　　D. 比较高　E. 非常高

42. (单项选择题)您认为刚才体验过的虚拟社区中注册成员之间交流的信息的商业导向(例如消费者之间强力推荐购买,甚至商家假扮消费者推销产品):

  A. 非常小　　　B. 比较小　　　C. 一般　　　D. 比较大　E. 非常大

43. (单项选择题)您认为刚才体验过的虚拟社区中注册成员在信息交流中"少数人左右大多数人"的现象:

  A. 非常少　　　B. 比较少　　　C. 一般　　　D. 比较多　E. 非常多

44. (单项选择题)您认为刚才体验过的虚拟社区中注册成员间交流的信息的可理解程度:

  A. 非常低　　　B. 比较低　　　C. 一般　　　D. 比较高　E. 非常高

45. (单项选择题)您认为刚才体验过的虚拟社区中注册成员间交流的信息对信息浏览者的影响:

  A. 非常小　　　B. 比较小　　　C. 一般　　　D. 比较大　E. 非常大

46. (单项选择题)您认为刚才体验过的虚拟社区在技术上保证用户隐私(例如保证个人信息不被泄漏)的程度:

  A. 非常低　　　B. 比较低　　　C. 一般　　　D. 比较高　E. 非常高

47. (单项选择题)您认为刚才体验过的虚拟社区在技术上的稳定程度:

  A. 非常低　　　B. 比较低　　　C. 一般　　　D. 比较高　E. 非常高

48. (单项选择题)您认为刚才体验过的虚拟社区在菜单或导航设置上的易用性

程度：

  A. 非常低　　　B. 比较低　　　C. 一般　　　D. 比较高　　E. 非常高

49.（单项选择题）您认为刚才体验的虚拟社区在浏览、检索和发帖时的系统反应速度：

  A. 非常慢　　　B. 比较慢　　　C. 一般　　　D. 比较快　　E. 非常快

50.（单项选择题）您认为刚才体验过的虚拟社区为注册成员或未注册成员提供的沟通渠道（例如电话、电子邮件、站内信件和直接发帖）的数量：

  A. 非常小　　　B. 比较小　　　C. 一般　　　D. 比较大　　E. 非常大

51.（单项选择题）您认为刚才体验过的虚拟社区为注册成员或非注册成员提供的个性化服务（例如可自行改变页面颜色等）的数量：

  A. 非常少　　　B. 比较少　　　C. 一般　　　D. 比较多　　E. 非常多

52.（单项选择题）您认为刚才浏览过的网站在购物上的方便性程度（例如提供购物筐、产品图文并茂展示、购物步骤说明非常详细等等）：

  A. 非常低　　　B. 比较低　　　C. 一般　　　D. 比较高　　E. 非常高

53.（单项选择题）总的来说，您对刚才体验过的虚拟社区所采用的各项技术的满意程度：

  A. 非常低　　　B. 比较低　　　C. 一般　　　D. 比较高　　E. 非常高

54.（单项选择题）您认为刚才体验过的虚拟社区的成员在发帖上受到版主控制的程度：

  A. 非常低　　　B. 比较低　　　C. 一般　　　D. 比较高　　E. 非常高

55.（单项选择题）您认为刚才体验过的虚拟社区的成员之间等级和地位差异程度：

  A. 非常小　　　B. 比较小　　　C. 一般　　　D. 比较大　　E. 非常大

56.（单项选择题）您认为刚才体验过的虚拟社区的成员和版主（或其他虚拟社区管理员）之间等级和地位差异程度：

  A. 非常小　　　B. 比较小　　　C. 一般　　　D. 比较大　　E. 非常大

57.（单项选择题）您认为刚才体验过的虚拟社区的成员们在发起某项讨论或组织某项活动时的自我组织性程度：

  A. 非常低　　　B. 比较低　　　C. 一般　　　D. 比较高　　E. 非常高

58.（单项选择题）您认为刚才体验过的虚拟社区给注册成员和非注册浏览者带来的乐趣：

  A. 非常小　　　B. 比较小　　　C. 一般　　　D. 比较大　　E. 非常大

59.（单项选择题）您认为刚才体验过的虚拟社区的成员们在参与各项活动时的精

力集中程度：

　　A. 非常低　　　B. 比较低　　　C. 一般　　　D. 比较高　　E. 非常高

60. (单项选择题)您认为刚才体验过的虚拟社区的成员们因过度沉迷于社区各项讨论而失去自我意识的现象：

　　A. 非常少　　　B. 比较少　　　C. 一般　　　D. 比较多　　E. 非常多

61. (单项选择题)您认为刚才体验过的虚拟社区的成员们在小团体划分(例如哥们群体和某品牌的崇拜者群体)上的明显程度：

　　A. 非常低　　　B. 比较低　　　C. 一般　　　D. 比较高　　E. 非常高

62. (单项选择题)您认为刚才体验过的虚拟社区的成员们对虚拟社区的认可程度：

　　A. 非常低　　　B. 比较低　　　C. 一般　　　D. 比较高　　E. 非常高

63. (单项选择题)您认为刚才体验过的虚拟社区的成员们具有相似价值观的程度：

　　A. 非常低　　　B. 比较低　　　C. 一般　　　D. 比较高　　E. 非常高

64. (单项选择题)您认为刚才体验过的虚拟社区的成员们的团结程度：

　　A. 非常低　　　B. 比较低　　　C. 一般　　　D. 比较高　　E. 非常高

65. (单项选择题)您认为刚才体验的虚拟社区的成员们在兴趣、生活方式等方面的相似程度：

　　A. 非常低　　　B. 比较低　　　C. 一般　　　D. 比较高　　E. 非常高

66. (单项选择题)您认为刚才体验的虚拟社区的成员间的关系在情感上的亲密程度：

　　A. 非常低　　　B. 比较低　　　C. 一般　　　D. 比较高　　E. 非常高

67. (单项选择题)您如何看待刚才体验的虚拟社区的成员间的关系的性质：

　　A. 相互利用的工具性关系　　　B. 体贴照顾的情感性关系

　　C. 工具性和情感性兼有的关系　　　D. 说不清楚

68. (单项选择题)您如何看待刚才体验的虚拟社区的成员间的关系的物质基础：

　　A. 仅在知识共享层面上产生关系

　　B. 仅在信息交流层面上产生关系

　　C. 仅在情感沟通层面上产生关系

　　D. 在知识共享、信息交流和情感沟通层面上都能产生关系

69. (单项选择题)您认为刚才浏览的电子商务网站的可信程度：

　　A. 非常低　　　B. 比较低　　　C. 一般　　　D. 比较高　　E. 非常高

70. (单项选择题)您认为刚才浏览过的电子商务网站信守承诺的可能性：

　　A. 非常小　　　B. 比较小　　　C. 一般　　　D．比较大　　E. 非常大

71. （单项选择题）您认为刚才浏览过的电子商务网站将消费者利益放在心中的程度：

　　A. 非常低　　　B. 比较低　　C. 一般　　　D. 比较高　　E. 非常高

72. （单项选择题）您认为刚才浏览过的电子商务网站在不受监控的情况下仍然正确行事的可能性：

　　A. 非常小　　　B. 比较小　　C. 一般　　　D. 比较大　　E. 非常大

73. （单项选择题）您认为刚才浏览过的电子商务网站履行承诺的能力：

　　A. 非常小　　　B. 比较小　　C. 一般　　　D. 比较大　　E. 非常大

74. （单项选择题）您认为刚才浏览过的电子商务网站的行为可预测性程度：

　　A. 非常小　　　B. 比较小　　C. 一般　　　D. 比较大　　E. 非常大

75. （单项选择题）您在刚才浏览过的电子商务网站上购物的可能性：

　　A. 非常小　　　B. 比较小　　C. 一般　　　D. 比较大　　E. 非常大

76. （单项选择题）您向朋友推荐刚才浏览过的电子商务网站的可能性：

　　A. 非常小　　　B. 比较小　　C. 一般　　　D. 比较大　　E. 非常大

77. （单项选择题）您接受刚才体验过的虚拟社区中的知识或信息的可能性：

　　A. 非常小　　　B. 比较小　　C. 一般　　　D. 比较大　　E. 非常大

78. （单项选择题）您再次访问刚才体验过的虚拟社区的可能性：

　　A. 非常小　　　B. 比较小　　C. 一般　　　D. 比较大　　E. 非常大

79. （单项选择题）您再次访问刚才浏览过的电子商务网站的可能性：

　　A. 非常小　　　B. 比较小　　C. 一般　　　D. 比较大　　E. 非常大

80. （开放题）关于电子商务信任的研究内容，您还有什么想法，请直接写在下面。

81. （开放题）关于电子商务信任的研究方法，您有什么好的建议？或者您对此次网络调查的组织安排有什么意见和建议，请直接写在下面。

# 参考文献

## 一、书籍文献

[1] K. G. Duffy, F. Y. Wong. 社区心理学[M]. 林怡光,等,译. 北京:世界图书出版公司,2007.

[2] [美]凡勃伦. 有闲阶级论——关于制度的经济研究[M]. 蔡受百,译. 北京:商务印书馆,1964.

[3] [英]J. 布莱恩. 消费者行为学精要[M]. 于亚斌,郑丽,霍燕,译. 北京:中信出版社,2003.

[4] [美]杰格迪什·N. 谢斯,本瓦利·米托. 消费者行为学:管理视角. 罗立彬,译,北京:机械工业出版社,2004.

[5] [美]曼纽尔·卡斯特. 认同的力量[M]. 夏铸九,黄丽玲,等,译. 北京:社会科学文献出版社,2003.

[6] [日]富永健一. 社会学原理[M]. 严立贤,陈婴婴,杨栋梁,等,译. 北京:社会科学文献出版社,1992.

[7] [美]殷克勒斯. 社会学是什么[M]. 黄瑞祺,译. 台湾:巨流图书公司,1985.

[8] [美]道格拉斯·C. 诺思. 经济史中的结构与变迁[M]. 陈郁,罗华平,等,译. 上海:上海三联书店,1991.

[9] [法]埃米尔·涂尔干. 社会分工论[M]. 渠东,译. 北京:三联书店,2000.

[10] [美]约翰·哈格尔三世,阿瑟·阿姆斯特朗. 网络利益[M]. 王国瑞,译. 北京:新华出版社,1998.

[11] [美]埃弗雷姆·特伯恩,等. 电子商务——管理新视角[M]. 王理平,张晓峰,译. 北京:电子工业出版社,2003.

[12] [美]菲利普·科特勒. 营销管理[M]. 梅清豪,译. 上海:上海人民出版社,2003.

[13] 孟威. 网络互动——意义诠释与规则探讨[M]. 北京:经济管理出版社,2004.

[14] 郑也夫. 信任论[M]. 北京:中国广播电视出版社,2001.

[15] 郑杭生. 社会学概论新修[M]. 北京:中国人民大学出版社,2003.

[16] 刘华芹. 天涯虚拟社区——互联网上基于文本的社会互动研究[M]. 北京:民族出版社,2005.

[17] 于海. 西方社会思想史[M]. 上海:复旦大学出版社,2005.

[18] 谢立中. 西方社会学名著提要[M]. 南昌:江西人民出版社,2001.

[19] 王雅林. 生活方式概论[M]. 哈尔滨:黑龙江人民出版社,1989.

[20] 汪洪涛. 制度经济学——制度及制度变迁性质解释[M]. 上海:复旦大学出版社,2003.

[21] 骆正山. 信息经济学[M]. 北京:机械工业出版社,2007.

[22] 符国群. 消费者行为学[M]. 北京:高等教育出版社,2001.

[23] 李友梅,肖瑛,黄晓春. 社会认同:一种结构视野的分析[M]. 上海:上海人民出版社,2007.

[24] 罗家德. EC大潮:电子商务趋势[M]. 北京:社会科学文献出版社,2001.

[25] 风笑天. 现代社会调查方法[M]. 武汉:华中科技大学出版社,2001.

[26] 陈正昌,程炳林,陈新丰,刘子键. 多变量分析方法:统计软件应用[M]. 北京:中国税务出版社,2005.

[27] 黄芳铭. 结构方程模式:理论与应用[M]. 北京:中国税务出版社,2005.

[28] 侯杰泰,温忠麟,成子娟. 结构方程模型及其应用[M]. 北京:教育科学出版社,2004.

[29] 郑也夫,彭泗清. 中国社会中的信任[M]. 北京:中国城市出版社,2003.

[30] J. F. Rayport, B. Jaworski. introduction to E-commerce[M]. New York: Mcgraw Hill, 2002.

[31] J. M. Baldwin. Dictionary of Philosophy and Psychology[M]. New York: Macmillan, 1905.

[32] D. E. Poplin. Communities: a Survey of Theories and Methods of Research[M]. New York:Macmillan,1972.

[33] Hogg, M. A. Social Identity, Self-categorization, and Communication in Small Groups. In S. H. Ng, C. Candlin, C-y. Chiu (ed.). Language Matters: Communication, Culture, and Social Identity[M]. Hong Kong: City University of Hong Kong Press, 2004.

[34] A. E. Tziner. Human Resource Management and Organization Behavior: Selected

Perspectives[M]. UK：Ashgate Publishing Ltd, 2002.

[35] D. E. Denning, H. S. Lin. Rights and Responsibilities of Participants in Networked Communities. Washington[M], DC：National Academy Press, 1994.

## 二、论文及其他文献

[1] 严中华,关士续,米加宁.电子商务信任演化影响因素的跨国分析[J].科技进步与对策,2005(9).

[2] 邵兵家,孟宪强,张宗益.中国B2C电子商务中消费者信任前因的实证研究[J].科研管理,2006 (5).

[3] 何明升.复杂巨系统：互联网—社会研究的一个新视角[J].学术交流,2005 (7).

[4] 庞川,薛华成.对B to C环境下影响消费者信任因素的实证研究[J].合肥工业大学学报,2004 (2).

[5] 周磊.影响消费者对在线营销商信任的因素分析[J].上海经济研究,2005 (7).

[6] 沈萍.电子商务中的虚拟社区策略[J].经济论坛,2006 (6).

[7] 黄卓龄.从"阿里巴巴"的崛起谈B2B虚拟社区的经营发展[J].江苏商论,2006 (2).

[8] 全冬梅,徐永辉.关于虚拟共同体在建立消费者信任中的作用的实证研究[J].生产力研究,2005(9).

[9] 胡蓉,邓小昭.网络人际交互中的信任问题研究[J].图书情报知识,2005 (8).

[10] 丁道群,沈模卫.人格特质、网络社会支持与网络人际信任的关系[J].心理科学,2005 (2).

[11] 邵兵家,孟宪强.中国B2C电子商务中消费者信任影响因素的实证研究[J].科技进步与对策,2005 (7).

[12] 闵学勤.社区认同的缺失与仿企业化建构[J].南京社会科学,2008 (9).

[13] 原祖杰.清代的天津商人与社区认同[J].四川大学学报：哲学社会科学版,2007(1).

[14] 高鉴国.社区意识分析的理论建构[J].文史哲,2005(5).

[15] 丘海雄.社区归属感—香港与广州的个案比较研究[J].中山大学学报,1989 (2).

[16] 黄琳.青年社区归属感的培育途径探讨[J].青年探索,2003 (6).

[17] 王亮.社区社会资本与社区归属感的形成[J].求实,2006(9).

[18] 刘霁雯.居民社区归属感初探——对常青花园社区居民的调查[J].武汉科技学院学报,2005(4).

[19] 单菁菁.社区归属感与社区满意度[J].城市问题,2008(3).

[20] 刘丽群,宋咏梅.虚拟社区中知识交流的行为动机及影响因素研究[J].新闻与传播研究,2007(1).

[21] 黄漫宇.虚拟社区:提高顾客忠诚度的法宝[J].电子商务世界,2005(5).

[22] 张喜征.基于虚拟社区的网络信任管理模式研究[J].情报杂志,2006(4).

[23] 彭小川,毛晓丹.BBS群体特征的社会网络分析[J].青年研究,2004(4).

[24] 毛波,尤雯雯.虚拟社区成员分类模型[J].清华大学学报:自然科学版,2006(S1).

[25] 向海华,沈治宏.虚拟社区知识共享活动给电子商务带来商机[J].情报理论与实践,2004(5).

[26] 白淑英,何明升.BBS互动的结构与过程[J].社会学研究,2003(5).

[27] 何明升.网络生活中的情景定义与主体特征[J].自然辩证法研究,2004(12).

[28] 胡心智.信息网络的虚拟技术对物质观及中介的影响[J].科学技术与辩证法,1999(12).

[29] 何明升,李一军.网络生活中的虚拟认同问题[J].自然辩证法研究,2001(4).

[30] 李建群,何小勇,周和军.风险社会理论的致思路向及其批判性分析[J].人文杂志,2007(5).

[31] 吴秋兰.怀疑主义、科学怀疑精神与科学信任——论现代专家信任系统的建构基础[J].福建师范大学学报:哲学社会科学版,2005(2).

[32] 刘青.电子商务中隐私权与知情权的冲突与协调讨论[J].情报科学,2004(9).

[33] 周晓红.认同理论:社会学与心理学的分析路径[J].社会科学,2008(4).

[34] 泰弗尔.群际行为的社会认同论[J].方文,李康乐,译.社会心理研究,2004(2).

[35] 李友梅.重塑转型期的社会认同[J].社会学研究,2007(2).

[36] 陈永胜,牟丽霞.西方社区感研究的现状与趋势[J].心理科学进展,2007(1).

[37] 刘敬孝,杨晓莹,连铃丽.国外群体凝聚力研究评介[J].外国经济与管理,2006(3).

[38] 高俊波,杨静.在线论坛中的意见领袖分析[J].电子科技大学学报,2007(12).

[39] 王丽.虚拟社群中意见领袖的传播角色[J].新闻界,2006(3).

[40] 冯东,张之华,骆雄剑.情感性人机界面设计探析——基于形式美的网络教学界面设计[J].陕西师范大学学报:哲学社会科学版,2007(9).

[41] 王鹏,侯钧生.情感社会学:研究的现状与趋势[J].社会,2005(4).

[42] 徐小龙, 王方华. 虚拟社区的知识共享机制研究[J]. 自然辩证法研究, 2007 (8).

[43] 王飞绒, 柴晋颖, 龚建立. 虚拟社区知识共享影响因素的实证研究[J]. 浙江工业大学学报:社会科学版, 2008(3).

[44] 李志刚. 电子商务中虚拟社区知识共享的作用及对策研究[J]. 情报杂志, 2006 (10).

[45] 廖以臣. 论事件营销及其流程再造[J]. 求索, 2004(2).

[46] 张晓英. 企业事件营销传播策略探讨[J]. 企业经济, 2008(12).

[47] 章莉. 情感营销的4PS策略及其注意点[J]. 北方经贸, 2005, (9).

[48] B. J. Corbitt, T. Thanasankit, H. Yi. Trust and E-commerce: a Study of Consumer Perceptions[J]. Electronic Commerce Research and Applications, 2003 (2).

[49] N. Olivero, P. Lunt. Privacy Versus Willingness to Disclose in E-commerce Exchanges: the Effect of Risk Awareness on the Relative Role of Trust and Control[J]. Journal of Economic Psychology, 2004 (25).

[50] G. Bhatt. Bringing Virtual Reality for Commercial Websites[J]. Human Computer Studies, 2004(60).

[51] F. D. Davis, R. P. Bagozzi, P. R. Warshaw. User Acceptance of Computer Technology: A Comparison of Two Theoretical Models[J]. Management Science, 1989(35).

[52] I. Ajzen. The Theory of Planned Behavior[J]. Organizational Behavior and Human Decision Process, 1991(50).

[53] M. Hertzum, H. H. K. Andersen, V. Andersen, C. B. Hansen. Trust in Information Sources: Seeking Information from People, Documents and Virtual Agents[J]. Interacting with Computers, 2002(14).

[54] Y. D. Wang, H. H. Emurian. An Overview of Online Trust: Concepts, Elements and Implications[J]. Computers in Human Behavior, 2005 (21).

[55] F. Belanger, J. S. Hiller, W. J. Smith. Trustworthiness in Electronic Commerce: the Role of Privacy, Security and Site Attributes[J]. The Journal of Strategic Information Systems, 2002(11).

[56] D. H. McKnight, V. Choudhury, C. Kacmar. The Impact of Initial Consumer Trust on Intentions to Transact With A Web Site: A Trust Building Model[J]. The Journal of Strategic Information Systems, 2002(11).

[57] S. E. Kaplan, R. J. Nieschwietz. A Web Assurance Services Model of Trust for B2C E-commerce[J]. International Journal of Accounting information Systems,

2003(4).

[58] S. F. Kim, T. Foscht, R. D. Collins. Trust and the Online Relationship—an Exploratory Study From New Zealand[J]. Tourism Management, 2004 (25).

[59] M. Koufaris, H. S. William. The Development of Initial Trust In an Online Company by New Customers[J]. Information & Management, 2004 (41).

[60] H. Siala, R. M. O'Keefe and K. S. Hone. The Impact of Religious Affiliation on Trust in the Context of Electronic Commerce[J]. Interacting with Computers, 2004 (16).

[61] L. Huff, L. Kelley. Is Collectivism A Liability? The Impact of Culture on Organizational Trust and Customer Orientation: a Seven-nation Study[J]. Journal of Business Research, 2005(58).

[62] C. M. Chiu, M. H. Hsu and T. G. Wang. Understanding Knowledge Sharing in Virtual Communities: an Integration of Social Capital and Social Cognitive Theories [J]. Decision Support Systems, 2006(42).

[63] T. Postmes, R. Spears and M. Lea. Breaching or Building Social Boundaries? Side Effects of Computer-mediated Communication[J]. Communication Research, 1998 (25).

[64] S. Zhao, S. Grasmuck and J. Martin. Identity Construction on Facebook: Digital Empowerment in Anchored Relationships[J]. Computers in Human Behavior, 2008 (24).

[65] D. L. Hoffman, T. P. Novak. Marketing in Hypermedia Computer-mediated Environments: Conceptual Foundations[J]. Journal of Marketing, 1996(60).

[66] W. G. Kim, C. Lee, S. J. Hiemstra. Effects of an Online Virtual Community on Customer Loyalty and Travel Product Purchases[J]. Tourism Management, 2004(25).

[67] C. L. Hsu, J. C. C. Lin. Acceptance of Blog Usage: The Roles of Technology Acceptance, Social Influence and Knowledge Sharing Motivation[J]. Information & Management, 2008(45).

[68] J. Koh, Y. G. Kim. Knowledge Sharing in Virtual Communities: An E-business Perspective[J]. Expert Systems with Applications, 2004(26).

[69] M. R. Nelson, C. C. Otnes. Exploring Cross-cultural Ambivalence: a Netnography of Intercultural Wedding Message Boards[J]. Journal of Business Research, 2005 (58).

[70] C. L. Corritore, B. Kracher and S. Wiedenbeck. On-line Trust: Concepts, Evolving Themes, a Model. Int[J]. J. Human-Computer Studies, 2003 (58).

[71] S. Komiak, I. Benabasat. Understanding Customer Trust in Agent-Mediated Electronic Commerce, Web-Mediated Electronic Commerce and Traditional Commerce [J]. Information Technology and Management, 2004 (5).

[72] H. Tajfel. Social Psychology of Intergroup Relations[J]. Annual Review of Psychology, 1982(33).

[73] D. W. McMillan, D. M. Chavis. Sense of Community: a Definition and Theory [J]. Journal of Community Psychology, 1986(14).

[74] D. Johnson, K. Grayson. Cognitive and Affective Trust in Service Relationships [J]. Journal of Business Research, 2005(58).

[75] S. J. Zaccaro, C. A. Lowe. Cohesiveness and Performance on an Additive Task: Evidence for Multidimensionality[J]. Journal of Social Psychology, 1988(128).

[76] P. Busch, D. T. Wilson. An Experimental Analysis of a Salesman's Expert and Referent Bases of Social Power in the Buyer-Seller Dyad[J]. Journal of Marketing Research, 1976(13).

[77] A. P. Rovai, M. J. Wighting. Feelings of Alienation and Community among Higher Education Students in a Virtual Classroom[J]. The Internet and Higher Education, 2005(8).

[78] R. E. Petty, J. T. Cacioppo. The Elaboration Likelihood Model of Persuasion[J]. Advances in Experimental Scial Psychology, 1986(19).

[79] B. C. Lee, L. Ang, C. Dubelaar. Lemons on the Web: A Signalling Approach to the Problem of Trust in Internet Commerce[J]. Journal of Economic Psychology, 2005(26).

[80] F. Belanger, J. S. Hiller, W. J. Smith. Trustworthiness in Electronic Commerce: The Role of Privacy, Security, and Site Attributes[J]. The Journal of Strategic Information Systems, 2002(11).

[81] T. P. Liang, H. J. Lai, Effect of Store Design on Consumer Purchases: An Empirical Study of On-line Bookstores[J]. Information & Management, 2002(39).

[82] M. Hermeking. Culture and Internet consumption: Contributions from Cross-cultural Marketing and Advertising Research[J]. Journal of Computer-Mediated Communication, 2005(11).

[83] S. S. Srinivasan, R. Anderson, K. Ponnavolu. Customer Loyalty in E-commerce: an Exploration of Its Antecedents and Consequences[J]. Journal of Retailing, 2002 (78).

[84] M. Hertzum, H. K. Andersen, V. Andersen and C. B. Hansen. Trust in Information Sources: Seeking Information from People, Documents, and Virtual Agents[J]. Interacting with Computers, 2002(14).

[85] M. S. Kennedy, L. K. Ferrell and D. T. LeClair. Consumers′ Trust of Salesperson and Manufacturer: An Empirical Study[J]. Journal of Business Research, 2001 (51).

[86] S. Kim, L. Stoel. Apparel Retailers: Website Quality Dimensions and Satisfaction [J]. Journal of Retailing and Consumer Services, 2004(1).

[87] C. M. Ridings, D. Gefen, B. Arinze. Some Antecedents and Effects of Trust in Virtual Communities[J]. The Journal of Strategic Information Systems, 2002(11).

[88] M. Friman, T. Gärling, B. Millett, J. Mattsson, R. Johnston. An Analysis of International Business-to-business Relationships Based on the Commitment-Trust Theory [J]. Industrial Marketing Management, 2002(31).

[89] L. C. Harris, M. M. H. Goode. The Four Levels of Loyalty and the Pivotal Role of Trust: A Study of Online Service Dynamics[J]. Journal of Retailing, 2004(80).

[90] I. L. Wu, J. L. Chen. An Extension of Trust and TAM Model with TPB in the Initial Adoption of On-line Tax: An Empirical Study[J]. International Journal of Human-Computer Studies, 2005(62).

[91] S. S. M. Gutierrez, J. G. Cillan and C. C. Izquierdo. The Consumer's Relational Commitment: Main Dimensions and Antecedents[J]. Journal of Retailing and Consumer Services, 2004(11).

[92] D. Gefen, D. W. Straub. Consumer Trust in B2C E-Commerce and the Importance of Social Presence: Experiments in E-Products and E-Services[J]. Omega, 2004 (32).

[93] D. H. McKnight, N. L. Chervany. What Trust Means in E-Commerce Customer Relationships: An Interdisciplinary Conceptual Typology[J]. International Journal of Electronic Commerce, 2001 - 2002,6(2).

[94] Y. Wang, Q. Yu, D. R. Fesenmaier. Defining the Virtual Tourist Community: Implications for Tourism Marketing[J]. Tourism Management, 2002(23).

[95] H. Hall, D. Graham. Creation and Recreation: Motivating Collaboration to Tenerate Knowledge Capital in Online Communities[J]. International Journal of Inforniation Management, 2004(24).

[96] I. Nonaka. A Dynamic Theory of Organizational Knowledge Creation[J]. Organization Science, 1994,5(1).

[97] Dongmin Kim, Izak Benbasat. The Effects of Trust Assuring Arguments on Consumer Trust in Internet Stores: Application of Toulmin's Model of Argumentation[J]. Information Systems Research, 2006,17(3).

[98] D. Cyr, K. Hassanein, M. Head, Alex Ivanov. The Role of Social Presence in Establishing Loyalty in E-Service Environments[J]. Interacting with Computers, 2007,19(1).

[99] J. Fogel, E. Nehmad. Internet Social Network Communities: Risk Taking, Trust, and Privacy Concerns[J]. Computers in Human Behavior, 2009,25(1).

[100] W. M. V. Dolen, P. A. Dabholkar, K. D. Ruyter. Satisfaction with Online Commercial Group Chat: The Influence of Perceived Technology Attributes, Chat Group Characteristics, and Advisor Communication Style[J]. Journal of Retailing, 2007, 83 (3).

[101] D. Gefen, E. Karahanna, D. W. Straub. Trust and TAM in Online Shopping: an Integrated Model[J]. MIS Quarterly, 2003, 27(1).

[102] J. B. Walther. Interpersonal Effects in Computer-mediated Interaction: A Relational Perspective[J]. Communication Research,1992, 19(1).

[103] L. K. Trevino, J. Webster. Flow in Computer-Mediated Communication[J]. Communication Research,1992,19(5).

[104] S. Pace. A Grounded Theory of the Flow Experiences of Web Users[J]. International Journal of Human-Computer Studies, 2004,60(3).

[105] R. V. Kozinets. E-Tribalized Marketing? The Strategic Implications of Virtual Communities of Consumption[J]. European Management Journal,1999, 17(3).

[106] Y. Wang, D. R. Fesenmaier. Modeling Participation in an Online Ttravel Community[J]. Journal of Travel Research, 2004, 42 (3).

[107] C. E. Porter. A Typology of Virtual Communities: A Multi-Disciplinary Foundation for Future Research[J]. JCMC(Online Magazine), 2004, 10(1).

[108] R. C. Mayer, J. H. Davis and F. D. Sohoorman. An Integration Model of Organizational Trust: Past, Present, and Future[J]. The Academy of Management Rev-

iew, 2007, 32(2).

[109] P. M. Doney, J. P. Cannon. An Examination of the Nature of Trust in Buyer-seller Relationships[J]. The Journal of Marketing, 1997,(61)2.

[110] S. Dayal, H. Landesberg and M. Zeisser. How to Build Trust Online[J]. Journal of Marketing Management, 1999, 8(3).

[111] J. K. Burgoon, J. A. Bonito, B. Bengtsson, R. Artemio, N. E. Dunbar and N. Miczo. Testing the Interactivity Model: Communication Processes, Partner Assessments, and the Quality of Collaborative Work[J]. Journal of Management Information Systems, 1999, 16(3).

[112] P. J. Dunham, A. Hurshman, E. Litwin, J. Gusella, C. Ellsworth and P. W. D. Dodd. Computer-Mediated Social Support: Single Young Mothers as a Model System [J]. American Journal of Community Psychology, 1998, 26(2).

[113] T. Postmes, R. Spears, M. Lea. The Formation of Group Norms in Computer – Mediated Communication[J]. Human Communication Research, 2000,26(3).

[114] A. W. Branscomb. Anonymity, Autonomy and Accountability: Challenges to the First Amendment in Cyberspace[J]. Yale Law Journal, 1995,104(7).

[115] W. Andrews. Who's Liable: Host, Moderator, or Member? [J]. Internet World, 1998,4(30).

[116] B. Levin. Cyberhate: A Legal and Historical Analysis of Extremists'Use of Computer Networks in America[J]. American Behavioral Scientist, 2002, 45(6).

[117 M. Ipe. Knowledge Sharing on Organizations: A Conceptual Framework[J]. Human Resource Development Review, 2003, 2(4).

[118] C. E. Connelly, E. K. Kelloway. Predictors of Employees' Perceptions of Knowledge Sharing Cultures[J]. Leadership & Organization Development Journal, 2003, 24(3).

[119] A. D. Miyazaki, A. Fernandez. Consumer Perceptions of Privacy and Security Risks for Online Shopping[J]. The Journal of Consumer Affairs, 2001,35(1).

[120] E. B. Kim, S. B. Eom. Designing Effective Cyber Store User Interface[J]. Industrial Management and Data Systems, 2002,102(5).

[121] S. Ba, P. A. Pavlou. Evidence of the Effect of Trust Building Technology in Electronic Markets: Price Premiums and Buyer Behavior[J]. MIS Quarterly, 2002, 26(3).